高等学校劳动经济学与劳动关系系列教材

周红云 编著

员工培训：技术与策略

中国劳动社会保障出版社

图书在版编目(CIP)数据

员工培训：技术与策略/周红云编著. —北京：中国劳动社会保障出版社，2013

高等学校劳动经济学与劳动关系系列教材

ISBN 978-7-5167-0831-6

Ⅰ.①员…　Ⅱ.①周…　Ⅲ.①职工培训-高等学校-教材　Ⅳ.①C975

中国版本图书馆 CIP 数据核字(2013)第 309251 号

中国劳动社会保障出版社出版发行

（北京市惠新东街 1 号　邮政编码：100029）

*

北京市艺辉印刷有限公司印刷装订　新华书店经销

787 毫米×1092 毫米　16 开本　21.5 印张　366 千字

2013 年 12 月第 1 版　　2013 年 12 月第 1 次印刷

定价：39.00 元

读者服务部电话：(010) 64929211/64921644/84643933

发行部电话：(010) 64961894

出版社网址：http://www.class.com.cn

总序

劳动经济学与劳动关系系列教材立足于突出探究性、思辨性和开放性。瞄准和借鉴国外教材编著风格，参照《经济学原理》（曼昆）、《当代劳动经济学》（Campbell R. McConnell）、《Modern Labor Economics：Theory and Public Policy》（Ronald G. Ehrenberg，Robert S. Smith）的编著风格，强调“著”，淡化“编”。具体特点和做法如下：

1. 将概念、原理等知识介绍性内容，融入开放、实时的素材之中。独立开设“知识链接”“观点透视”等专栏。

“知识链接”专栏：侧重名词解释、趣味阅读等。紧扣正文内容，放在最合适、最方便读者阅读的位置。名词解释紧随文中首次提及的名词之后，趣味阅读紧随文中提及相符内容之侧。

“观点透视”专栏：侧重介绍和列举具有典型性、权威性的相关观点和看法。紧随文中提及或者主张的相关理论观点和看法之后，开辟特别区域，独立成段。

2. 章节标题，活泼、引人思考，突出主流观点或关键现象，避免空、泛、大、玄、绕。

标题精炼，同一章内标题的结构形式尽量统一。避免使用中国教科书式的语言：如×××概述、分析、介绍、内涵、含义、特征、特点、意义等字眼，做到简洁准确、直陈观点、目标明确、生动活泼、发人深思。

3. 正文内容，突出分析逻辑、理论运用、方法阐释；结论开放，留足思考空间；体现理论逻辑的演绎与推导，注重理论和方法的运用及其应用范围与技巧。独立开设“深度阅读”“延伸思考”等专栏。

“深度阅读”专栏：侧重推荐与章节主题直接相关的具有权威性、经典性、代表性的前沿和权威著作或论文，选取国内外一流的学者最具有权威性和代表性的著作或论文。每章推荐2～3部（篇）著作（或论文），供读者阅读。

“延伸思考”专栏：即思考题，每章3～5题，突出理论的应用和现实分析，或者借助相关材料，设立思考题。

4. 图、表、(图) 片、文并用，避免文字到底。图形和表格侧重于展示相关内容的逻辑结构、概括变量之间的逻辑关系、提供有关数据资料、归纳研究结论、比较观点看法等内容。

每本书精选相关图片。图片的清晰度高，质量好；图片随文走，图文交融，画龙点睛。图表、图片与文章内容紧密相关，能帮助读者直观认识书中所提及的问题、现象等，生动形象。

5. 承担教材编撰任务的教师，讲授该课程 5 年以上；具有博士学位和副教授职称；有较为完善的课程体系和教学讲义。

中南财经政法大学是全国较早招收劳动与社会保障、劳动关系本科以有社会保障、劳动经济学、人力资源管理等博士点和硕士点的高校，具有较强的教学和研究实力。本系列教材的编撰团队以中南财经政法大学劳动经济教研室教师为主，编撰首批教材分工如下：

王长城、李波：《劳动经济学：理论与应用》；王长城：《劳动争议与处理》；李波：《劳动就业原理与政策》；郭圣乾：《劳动关系理论与实践》；赵小仕、李雨晴：《国际劳工标准与认证》；周红云：《员工培训：技术与策略》；熊卫：《员工福利与退休计划：创新与发展》；陈天学：《工会：组织与管理》。

需要说明的是，教材名称，可依据实际编撰需要，做适当调整，例如：国际劳动关系比较、劳动社会学、劳动合同管理、集体谈判与集体合同、组织制度与文化、职业安全与健康管理等。

本系列教材适宜于劳动与社会保障、劳动关系、劳动经济学、人力资源管理等专业的高校师生及相关实际工作者，同时适宜于 MBA、MPA 学员。

敬请国内外同行专家批评、斧正，衷心感谢！

劳动经济学与劳动关系系列教材编撰组

中南财经政法大学劳动经济教研室

2013 年 5 月

前言

培训是组织进行人力资本投资，储备人才的重要方式，是组织获得持续竞争力的重要手段。国内外知名企业之所以取得成功，与其对人才培养的重视密切相关。员工培训已经成为各个组织关心的重大问题，成为人力资源相关工作人员关心的核心工作。

《员工培训》是高等学校劳动关系、劳动与社会保障、人力资源管理等专业的核心课程，也是人力资源培训机构、公共部门培训中所开设的重要课程。为了给高校及相关培训机构提供专业化的教材，并为培训实际工作者提供实用性的参考，我们组织编写了《员工培训：技术与策略》。

本书分理论、技术和策略三个部分，共八章。第一部分由第一章至第三章构成，侧重分析员工培训的相关理论。第一章对国内外员工培训的现状进行梳理，分析当前我国企业培训的现实问题和解决方案，并预测员工培训的未来发展趋势。第二章阐述培训的相关学习理论，包括学习动机理论、学习过程理论和学习风格理论，从而奠定培训的理论基石。第三章从战略的角度出发，介绍战略导向的培训设计流程，分析在战略培训中培训工作者的职责和角色。第四章至第六章构成本书的第二部分，这部分以问题为导向，按照“培训什么→如何培训→效果怎样”的思路，系统阐述实施员工培训的相关技术。其中，第四章介绍培训需求分析的层次、方法和流程，并据此制定培训计划，解决企业“培训什么”的问题。第五章设计培训方法，包括传授指导式培训法、实践参与式培训法、体验式培训法以及现代的E—learning培训方法，从而解决企业“如何培训”的问题。第六章针对“培训效果怎样”的问题，提出培训评估模型、培训评估数据的收集方法和培训评估的流程。第七章和第八章构成本书的第三部分，重点分析员工培训的应用策略。第七章选取组织中的典型人员，如新员工、管理人员、销售人员和培训师的培训技巧进行研究，从而将培训的理论和技术加以拓展应用。第八章以专题的形式研究了培训的风险，分析了员工培训的内在风险和外在风险，并按照培训的流程，从培训前、培训中和培训后全程构建培训风险的防范策略，从而确保培训工作的有效开展和培训收益的实现。

本书的特点为：①前瞻性。本书紧跟时代前沿，追踪国内外培训的最新成果。②专业性。针对劳动与社会保障、劳动关系、人力资源管理等专业课程的特点，结合企业培训的专业化需求，从专业的视角对员工培训的理论和技术进行研究。③系统性。全书分理论、技术和策略三个部分，分析培训的相关理论，提出“培训什么→如何培训→效果怎样”应用技术，阐述员工培训的拓展应用策略和风险防范策略。④实用性。本书理论与实践相结合，在理论分析的基础上，侧重相关知识的应用，每一章都通过相关案例帮助读者理解培训的应用技巧。并配有调查问卷模板、访谈提纲、培训协议模板、学习风格测试等实用性工具，具有较强的操作性，供学生和培训实际工作者参考使用。⑤生动性。本书形式多样，生动活泼，通过知识链接、案例、专栏等形式，对相关理论、技术和策略进行深入诠释，增强教材的趣味性。

本书由周红云负责总体设计、分工、撰写并修改定稿。中南财经政法大学公共管理学院人力资源管理专业硕士研究生崔媛媛、王沛、刘春红、佘振振参与撰写本书。具体分工如下：周红云撰写第二、三、八章；崔媛媛撰写第四章和第五章；王沛撰写第七章；刘春红撰写第一章；佘振振撰写第六章。劳动与社会保障专业 2012 届本科毕业生董雯，现供职于重庆市邮政公司，参与了第八章资料的收集和整理。

本书的撰写参考了诸多专家学者的研究成果，中国劳动社会保障出版社的刁翠萍编辑和李春雷编辑对本书的出版付出了大量艰辛劳动，中南财经法大学公共管理学院李波教授对本书进行了高屋建瓴战略指导，对本系列教材进行了总体规划，在此一并感谢。

囿于作者的研究能力和学术水平，本书存在的不足之处，敬请批评指正。

周红云

2013 年 8 月于武汉

目录

第一章　培训：现状与未来

引导案例：国际知名企业高度重视培训[①]

麦当劳：全职业培训

作为当今快餐业的巨无霸，麦当劳认为要想留住人才，薪酬福利固然很重要，但发展机会更重要。麦当劳强调的是全职业规划培训，也就是全职业培训。在麦当劳，从计时员工开始到高层主管，结合他们的职业生涯规划，都有不同的培训计划，通过各区域的训练中心以及汉堡大学进行阶梯式培训，使得麦当劳的员工能够持续不断地学习、成长。

在麦当劳，无论职位高低，对员工的训练永远是现在进行时，员工的成长也因而持续不断。在迈向个人成功之路上，员工将亲身参与麦当劳独特而完整的训练课程，体验成为麦当劳经理人的特殊荣耀。麦当劳的人才体系则像棵圣诞树——如果员工能力足够大，就会让他升一层，成为一个分枝，再上去又成一个分枝，员工永远有升迁的机会，因为麦当劳是连锁经营。这种全职业培训也使麦当劳公司的人才流失率很低，部门经理以上层次的人才基本上没有流失。

西门子：包罗万象的培训

西门子早在1910年就为其内部人员开设了正式的培训课程。目前，整个公司拥有11个综合培训中心，700名专业教师和近3 000名兼职教师，在18个国家设有39个培训中心，形成了庞大的企业教育系统。西门子公司的培训内容包罗万象，课题针对各个部门和员工的实际需要。为适应技术进步和管理方式的变化，课程内容每年都有20%以上的调整，大部分培训项目都是根据公司当前生

---

① 改编自：知名企业培训案例［EB/OL］．（2010－01－08）［2013－08－03］．http://www.doc88.com/p－78547796955.html.

产、经营和应用技术的需要设置的，很大一部分是在工作岗位上完成的。

西门子的人才培训计划从新员工培训、大学精英培训到员工在职培训，涵盖了业务技能、交流能力和管理能力的培训。通过一系列的培训，使新员工具备较高的业务能力，提高员工知识、技能、管理能力，并储备了大量的生产、技术和管理人才。因此，西门子长年保持着公司员工的高素质，这是西门子强大竞争力的来源之一。

IBM：“魔鬼”训练

有人称IBM的新员工培训是“魔鬼训练营”，因为培训过程非常艰辛。除行政管理类人员只有为期两周的培训外，IBM所有销售、市场和服务部门的员工全部要经过3个月的“魔鬼”训练，内容包括了解IBM内部工作方式；了解自己的部门职能；了解IBM的产品和服务；专注于销售和市场，以模拟实践的形式学习IBM怎样做生意，以及团队工作和沟通技能、表达技巧等。这期间，十多种考试像跨栏一样需要新员工跨越，包括做讲演，笔试产品性能，练习扮演客户和销售市场角色等。全部考试合格后才可成为IBM的一名新员工。之后，负责市场和服务部门的人员还要接受6～9个月的业务学习。事实上，在IBM培训从来都不会停止。从进入IBM的第一天起，IBM就给员工描绘了一个学习的蓝图。课堂上、工作中，经理和师傅言传身教，员工通过公司内部的局域网络自学，总部的培训以及出国工作和学习等，IBM将素质教育日常化。

微软：打磨具有“微软风格”的人

新员工进入微软公司的第一步是接受为期一个月的封闭式培训，培训的目的是把新人转变为真正的微软职业人。关于如何接电话，微软就有一套手册，员工拿起电话，第一句话肯定是：“你好，微软公司!”一次，微软全球技术中心举行庆祝会，员工们集中住在一家宾馆。深夜，由于某项活动日程临时变动，前台小姐只得逐个房间打电话通知，第二天她面露惊奇地说：“你知道吗？我给145个房间打电话，起码有50个电话的第一句是‘你好，微软公司’。”在深夜里迷迷糊糊地接起电话，第一句话依然是“你好，微软公司”。事情虽小，但微软风格可见一斑。

新员工进入公司之后，除了进行语言、礼仪等方面的培训之外，技术培训也是必不可少的。微软内部实行“终身师傅制”，新员工一进门就会有一个师傅来带。此外，新员工还可以享受3个月的集中培训。平时，微软也会给每位员工提供许多充电的机会：一是表现优异的员工可以参加美国一年一度的技术大会；二是每月都有高级专家讲课。公司每星期都会安排内部技术交流会。在这里，除了技术培训，微软还提供诸如如何演讲、如何管理时间、掌握沟通技巧等各种职业培训。

惠普：向日葵计划

惠普公司以“不仅用你，而且培养你”著称。员工进一步升迁为部门负责人后，需要参加什么培训就主要由他本人决定了。为了帮助年轻的经理人员成长，惠普有一个系统的培训方案——向日葵计划（sun flower program）。这是一个超常规发展的计划，帮助中层经理人员从全局把握职位要求，改善工作方式。员工进入惠普，一般要经历4个自我成长的阶段。第一个阶段是自我约束阶段，不做不该做的事，强化职业道德；然后进入自我管理阶段，做好应该做的事——本职工作，加强专业技能；接着进入第三阶段，自我激励，不仅做好自己的工作，而且要思考如何为团队做出更大的贡献，思考的立足点需要从自己转移到整个团队；最后是自我学习阶段，学海无涯，随时随地都能找到学习的机会。

宝洁：全员、全程、全方位、针对性培训

“注重人才，以人为本”，宝洁公司把人才视为公司最宝贵的财富。最优秀的人才加上最好的培训发展空间，这就是宝洁公司成功的基础。宝洁的培训一直坚持全员、全程、全方位和针对性。一是全员，公司所有员工都有机会参加各种培训，从技术工人到公司的高层管理人员，公司会针对不同的工作岗位来设计培训的课程和内容；二是全程，员工从迈进宝洁大门的那一天开始，培训的项目将会贯穿职业发展的整个过程；三是全方位，培训项目是多方面的，不仅有素质培训、管理技能培训，还有专业技能培训、语言培训和电脑培训等；四是针对性，所有的培训项目，都会针对每一个员工个人的长处和待改善的地方，配合业务的需求来设计，也会综合考虑员工未来的职业兴趣和未来工作的需要。

综上可知，国际知名企业之所以取得成功，与其高度重视人才培养，通过培训储备人才高度相关。培训是一种重要的人力资本投资方式，是企业获得持续竞争力的重要手段。

一、什么是培训

（一）培训的内涵

培训（training）是指公司有计划地实施有助于雇员学习与工作相关的胜任能力的活动。这些胜任能力包括知识、技能或对工作绩效起关键作用的行为。培训的目的在于让雇员掌握培训项目中强调的知识、技能和行为，并将这些知识、技能和行为应用于日常工作当中。① 培训与教育、研讨、讲座、课堂演讲等概念相关，但也存在着不同，具体差异如下：

（1）培训与教育

教育是培养新生一代准备从事社会生活的整个过程，也是人类社会生产经验得以继承发扬的关键环节，主要指学校对适龄儿童、少年、青年进行培养的过程。教育有广义和狭义之分。广义的教育泛指一切有目的地影响人的身心发展的社会实践活动。狭义的教育主要指学校教育，即教育者根据一定的社会要求和受教育者的发展规律，有目的、有计划、有组织地对受教育者的身心施加影响，期望受教育者发生预期变化的活动。

企业培训也是一种教育，但又与教育有所区别。主要表现为：培训的最终目的是增强生产力，而教育的最终目的则是培养生产力；培训着重于员工个人的职业发展和素质提高，教育主要是满足受教育者的生存要求。

（2）培训与研讨

研讨，从字面上可以理解为研究、探讨。研讨往往针对某个前沿课题，而员工培训则针对企业的问题；研讨的目的是实现理论上的发展和创新，培训的目的是提高员工的能力和素质，以满足企业发展的需要；研讨是大家在一起相互讨论、相互交流，而培训可能是单向的传授，也可能是双向交流。

（3）培训与讲座

讲座是指由主讲人向学员传授某方面的知识、技巧，或改善某种能力、心态的一种公开半公开的学习形式。在学校里，讲座是由教师不定期地向学生讲授与学科有关的科学趣闻或新的发展，以扩大他们知识面的一种教学活动形式。在社会上，讲座一般为专家顾问为某种目的面向社会各界人士开设的专题讲座。培训与讲座的区别在于：讲座主要是为了让听众接受观念，培训是为了提高员工的知识和技能。

（4）培训与演讲

演讲是在公开场合向听众讲述学术知识或对某一问题的见解，即当众阐发意见。虽然培训师在授课中离不开演讲的成分，但这并不等于说培训就是演讲，培训更重要的是通过训练让员工掌握技能。

---

① 雷蒙德·A. 诺伊，徐芳译. 雇员培训与开发［M］. 北京：中国人民大学出版社，2007：3.

（二）培训的类型

1. 按员工与岗位的关系划分

按照企业员工与所在岗位的关系，可将员工培训分为岗前培训、在职培训、脱产培训。

岗前培训又称新员工入职培训、导向培训，指为刚被招聘进企业，对内外情况生疏的新员工指引方向，使之对新的工作环境、条件、人际关系、应尽职责、规章制度、组织期望有所了解，并尽快融合到组织之中的一系列培训活动。新员工入职培训的实质是员工社会化，即新员工从圈外人转变成圈内人的过程。费舍将组织社会化的学习内容分为5类[①]（见表1—1）。

表1—1　新员工组织社会化的学习内容

内容类型	具体内容
基础学习	包括发现学习的必要性、学习什么以及向谁学习等
了解组织	包括组织的目标、价值与政策等
学习在工作团队中发挥作用	包括群体的价值观、准则、角色、友谊等
学习如何开展工作	包括特定工作的知识和技能等
个人学习	从工作经验与在组织中的体验中学习，包括自我认同、期望、自我形象及动机等

在职培训也称在岗培训，是指在员工正常的工作环境中通过聘请有经验的工人、管理人员或专职教师直接对员工进行的培训。这是历史最悠久、运用最普遍的培训方式，也是一种比较经济的方式。大多数员工通过这种培训或辅导获得工作技能或其他方面的技能，如问题处理技能、人际技能、沟通技能等。宽泛的在岗培训除包括结构化的培训外，还包括日常工作中员工之间、员工与主管之间任何一对一的指导，只不过这种在岗培训常常以非正式的方式进行。

脱产培训指有选择地使部分员工在一定时间内脱离所在工作岗位，到专门培训机构或学校集中进行业务学习并得到提高的培训方式。脱产培训分为全脱产与半脱产培训。全脱产培训是指完全脱离工作岗位，到专门机构进行学习，而半脱产培训是指受训者兼顾工作与学习两方面，不完全脱离工作岗位，到专门的培训机构学习。脱产培训的形式有举办训练班，开办员工业余学校，选送员工到正规院校或国外进修等。半脱产培训形式有MBA、MPA、DBA等。随着知识经济的

---

① 改编自Desimone R. L，Wemer J. M，Harris D. M. Human Resource Development（第3版）[M]. 北京：清华大学出版社，2003：285.

快速发展，学习型社会及学习型组织的逐渐形成，经济社会的竞争日益加剧，加之全脱产培训的局限性，越来越多的全脱产培训被半脱产培训所替代。

与在职培训相比，脱产培训学习时间充足，学习内容一般比较系统。内容一般包括系统的专业知识和技能，以及对原有知识与技能的更新等。这种学习方式的缺点在于某些学习内容与员工要求脱节；培训费用较高，培训人数受到限制。

2. 按培训时间划分

依据培训时间和周期的长短，可将培训分为两大类：长期培训和短期培训。长期培训持续时间长，比较分散，需要经过细致周密的培训规划来保证长期培训的顺利开展。长期培训的目的主要是让员工能够在未来工作和企业发展中承担更大的责任。

短期培训是根据企业现实的生产需求和业务发展需要做出的培训，持续时间短，集中性强。目的是实现短期内工作绩效的改进。多个短期培训往往构成一个长期培训，换句话说，一个长期培训往往由多个短期培训组成。二者的最终目标是实现组织和个人的共同发展。长期培训与短期培训的区别与联系见表 1—2。

表 1—2　　长期培训与短期培训的区别与联系

		长期培训	短期培训
区别	计划性	强	弱
	目的性	明确	较隐蔽
	持续时间	持续时间长，分散性强	持续时间短，集中性强
联系	一个长期培训往往由多个短期培训组成；二者培训的对象均为员工个体；核心都是一种学习活动；规划者都是组织；最终目标是促进组织和个人的共同发展		

3. 按培训对象划分

按培训对象可将培训分为三大类：操作人员、技术人员和管理人员。

操作人员的培训又称生产人员培训、一线员工培训、工人培训、工作或服务在第一线员工的培训等。培训目的是使员工学习与工作相关的知识和技能，提高他们的安全素质和生产素质，促进安全生产，提高劳动生产率，同时增强他们的组织认同感和责任感。操作人员的培训应注重实用性。

技术人员的培训是指对那些承担着企业产品研发、产品设计、技术创新等重要职责的人员的培训，做好技术人员的培训与开发对留住和发展优秀员工、提高组织的边际产出和企业核心竞争力具有十分重要的意义。培训的目的是提高技术人员的专业技术技能，同时提升他们的综合素质，如职业道德、法制观念、人际关系处理等。

依据管理人员的层次，可将管理人员分为基层、中层和高层 3 个层次。不同层次的管理人员因承担的职能与角色不同，培训的重点存在着一定的差异。

基层管理人员包括班组长、工长等，他们是普通员工的直接主管，负责在工作现场进行指导监督。对基层管理人员培训的重点是开发他们的领导能力、管理能力、观察力和想象力，培育他们诚实正直的人品。

中层管理人员是指企业中介于基层管理人员和高层管理人员之间的正副职管理人员及相当职务的人员。他们承担着企业日常经营中包括计划、供应、技术、质量、动力、财务、销售、人事、教育、情报、计量、后勤等职能，具有上传下达的枢纽作用。对中层管理人员培训的主要目的是使他们胜任能力在未来工作中得到增强，适应和处理复杂多变具体问题的能力得到提高；使企业的宗旨、使命、价值观和管理文化得到顺利传达；培养企业未来高层管理者的接班人和长期的、强有力的经理集团。

高层管理人员即企业的第一层正副职管理人员及其相当职务人员，包括董事长、总经理、副总经理等。对此层次人员的培训，不应局限于任现职者，更应把重点放在那些有希望进入管理层的人员。培训应侧重于思想理念和境界的升华、人脉的拓展、驾驭全局的战略意识和领导能力、创业精神以及商业道德和法律，从而使他们成为专家、改革者和领导者。

4. 按培训内容划分

依据培训所涉及的内容可将培训分为公司制度培训、企业文化培训、能力培训、思维态度培训和心理培训。

公司制度培训是指对公司的企业理念、公司日常管理制度等的培训，培训的对象主要是新进入企业的员工。培训的内容包括公司的企业理念、公司日常管理制度等。公司制度培训的目的是通过让员工了解、熟悉公司制度，从而能够以身作则，自觉遵守制度规范；防止违规违法现象的发生；保证企业的正常生产经营。

企业文化培训，主要是针对新进入企业的员工，由公司专门的人力资源部门，或有经验的企业老员工对刚加入企业的新成员灌输企业文化意识和价值倾向。培训的内容包括公司如何对待员工的主要思想与配套措施；突出公司的文化愿景、战略及核心价值观；发生在企业典型的故事与案例；文化对公司发展的重要性；公司员工的行为准则。培训的目的在于使新进员工对公司的各个方面都有一个比较全面的了解；形成一种与企业文化相一致的心理定式，以便在工作中较快地与共同价值观相协调；更好地约束和规范他们的行为，减少对立或降低对立的尖锐程度；增强企业的凝聚力和向心力。

案例1—1

摩托罗拉公司的文化培训①

作为世界上最大的通信、电子业跨国公司，摩托罗拉在中国改革开放之初就通过销售产品（无线对讲系统、蜂窝电话系统等）方式进入中国市场。摩托罗拉公司这样阐述自己对人力资源的看法："人才是摩托罗拉最宝贵的财富和胜利源泉。摩托罗拉公司将对人才的投资摆在比追求单纯的经济利益更重要的位置。尊重个人是摩托罗拉在全球所提倡的处世信念。为此，摩托罗拉将深厚的全球公司文化融合在中国的每一项业务中，致力于培养每一个员工。""尊重个人，肯定个人尊严"，构成了摩托罗拉企业文化的最主要内容。

具体来说，摩托罗拉将"尊重个人"理解为以礼待人，忠贞不渝，提倡人人有权参与，重视集体协作，鼓励创新。摩托罗拉公司通过为员工提供培训、教育、专业发展机会、后勤保障、公司内部沟通等方式，来实现对个人尊严的肯定。

1. 培训和专业发展机会

公司拟订了培训计划，向公司中层和高层输送管理人才，以实现由中国人负责公司的管理和决策，从而加速人才本土化的进程。目前，在摩托罗拉（中国）电子有限公司中，经理主管一级已有100多名中国人，占该层管理者的51%。在几年的时间里，摩托罗拉每年都选派600多名中国员工到其美国工厂去参加技术会议、工程师设计会议以及技术培训。

除内部教育和培训外，摩托罗拉还支持、组织员工参加全国经济统计专业职称技术资格考试、职称外语考试、质量认证培训等。

2. 众多沟通方式

1998年4月，摩托罗拉（中国）电子有限公司推出了"沟通宣传周"活动，内容之一就是向员工介绍公司的沟通方式。例如：

我建议：书面形式提出您对公司各方面的改善建议，全面参与公司管理。

---

① 改编自：赵曙明. 人力资源案例点评〔M〕. 浙江：浙江人民出版社，2003：11－13.

畅所欲言：保密的双向沟通渠道，您可以对真实的问题进行评论、建议或投诉。

总经理座谈会：定期召开的座谈会，您的问题会在当场得到答复，7日内对有关问题的处理结果予以反馈。

报纸及杂志：《大家》《移动之声》等杂志可以使您及时了解公司的大事动态和员工生活的丰富内容。

公司每年都召开高级管理人员与员工沟通对话会，向广大员工代表介绍公司经营状况、重大政策等，并由总裁、人力资源总监等回答员工代表的各种问题。

3. 一块铜匾

如果参观者来到摩托罗拉摆满奖杯奖状的“荣誉厅”，就会看到一块“先进党组织”的铜匾，这令很多人感到诧异。有人会问：不是外资企业吗，怎么还允许党组织存在？党员活动受不受限制？外国老板怎样看中共党员？事实上，在摩托罗拉一直是“党员公开，组织公开，活动公开”，这里的老板对党员活动给予方便，给予支持，给予经费，真正做到肯定个人的尊严。他们自己这样解释：“有这么多的党员，如果不发挥他们的作用，就是资源的浪费！”

摩托罗拉公司的企业文化培训肯定个人尊严，提高了员工的工作热情，改变了员工的工作态度，赢得了员工对组织的认同和公司的热爱。这极大地发挥了员工的潜能，也让公司获得了巨大的回报。

员工的能力一般可分为三大类，即知识和技能、人际关系能力、解决问题能力。

知识和技能培训的主要任务是对参训者所拥有的知识和技能加以补充并不断更新，它是企业培训中最基本也是最常用的培训。其主要目的是要解决“知”和“会”的问题，适应知识不断更新、环境不断变化的情况。

人际关系能力培训是通过培训提高人与人之间的合作交往能力，让学员学会理解，学会人际沟通，减少彼此间的冲突。

解决问题能力培训是通过培训，提高发现和解决工作中出现的实际问题的能力。这种培训包括加强逻辑推理能力、找出问题、探讨因果关系，以及挑选最佳解决问题的办法等技能的培训。

思维态度培训指采取一定的教育训练技术手段进行培训以改变员工的固有思维定式和工作态度，使其思维态度达到期望的水平，从而能够与组织之间建立起互相信任的关系，更加忠于组织。

心理培训主要是心理学方面的理论、理念、方法和技术在企业员工教育和训练方面的运用。心理培训的主要任务是解决员工的动机、心态、心智模式、情商、意志、潜能和心理素质等一系列的心理问题，开发参训者的潜能。其目的是通过调整他们的心理，提高对抗各种竞争和工作压力的能力，提高员工的意志力和自信心，提高创新意识、团队精神和奉献精神，引导他们开发自身的工作潜能。

（三）培训与开发的特征

1. 培训对象的成人化

企业的培训对象是成年人，这种特殊性决定了培训的复杂性。由于企业的员工都是成年人，所以培训要符合成年人的认知规律。

首先，成年人具有独立自我意识，他们认为自己完全有能力进行自我指导学习，能够对自己负责。

其次，他们具有丰富的生活经验和社会阅历。成人承担了多种社会家庭角色和社会职责，他们对学习的需求、兴趣和动机及学习内容的选择，很大程度上都是以自己的经验为依据，这使得对成人的培训并非易事。

再次，由于成人的个性差异、受社会因素影响程度的不同等原因，作为培训师，应该因人而异采取差异化的培训，以满足个性化的需求。

最后，成人学习具有很强的目的性和现实性，他们大多希望学习一些对现在的工作或者寻找新的工作有帮助的内容。一部分成人培训源于他们自身需要，更多的是满足工作单位的要求，这时员工某些方面的要求或兴趣往往得不到支持，甚至被压制和反对，造成很多成人培训流于形式。所以，要注意引导学员进行自我管理，发挥其自我学习积极性和主动性。这样，员工将在应用层次上实现最优化，达到效益的最大化。

知识链接 1—1

戈特的 16 条成人学习原理[①]

1. 成人是通过干中学的。经验告诉我们，通过动手做某件事来学习，是最终意义上的学习，亲自动手达成的结果能给学员留下深刻的感性认识。此外，成

---

① 石金涛，唐宁玉. 培训实施中的成人学习原理［EB/OL］.（2012－06－29）［2013－08－01］. http://www.peixunjie.com/tm/xq/s25705.html.

人学习新东西时希望通过动手来加以印证的想法，能激起更高的学习积极性。

2. 运用案例。成人学员总是习惯于利用所熟悉的参考框架来促进当前的学习，因此需采用真实、有趣、与学员有关的例子，吸引学员的注意力，激发他们的兴趣。

3. 成人是通过与原有知识的联系、比较来学习的。成人丰富的背景和经验对其学习过程产生影响，他们习惯将新东西与他们早已知道或了解的东西加以比较，并倾向于集中注意那些他们了解最多的东西。因此，要充分运用“破冰船”之类的工具，在培训开始时，让学员相互认识，了解学员各自的背景，为培训班定下基调，尽快调动学员参与的积极性，避免抽象空洞的说教。否则，成人学员难以与其经验进行比较，从而可能陷入迷茫，失去对学习的兴趣。

4. 在非正式的环境氛围中进行培训。这点是提醒培训组织者设法使学员在心情轻松的环境下接受训练，避免严肃古板的气氛。

这特别涉及培训场地和培训位置的选择。一个良好的培训场地应符合3个主要条件：一是交通方便；二是安静、不受打扰；三是为学员提供足够大的空间，而且可以自由移动，学员可以清楚地看到其他学员、培训师和培训中使用的其他设施。培训室座位的布置安排应根据培训师与学员之间及学员之间预期的交流沟通要求而设计。培训室座位的不同设计如下图所示。每一种培训室座位布置满足不同的培训需求。一般地说，圆形和马蹄形座位安排适合于小组活动和非正式培训课，有利于互动式学习；教室形和剧场形座位安排适合于大组活动和学习，但互动性不够；扇形座位适合于中等或大型活动，在一定程度可兼顾互动式学习。

5. 增添多样性。在培训中通过灵活改变进度、培训方式、教具或培训环境等能帮助增加学习兴趣，取得良好的培训效果。

6. 消除恐惧心理。在培训过程中给予学员学习信息反馈是必要的，但应该经常以非正式方式提供反馈，如能将成人学员担心学习成绩与个人前途直接挂钩的恐惧心理排除掉或将之减小到最低限度，那么每个学员就都能学到更多的东西。

7. 做一个推动学习的促进者。成人学习中要避免单向传授，培训师是一个学习促进者，灵活有效的培训方式能大大促进学习的进程。学习促进者的主要职责包括：

（1）保持中立。

（2）促使学员履行学习的职责。

（3）识别学员参加学习的主要目的。

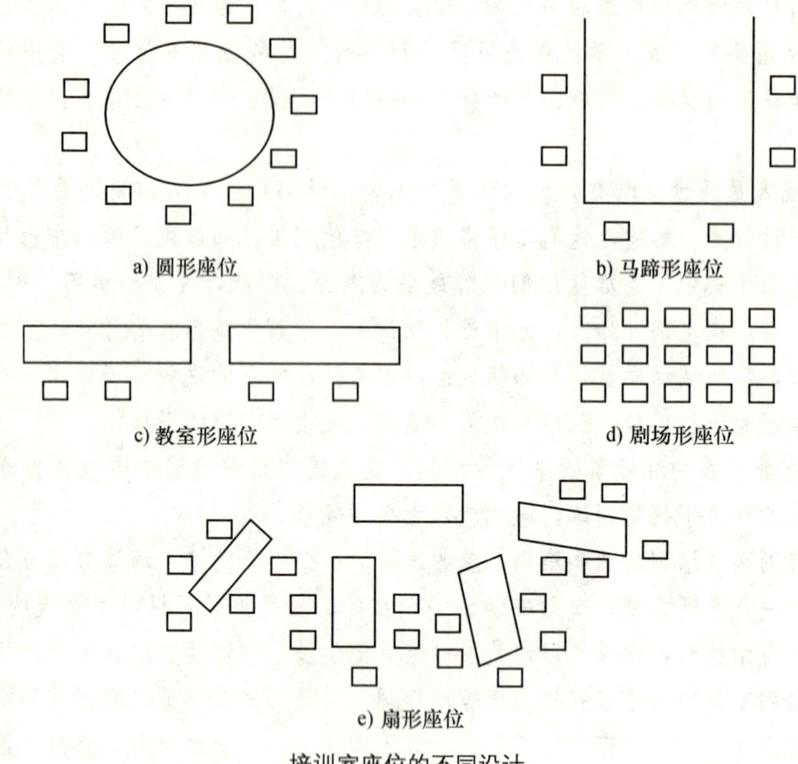

培训室座位的不同设计

(4) 达成对预期学习效果的认同。

(5) 强化学习的基本原则。

(6) 强化有效的学习行为。

(7) 指导学员群体实现学习目标。

(8) 鼓励全体学员。

(9) 引导学员高效学习的激情。

(10) 成为学习评判者。

(11) 帮助学员明确学习目标。

(12) 讲解、演讲和答疑解惑。

8. 明确学习目标。必须在一开始便告知学员其学习目标，使其时刻注意自己是否走在通向成功的正确道路上。

9. 反复实践，熟能生巧。实践是帮助学员完成规定学习目标的有效手段，通过实践，可将理论转化为学员在实际工作中能运用的工具，并真正成为属于他们自己的方法。

10. 引导启发式的学习。告诉学员一个结果只能帮助他解决当前的一个问题，而通过引导启发学员投入学习，同时提供资料、例子、提问、鼓励等帮助，成人学员就能自己找出结果，并完成所期望的任务，这才是培训所期望的最终效果。

11. 给予信息反馈。及时、不断地进行信息反馈，能使学员准确知道自己取得了哪些进步，哪些方面还需进一步努力。明确的目标会成为积极的学习动力。

12. 循序渐进，交叉训练。学习过程的每一部分都建立在另一部分的基础上，因此某一阶段的学习成果可在另一阶段的学习中得到应用与加强，使学员的能力逐步得到强化和提高。

13. 培训活动应紧扣学习目标。紧扣学习目标能使培训过程中的所有活动沿着预期的轨道进行，这一目标应被学员清楚、了解与认同，在培训过程中应予以反复强调。

14. 良好的初始印象能吸引学员的注意力。培训初始给学员的印象非常重要，如果培训准备工作很不充分、拖沓，则很难引起学员对培训的充分重视，从而影响学习的效果。

15. 富有激情。培训师的表现对学习气氛具有决定性的影响，一个充满激情的培训师能感染学员，引导激发他们投入学习中。

16. 重复学习，加深记忆。通过多样性的培训方法，使重复学习变得更加有趣与富有吸引力。这是遵循关于重复记忆的一条原理，通常至少重复所学内容三次，最好通过不同的方式去学，以此来反复加深认识。

---

2. 培训内容实用性

培训内容的实用性主要是看培训是否对提高员工的技能素质以及组织绩效有帮助，即培训成果转移或转化成生产力，并能迅速促进企业竞争优势的发挥与保持，员工的培训投资得到一定回报。培训内容是否具有实用性、有效性、针对性，直接决定培训效果的好坏。员工培训首先要考虑的问题就是投资回报率，看通过培训是否能够增强技能，改善工作表现，提高组织绩效。如果培训后得不到回报，即技能得不到提升，绩效得不到改善，那么不仅浪费了大量的人力、物力、财力和时间，而且还会影响今后培训的积极性。

一方面，培训内容要突出专业性。即合理选配培训师资，请专业培训机构人员进行专业的系统化授课。为此要做好以下三点：一是选好授课人员。根据学员的不同需求、不同的教学内容，选择最适合的人选来授课。二是实行试讲制度。

培训计划确定后，有关人员要一起研究确定授课大纲，授课人员根据授课题目，多方收集资料，开展调查研究，丰富授课内容，在此基础上进行试讲，共同听课、评课。三是开展培训质量跟踪调查和评估。采取随堂调查、召开座谈会、问卷调查等形式，了解学员对内容的安排、授课质量等方面的意见和建议，将调查评估情况及时反馈给授课人员，不断提高授课质量。

另一方面，培训内容要突出针对性。培训应根据培训个体的差异性、不同岗位的工作性质、不同的培训层次，合理安排培训进度和环节。如新员工侧重于企业价值观、行为规范、基本技能等方面的培训，管理人员侧重于管理知识、人际关系、决策能力等方面的培训。

案例 1—2

美国通用电气的六级人才培训体系[①]

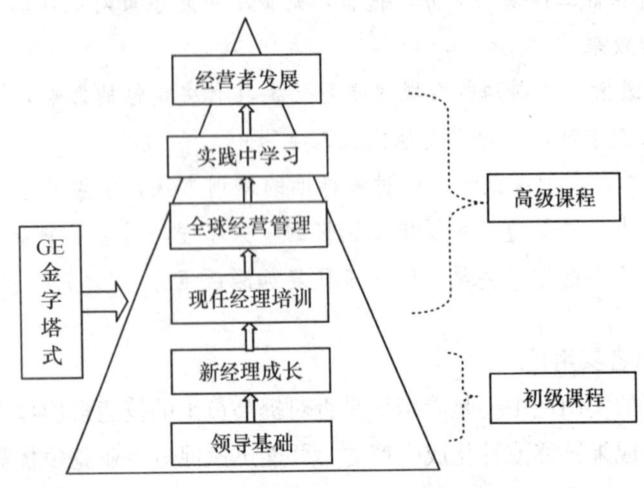

GE 金字塔式的领导者开发系统

世界 500 强公司中排名前列的美国通用电气公司之所以持久而强大，很重要的原因在于人才培训，尤其是在培训管理人员上的一贯投入。公司每年花在培训方面的费用超过 6 亿美元，约为研究与开发费用的一半。

美国通用电气公司管理发展学院是公司最重要的“领导者培养基地”，公司

① 佚名．开发与培训案例［EB/OL］．(2013－04－18)［2013－08－02］．http://www.csosok.com/xwzx/xwxx/2012－04－23/766.html．

每年向该学院拨款10亿美元，每年在此接受培训的人数超过1万人，包括新任经理和高级管理人员。韦尔奇曾说：“美国通用电气公司是由人才经营的。我的最大成就在于发现一大批这样的人才。他们远比大多数公司的总裁更优秀、更精明。这些第一流领导人才在美国通用电气公司中如鱼得水。”美国通用电气公司的培训体系分为六级。

第一级是领导基础课程。参加培训的是在美国通用电气公司工作了6个月至3年、有培养前途的20来岁的年轻职员。该课程每年举办16次，约有800多人参加，具体内容有：答辩技巧、与不同国籍的学员组成小组顺利开展教学活动的方法、财务分析方法等。

第二级是以未来经理为培养对象的新经理成长课程。参加者都是具有较高潜力、在公司内达到“A”级的30岁左右的职员。这一阶段主要学习经营决策的方法、成功案例分析、评价下属的方法、财务知识等。

第三级则是进入了美国通用电气公司首席执行官韦尔奇亲自参与执教的现任经理培训队伍。这个课程每年举办7次，由六七十人组成一个班，进修期为3个星期。参加学习的是在通用工作8～10年、持有本公司股份购股权资格的职员，其中大约有30%是来自美国以外的员工。主要学习经营战略的制定方法，如何管理国际性集团，为解决目前通用面临的问题提供思路等。

第四级是以来自世界各地的美国通用电气公司下属企业负责人为对象的全球性经营管理课程。每年举办3次，每届3个星期，一个班级40人，学员要求至少在通用工作8年。

美国通用电气公司在全世界拥有30余万名员工，每个人平时都随身携带一张卡，名为“美国通用电气价值观”卡。卡中对管理人员的警戒是：①痛恨官僚主义；②开明；③讲究速度；④自信；⑤高瞻远瞩；⑥精力充沛；⑦果敢地设定目标；⑧视变化为机遇；⑨适应全球化。这些价值观都是美国通用电气公司进行培训的主题，也是决定公司职员能否晋升的最重要评价标准。

第五级是在领导者培训中最重视的在实践中学习课程。这种学习差不多就是一种共同探究通用电气公司面临的问题及解决方法的智囊团活动。学员们同奋战在海外第一线市场的经理们对话，具体的学习课程有：企业领导方法、美国通用电气所处的竞争环境、组织变革、企业伦理学、财务分析以及战略运作方式等。

第六级是以高级企业负责人为对象的经营发展课程。一年举办一次，一个班级40人，历时3周。学员都是通用电气公司有10年以上工龄的高级经营管理者。这项培训由通用电气公司所属集团CEO提供赞助资金，将自己行业发展的某个设想提交给这个班级进行研讨，提出实施方案。

3. **培训方式灵活性**

由于不同的受训者有差异化的培训需求，即使是同一个人在不同时期的培训需求也不同，因此培训的方式要具备灵活性和多样性，这样才能使企业培训获得好的效果。根据成人培训的特点，在培训中要尽量针对工作实际多采用案例分析法、角色扮演法、情景模拟法、现场考察法、小组讨论法、实际操作法等现代教学方法去解决培训过程中遇到的问题。要充分利用电化教学、多媒体教学、远程教学、网络教学等现代教学手段，突破时空限制，解决工作和学习的矛盾，变传统的“满堂灌”的教学方式为相互交流、相互培训的互动式教学方式，以发言人、教练员的身份组织研讨，使受训者成为真正的主角。为此必须做到以下三点：

一是分层次、分重点培训。例如，重点以及高难度知识的掌握要选派骨干员工外出培训，而基础知识的掌握可由企业自行组织培训。二是采取多种教学方式。对一些阶段性工作培训，可以实行短班制或讲座形式；而一些规模大、内容多的系统培训，可以采取统分结合、分期轮训和分类分层培训等方式。三是传统教学方法与现代教学手段相结合，以增加师生之间的互动，活跃课堂气氛，激发学员的学习热情。

4. **培训时间持续性**

员工培训是一个历史过程，在时间上具有持续性，随着时间的推移和外部环境的变化会呈现新的培训需求。当今社会是一个知识经济时代，面临复杂多变的竞争环境、素质参差不齐和结构频繁调整的人才队伍，企业要进行的培训工作是长久、持续推进的，而不是一蹴而就、一劳永逸的。只有通过长期系统的培训，才能使培训双方的积极配合，最终为企业利润服务。培训时间的持续性具体表现在3个方面：

一是培训的长期性和经常性。随着科学技术的日益发展和外部环境的不断变化，只有通过及时的充实和长期的积累，不断学习接受新知识、新技术，才能使企业员工在知识上得到更新，在技术上保持先进性，并最大限度地开发技术潜能。

二是培训的超前性和计划性。培训的超前性关注管理实践最新研究成果，以及其他相关专业和技术的前沿研究；关注管理理论最新研究成果，以及其他学科理论和技术前沿研究。它可以最大限度地激发、培养员工的创造力，为最大限度地开发人的潜能创造机会。同时，培训要有计划性。一个良好的培训计划能够使企业意识到培训的重要性并明确培训的目标，保证培训活动有计划、有组织、分步骤地顺利开展。

三是培训效果的后延性。由于员工学习的主要目的是解决企业当前的问题，所以培训一般针对性较强，周期短，具有速成的特点。但仅限于短期的具体目标的培训设计不能使企业应付和适应复杂多变的动态环境和市场需求，培训内容必须根据经营的变化而设置。

总之，企业培训是一个长期性的工作，培训无处不在。社会在发展，知识和技术在进步，企业应该积极鼓励所有员工不断学习，不断补充新知识、新技术、新经营理论。这样，才能使企业的经营理念等得到很好的贯彻，同时，也能使员工的行动方向实现统一，知识结构、能力结构得到改善，从而为企业的可持续发展提供有力支撑。

二、培训和开发的意义

（一）增强企业的核心竞争力

企业的核心竞争力是企业在资源、技术、人力资源、治理结构、生产经营、新产品研发、售后服务、文化等一系列营销过程和各种决策中形成的，具有自己独特的优势，是巨大的资本能量和经济实力。[①]

在科技发展日新月异的今天，企业之间的竞争愈演愈烈，提高自身的竞争力成为其生存和发展的唯一途径，而竞争力在很大程度上取决于企业是否拥有各种优秀的专业人才。因为随着知识更新的加速，人逐步成为当今社会企业发展过程中最活跃、最稀缺的资源，逐渐成为经济增长的核心要素和动力源泉。良好的培训工作作为一项投入少、人才培养准确率高的人力资源开发和利用工作，能够使员工的知识和技能体系得以不断地更新从而实现人力资本增值，进而增强组织的核心竞争力。

（二）提高生产率

通过教育和培训提高企业员工的素质，是提高劳动生产率的基本途径之一。根据联合国教科文组织提供的研究结果，劳动生产率与劳动者文化程度呈指数曲线关系，如与文盲相比，小学毕业可提高劳动生产率 43%，初中毕业可提高

① 王淑珍，王铜安. 现代人力资源培训与开发. 北京：清华大学出版社，2010：19.

108%，大学毕业可提高300%。[①] 舒尔茨早在20世纪60年代就指出并论证了人力资本投资对经济增长的贡献远比物质资本的增加重要得多。可见，员工的教育和培训是最有效地提高劳动生产率的途径，也是企业人力资本增值的重要途径。

培训可以提高员工的能力、技术水平、综合素质等，使员工更有效率地进行工作，同时减少工作过程中的错误；培训能够增进部门之间的团结合作、有效沟通，降低企业内部跨部门沟通的成本；同时，培训作为一种员工福利，在一定程度上可以激励员工工作的积极性，从而提高劳动生产率。

（三）增强组织凝聚力

企业培训通过“灌输”或强化企业的文化、价值观、理念、制度等，能够产生凝聚作用和导向作用，使具有不同价值观、信仰、工作习惯的员工团结合作，有效沟通，减少内部的摩擦与消耗，为实现组织目标而共同努力。员工培训通过提高员工的个人素质来提高企业的整体素质，进而树立企业形象，增强企业凝聚力，使全体成员在企业的制度、文化、理念上达成共识，增强企业的软实力和稳定性。一个企业的凝聚力强不强，主要看它的员工有没有共同的价值观、信仰，对组织归属感和认同感强不强。

（四）促使企业战略的实现

无论是培训前的培训需求分析，还是培训过程中新的培训需求的发现以及培训后培训效果的反馈都是以企业战略为导向的。只有与企业理念、战略进行有效的结合，才能切实地体现出培训对企业战略的价值作用，促进企业战略的实现；只有根据自身的战略规划，结合自身的发展需要，才能量身定制出符合自身持续发展需求的高效培训体系，才能与企业的战略相适应，促进企业战略的实现。企业通过培训能够发现新问题，从而迫使企业在进行战略实施的同时进行适当的战略调整。因此，企业培训体系应根源于企业的发展战略和人力资源战略体系，促进企业战略的实现，保证在日益激烈的人才争夺中立于不败之地。

---

① 佚名．企业如何提高劳动生产率［EB/OL］．［2010－07－06］（2013－08－03）．http://www.dzswu.com/qygl/fazhan/57567.html.

案例 1—3

迪士尼乐园员工的培训[①]

世界上开得最成功的、生意最好的迪士尼，是日本东京迪士尼，其最高纪录一年可以接待 1 700 万人参观。东京迪士尼是如何吸引回头客的呢？

重视员工培养，引客回头

开酒店或经营乐园，并不是希望客人只来一次。如果今天一对夫妇带孩子逛乐园，这孩子长大了以后会再来吗？他会带他的男朋友或女朋友再来吗？将来他的小孩子会再来吗？如果回答是肯定的，这才叫作引客回头。住酒店也是同样的道理，很少有酒店去注意一名客人会不会来第二次和第三次，所以只强调让客人来住店，却没有想到引客回头。因此，东京迪士尼要让老客户回头，就得在这个问题上动脑筋。

到东京迪士尼去游玩，人们不大可能碰到迪士尼的经理，门口卖票和剪票的也许只会碰到一次，遇到最多的还是扫地的清洁工。所以东京迪士尼对清洁员工非常重视，将更多的训练和教育集中在他们的身上。

1. 从扫地的员工培训起

东京迪士尼有些扫地的员工是暑假工作的学生，虽然他们只工作两个月，但是培训他们却要花 3 天时间。

(1) 学扫地

第一天上午要培训如何扫地。扫地有 3 种扫把：扒树叶的、刮纸屑的和掸灰尘的，这三种扫把的形状都不一样。怎样扫树叶，才不会让树叶飞起来？怎样刮纸屑，才能把纸屑刮得好？怎样掸灰才不会让灰尘飘起来？这些看似简单的动作却都应严格培训。而且扫地时还另有规定：开门时、关门时、中午吃饭时、距离客人 15 米以内等情况下都不能扫。这些规范都要认真培训，严格遵守。

(2) 学照相

第一天下午要学照相。十几台世界最先进的数码相机摆在一起，各种不同的品牌都要学，因为客人会叫员工帮忙照相，可能会带世界上最新的照相机来这里度蜜月或旅行。如果员工不会照相，就不能照顾好顾客。

---

① 佚名. 迪士尼乐园的员工培训［EB/OL］.（2010－03－26）［2013－08－02］. http://club.topsage.com/thread－747025－1－1. html.

(3) 学包尿布

第二天上午学习给小孩子包尿布。孩子的妈妈可能会叫员工帮忙抱小孩，如果员工不会，动作不规范，不但不能给顾客帮忙，反而增添顾客的麻烦。抱小孩的正确动作是：右手要扶住臀部，左手要托住背，左手食指要顶住颈椎，以防闪了小孩的腰，或弄伤颈椎。员工还要会替小孩换尿布。给小孩换尿布时要注意方向和姿势，应该把手摆在底下，尿布折成十字形，最后在尿布上面别上别针。

(4) 学辨识方向

第二天下午学辨识方向。有人要上洗手间，“右前方，约50米，第三号景点东，那个红色的房子”；有人要喝可乐，“左前方，约150米，第七号景点东，那个灰色的房子”；有人要买邮票，“前面约20米，第十一号景点，那个蓝条相间的房子”……顾客会问各种各样的问题，所以每一名员工要把整个迪士尼的地图都熟记在脑子里，对迪士尼的每一个方向和位置都要非常明确。

训练3天后，发给员工3把扫把，开始扫地。如果在迪士尼里碰到这种员工，人们会觉得很舒服，下次会再来，也就是所谓的引客回头。

2. 会计人员也要直接面对顾客

有一种员工是不太接触客户的，这就是会计人员。迪士尼规定：会计人员在前两三个月中，每天早上上班时，要站在大门口，对所有进来的客人鞠躬、道谢。因为顾客是员工的“衣食父母”，员工的薪水是顾客掏出来的。感受到什么是客户后，再回到会计室中去工作。迪士尼这样做，就是为了让会计人员充分了解客户。

其他重视顾客、重视员工的规定：

(1) 怎样与小孩讲话

游迪士尼有很多小孩，这些小孩要跟大人讲话。迪士尼的员工碰到小孩问话都要蹲下，蹲下后员工的眼睛跟小孩的眼睛要保持一个高度，不要让小孩子抬着头去跟员工讲话。因为他是未来的顾客，将来还会再回来的，所以要特别重视。

(2) 怎样对待丢失的小孩

从开业到现在的十几年里，东京迪士尼曾丢失过两万名小孩，但都找到了。重要的是他们在小孩子走丢后从不使用广播。如果这样广播：“全体妈妈请注意，这边有一个小孩子，穿着黑裙子白衬衫，不知道是谁家的小孩子，哭得半死……”所有妈妈都会吓一跳。既然叫作乐园就不能这样广播，一家乐园一天到晚丢孩子，谁还敢来。所以迪士尼建了10个托儿中心，只要看到小孩走丢了，就用最快的速度把他送到托儿中心。从小孩衣服、背包来判断他大概是哪里人，衣服上有没有绣他们家族的姓氏；再问小孩有没有哥哥、姐姐、弟弟、妹妹，来判断父母的年龄；有的小孩小得连妈妈的样子都描述不出来，就要想办法在网上寻找，尽量用最快的方法找到父母。然后立刻用电车把父母接到托儿中心，小孩正在喝可乐，吃薯条，啃汉堡，过得挺快乐，这才叫乐园。他们就这样在十几年里找到了两万名小孩，最难得的是从来不使用广播。

(3) 怎样送货

迪士尼乐园里有喝不完的可乐，吃不完的汉堡，享受不完的三明治，买不完的糖果，但从来看不到送货的。因为迪士尼规定在客人游玩的地区里是不准送货的，送货都在围墙外面。迪士尼的地下像一个隧道网一样，一切食物、饮料都在围墙外面的地道中，在地道中搬运，然后再从地道里用电梯送上来，所以客人永远有吃不完的东西。可见，迪士尼多么重视客户，所以客人就不断去迪士尼。去迪士尼玩10次，大概也看不到一次经理，但是只要去一次就看得到他的员工在做什么。这就是前面讲的，顾客站在最上面，员工去面对客户，经理人站在员工的底下来支持员工，这个观念人们应该建立起来。

三、培训的现实问题

（一）培训投资力度不足

目前，一些企业鼓吹培训无用论，认为公司目前没有足够的时间去考虑培训问题，现时的工作才是最重要的。一些企业认为企业效益好时，培训是多余的。一些企业则认为企业效益差时，因资金不足应尽量减少培训或者干脆不培训。更有甚者认为培训是为别的企业甚至是竞争对手作嫁衣，因为他们觉得员工缺乏忠诚度，培训后员工流失不合算。因此，很多企业不重视培训，培训成了走过场，多以应付为主。

总体上看，我国企业在员工培训经费的投入上普遍较低；占公司销售收入3‰～5‰以上的企业仅为8.7%，而占销售收入0.5‰以下的企业有48.2%。[①] 根据普华永道会计师事务所发布《2011年中国企业长期激励调研报告》统计，中国中小企业的平均寿命仅2.5年，集团企业的平均寿命仅7～8年，与欧美企

① 中国企业人力资源管理调查报告——企业员工培训现状［EB/OL］.（2010-07-17）［2013-08-01］. http://doc.mbalib.com/view/5b5a48ee5eee397bac7a3b2fb37c6a41.html.

业平均寿命40年相比相差甚远。①

实际上，培训可以保持企业的可持续发展。例如，麦当劳北京公司每年要花1 200万元用于培训员工，包括日常培训或去美国上汉堡大学。摩托罗拉公司把工资额的4%用于培训，每年用约两亿美元为其14万多名员工中的每一位提供至少40小时的培训。他们认为：在培训上每投入1亿美元，就有30亿美元的回报。西门子公司每年投资6亿～7亿马克用于培训及购置最先进的培训实验设备，每年培训经费近8亿马克。据初步统计，肯德基进入中国以来，基本培训资金投入超过2.4亿元，光是训练一名经理，肯德基就要花上好几万元。②

之所以存在如此大的差距，主要原因在于中国一些企业担心员工培训后流失。其实员工跳槽的最大原因是公平问题，另外还有福利、制度、人际沟通等问题。一些企业经营效益差，不重视培训往往是其失败的一个重要原因，即形成“不培训→经营差→更不培训→经营更差”的恶性循环。所以企业必须重视培训，加大培训投资力度。

（二）培训缺乏战略性

很多企业对培训的认识不清，还局限在认为培训只是通过提高员工的能力和素质来解决企业的眼前问题，与企业的长远目标和战略发展无关。他们忽视了培训更重要的战略作用，使培训缺乏系统性和计划性。这种亡羊补牢式的培训落后于工作的需求，无法具有前瞻性。

随着知识更新速度的日益加快和信息化的高速发展，这种应急式培训应作为辅助手段而不应占主导地位。企业的培训工作是长期性的，而非救火，必须以企业的经营战略目标规划为指导，根据组织发展战略的需要来确定培训需求、培训计划及培训实施方案，实施对企业竞争力和长期发展具有决定性影响的系统性培训，才能为企业的未来发展储备战略性人力资源。帮助企业实现产业化升级和产业的多元化，形成产业集团，再通过多产业的专业化，实现企业向企业集团的方向发展。

（三）培训需求不明确

培训需求是指特定工作的实际需求与任职者现有能力之间的距离。一些企业

---

① 刘琼，颜沁. 中国企业平均寿命2.5年，欧美40年［EB/OL］.（2012－12－10）［2013－08－01］. http://www.cye.com.cn/chuangyeguancha/201212100984629.htm.

② 世界著名企业培训介绍［EB/OL］.（2010－03－07）［2013－08－01］. http://bbs.vsharing.com/Management/HRM/1053418－1.html.

虽然非常重视培训工作，但是对自身的培训需求不是很明确，不清楚什么情况下需要培训，什么情况下不需要培训；哪些人需要培训，哪些人不需要培训；哪些方面需要培训，哪些方面不需要培训等。

总之，企业没有对员工的培训需求做科学、细致的分析，培训工作带有较大的盲目性和随意性。另外，作为培训师，最担心的不是学员有想法，而是学员没有想法，他们不知道自己想要的是什么，而只是要培训师给他们做培训，为培训而培训。

（四）培训内容缺乏针对性

一些企业存在这样的现象：遇到任何问题，对待任何员工，都采用同样的培训方法，他们认为同样的培训方法和培训内容能够包治百病。科学、细致的培训需求分析的匮乏使得培训工作变得盲目而且没有针对性。比如，对于管理人员的培训，虽然沟通、协调和激励的能力与手段等是所有管理人员必须学习和训练的，但由于工作层面不同，所学内容的侧重点也应有所不同。有的企业只根据老板的个人意见和喜好来决定培训内容；有的企业让员工自己提出培训需求，企业相关部门只负责审批；有的企业不结合自身发展的现实情况，仅凭经验或机械地效仿其他公司拟订培训计划；有的企业只是听从培训公司的推荐，什么培训热门就引进什么培训。培训变成了一种盲目的救火式、应急式、毫无规矩的、偶然的、随意性的工作。这样的培训是无法达到企业预期效果的，甚至可以说是一种人力、物力、财力的浪费。

（五）培训方法不合理

知识更新速度的日益加快要求企业必须在培训方法上不断改进，但是很多企业的员工培训，不是举办一场讲座就是短期外派学习，很少“量身”制定培训方法，培训方法简单、老套，流于形式。一些企业的培训只是运用传统的讲授法向学员灌输书本上的知识，没有根据实际情况将传统的培训方法与现代的培训方法相结合，综合运用讲授法、演示法、研讨法、视听法、角色扮演法、案例研究法、模拟与游戏法等培训方法培养员工的实际操作技能，造成理论与实际反差甚大。学员的成人化特点决定了在培训过程中如果不能联系过去的经验、未来的情景和实践活动，而只是采用千篇一律的方法是达不到预期效果的。

四、培训的对策建议

（一）加大培训投资力度

1. 高层管理者的支持

在这个环境急剧变化、竞争非常激烈、知识更新速度加快的时代，如果企业跟不上时代发展，不充实自己，将避免不了被淘汰的命运。所以，企业必须加大培训的投资力度以增强企业活力、竞争力。要加大培训的投资力度，首要的是转变企业领导人的培训想法和学习观念，消除企业领导人培训无用论的想法，形成“终生学习”和“动态学习”观念。高层管理者在企业中承担着计划、组织、领导、控制的职能，起着带头示范、威慑的作用。多数情况下，只有得到高层管理者的支持，培训工作才能顺利进行，特别是在资金紧张的情况下，培训规划能否得到落实完全依赖于高层管理者对培训的信心和决心（见表 1—3）。要想赢得高层管理者尤其是首席执行官对培训的支持，至关重要的一点就是培训活动要与战略发展目标紧密结合，管理层才会全力支持计划的执行并提供所需的资源。

表 1—3　　首席执行官在决定公司培训的作用

角色	主要职责
愿景规划者	清晰地指明培训和学习的方向
发起人	对战略性学习进行激励，提供资源并做出承诺
管理者	在管理培训学习中扮演积极的角色，包括审视培训目标以及在如何进行培训效果评估上提供指导意见
项目专家	为公司开发新的培训项目
教员	作为培训项目的教师，或者在线提供培训资料
学员	为全公司树立学习的榜样，并表现出持续学习的愿景
营销人员	通过讲话、年度报告、面谈和其他公开手段来宣传公司对培训的承诺

2. 合理的培训经费预算

培训要想取得成效，企业必须注意控制培训的成本，做好培训经费预算，防止出现培训经费过多的浪费或培训经费过少而导致培训无法正常进行的现象。合理的经费预算是在保证企业培训活动正常有序地进行的情况下，使得企业的培训支出最小化。公司可以每年划拨相当于参训人员上一年度收入一定百分比的资金或企业上一年度利润的百分比（比例可根据各企业的不同确定）作为员工培训的经费。此外，培训资金应专款专用。

3. 齐备的培训设施

一些企业受培训场地、设施等的限制，学员很难集中参加培训学习，难以形成良好的学习氛围，影响了培训效果。因此，公司必须改善培训条件和环境，建立齐全的培训与发展设施。例如，将传统的会议室改造为电教室，购置投影仪、自动幕布、音响、笔记本电脑、课桌、椅子等设备，改变以往单纯的讲授式培训，进行多媒体教学，做到声音、图像、文字并茂，实现培训方式多样化，提高培训的趣味性、知识性、实用性，使员工乐于听课，积极主动参加培训。

（二）做好战略性规划

21 世纪的企业将面临越来越多的变化与挑战，企业的经营目标和手段必须不断进行战略性调整。为了适应企业的战略变化，帮助企业赢得竞争优势和实现经营目标，必须做好培训规划，注重培训的战略性、长期性和系统性。

1. 培训以战略为导向

企业培训规划主要是根据企业发展规划而拟订的。如果培训与企业的发展方向、发展规划相背离，势必会阻碍公司总体目标的实现，造成时间、精力和金钱的浪费。不少企业出于短期成本收益的考虑，往往在问题出现时才被动地实施培训，没有根据企业的总体目标提前拟订培训计划，这就导致企业的根本问题得不到解决，经营跟不上市场，甚至出现经营混乱的现象。因此，为了实现企业的总体战略目标，必须依据企业的经营战略主动地开展培训工作，做到与企业的发展方向、发展规划相结合，从而能够主动地解决企业的根本问题，保证企业经营有序。

2. 培训以企业经济实力为基础

培训工作要想顺利地开展下去，必须做到与企业的发展实力、经济基础相结合。这里所说的与企业的发展实力、经济基础相结合，并不是要求企业在经济效益好时就加大培训投入，在经济效益差时就减少培训投入甚至干脆不培训。这里所说的与企业的发展实力、经济基础相结合是指在企业做了深入细致的培训需求分析的基础上，根据企业的实际培训需求，量力而行，不超出企业自身的经济承受能力来开展培训工作。

3. 培训要分轻重缓急

培训有轻重缓急之分，如果不分轻重缓急地平均使力或者先做那些又“轻”又“缓”的事，无疑是一种资源的浪费。德国诗人歌德曾说过：“重要之事绝不可受芝麻绿豆小事的牵绊。”所以，对于企业的培训工作，无论是培训者、参训者或是企业的领导者都要从全局出发进行规划，将大目标分成若干个小目标，并坚持“要事第一”的做事原则，首先把最重要的、最紧急的事情做到最好（见表1—4）。

表1—4　按轻重缓急对培训工作进行的分类

类型	具体说明
重要且紧急	这类事情是最重要的而且是当务之急，只有合理高效率地解决完，才有可能顺利地进行别的工作
重要但不紧急	这类事情不是最重要的，但关系到企业的长远发展。它的最大特点是没有规定的期限，如果没有被其他人催促或有现实因素的刺激，可能将永远拖延下去
紧急但不重要	这一类事情表面上看起来是极其重要的，而且要立刻采取行动，但是如果客观地审视这些问题，应把它放到次要的事项中去
既不紧急也不重要	工作中会遇到很多这样的事情——不需要即时处理甚至不需要处理，如果把精力放在这些事情上面，就是浪费时间

（三）合理规划培训需求

只有明确培训需求，才能够按需施教。必须明确什么情况下需要培训，什么情况下不需要培训；哪些人需要培训，哪些人不需要培训；哪些方面需要培训，哪些方面不需要培训等，以满足企业需求、员工需求和外部需求。由于企业员工（从普通员工到高层领导者）所从事的工作、承担的职责、创造的绩效、能力和应当达到的工作标准不同，所以对他们通过培训提高的能力要求是不一样的。应充分考虑员工的不同层次、不同岗位、不同要求以及其他差异，因人而异选择不同的方式、类型。比如，高层管理者的培训应着重于提高其决策能力和战略眼光；中基层管理者的培训应该立足于提高他们的经营能力和管理能力；一般员工的培训则要侧重于提高基础知识和操作技能。

（四）改进培训方法

在培训方法选择上，企业多倾向于运用传统的授课模式，即“培训师讲，学员记”。然而这种方法的针对性不强、实用性不大，跟不上知识的更新速度，易使学员产生枯燥、厌学情绪。所以，企业要不断改进培训方法，实现培训方法从传统的“教授讲座，一听了之”为主，向双向互动交流为主的转变，具体可选择视听技术法、讨论法、案例研讨法、角色扮演法、互动小组法、企业内部电脑网络培训（或internet）法等教学方法。通过改善培训方法，充分调动学员培训的积极性和主动性，实现教师与学员、学员与学员之间的信息互补、经验共享、相互启发、相互促进、共同提高，确保培训取得显著成效。

（五）建立有效的培训管理体系

企业培训管理体系，是指在企业内部建立一个系统的、与企业的发展以及人力资源管理相配套的体系。包括培训制度、培训政策、管理人员培训职责管理、培训信息搜集反馈与管理、培训评估体系、培训预算及费用管理、培训与绩效考核管理等一系列与培训相关的制度。

企业的培训管理体系，要以企业战略为导向，着眼于企业核心需求，充分考虑员工自我发展的需要。培训管理体系的建立，首先，需要得到高层领导的高度重视和关心，这是企业培训体系建设获得有效进展的前提。美国通用电气公司（GE）之所以能有今天，与公司高层对培训和人才培养的重视分不开。其次，企业各部门要承担起在培训体系建设工作中各自相应的职责，这是企业培训体系建设获得有效进展的必要条件。最后，对于培训管理体系的保持，需要建立和健全激励员工参与培训的机制，重视培训考评和培训后的质量跟踪，完善培训管理责任制，加强培训费用的合理控制。

五、培训和开发的发展趋势

（一）培训理念前沿化

1. 从注重“培训内容”到重视“培训速度”

以前，多数企业开展培训工作时最关心的都是要培训什么，即培训的内容。他们认为只有学到了一技之长才能够有立身之本。但是，在科技发展突飞猛进、知识更新日新月异的今天，如果企业还是只注重培训内容而忽略培训速度，就会使企业的培训跟不上知识更新的速度，培训也就变得毫无意义。因此，现代教育和培训在注重培训内容的同时，应该更加注重提高培训速度、效率和学员的学习能力。

2. 从注重“投入”到注重“产出”

自美国经济学家舒尔茨在1960年提出了著名的“人力资本”学说以来，企业便普遍认识到培训不再是消费，而是长期投资，于是纷纷加大培训投资力度。然而，由于长期对投资收益的忽略，导致了培训收支失衡。许多企业在培训上付出了很大的代价，还会有人员流失，这是许多企业家感到头痛的问题。现如今，人们越来越重视培训投资的效益问题，许多企业开始把培训重心由投资转移到收益并采取一些方法来提高培训的有效性。

3. 从“以事为本”到“以人为本”

随着知识更新速度日益加快，人力资本超越物质资本成为对企业生存和发展起决定作用的因素，作为增加人力资本含金量的员工培训在企业管理中的地位也愈加突出。然而，传统的以工作为导向的机械化培训已经不能适应新时期企业人力资本发展的需求，因为它们缺乏激励性、能动性、灵活性，很难开发人的潜能。所以，培训开始向“以人为本”转变，现代企业培训“以人为本”的理念正在改写企业成长的“游戏规则”。

案例1—4

海尔“以人为本”的培训机制①

海尔集团始终贯彻“以人为本”提高人员素质的培训思路，建立了能够充分激发员工活力的人才培训机制，最大限度地激发每个人的活力，充分开发利用人力资源。

1. 海尔的价值观念培训

海尔在坚持“干什么学什么，缺什么补什么，急用先学，立竿见影”培训原则的前提下，首先进行价值观培训。海尔除了通过新闻机构“海尔人”进行大力宣传以及通过上下灌输、上级的表率作用之外，还进行员工互动培训。目前海尔进行了丰富多彩、形式多样的培训及文化氛围建设，如通过员工的“画与话”、灯谜、文艺表演、找案例等来诠释海尔理念，从而达成理念上的共识。

“下级素质低不是你的责任，但不能提高下级的素质就是你的责任！”各级管理人员必须为提高部下素质而搭建培训平台、提供培训资源，并按期对部下进行培训。特别是集团中高层人员，必须定期到海尔大学授课或接受海尔大学培训部的安排，不授课则要被索赔，同样也不能参与职务升迁。海尔大学每月对各单位培训效果进行动态考核，划分等级，等级升迁与单位负责人的个人月度考核结合在一起，促使单位负责人关心和重视培训。

2. 海尔的实战技能培训

技能培训是海尔培训工作的重点。海尔在进行技能培训时重点是通过案例、

---

① 改编自：佚名. 海尔——培训“以人为本”[EB/OL]. (2008-08-11) [2013-08-02]. http://www.boke28.com/News_72_690.html.

到现场进行的“即时培训”模式来进行。具体说，是抓住实际工作中随时出现的案例，利用当日班后的时间立即在现场进行案例剖析，针对案例中反映出的问题，来统一人员的动作、观念、技能，然后利用现场看板的形式在区域内进行培训学习，并通过提炼在集团内部的报纸《海尔人》上发表讨论，达成共识。对于管理人员则以日常工作中发生的鲜活案例进行剖析培训，且将培训的管理考核单变为培训单，利用每月8日的例会、每日的日清会、专业例会等各种形式进行培训。

3. 海尔的个人生涯培训

海尔集团自创业以来一直将培训工作放在首位，上至集团高层领导，下至车间一线操作工人，集团根据每个人的职业生涯设计为个人拟订了个性化的培训计划，搭建了个性化发展的空间，提供了充分的培训机会，并实行培训与上岗资格相结合。海尔的人力资源开发思路是“人人是人才”“赛马不相马”。在具体实施上给员工规划了三种职业生涯设计：一种是对管理人员的，即“海豚式升迁”；一种是对专业人员的，即“届满要轮流”；一种是对工人的，即采用实战方式。每一种都有一个升迁的方向，只要符合升迁条件即可升迁入后备人才库，参加下一轮的竞争，参加相应的个性化培训。

4. 海尔的培训环境

海尔为充分实施全员的培训工作，建立了完善的培训软环境（培训网络）。在内部，建立了内部培训教师师资网络。首先对所有可以授课的人员进行教师资格认定，持证上岗。同时建立了内部培训管理员网络，以市场链流程建立起市场链索酬索赔机制及培训工作考核机制。在外部，建立起了可随时调用的师资队伍。目前海尔以青岛海洋大学海尔经贸学院的师资队伍为基本依托，同时与瑞士国际工商管理学院、法国企顾司管理顾问公司、德国莱茵公司、美国管理咨询公司等国内外20余家大专院校、咨询机构及国际知名企业近百名专家教授建立起了外部培训网络。

海尔集团除重视“即时”培训外，更重视对员工的脱产培训。在海尔的每个单位，几乎都有一个小型培训实践中心，员工可以在此完成许多生产线上的动作，从而为合格上岗进行充分的锻炼。为培养出国际水平的管理人才，海尔还专门筹资建立了用于内部员工培训的基地——海尔大学。海尔国际培训中心也是一座名副其实的海尔国际化人才培训基地，同时向社会开放，为提高整个民族工业的素质做出海尔应有的贡献。

4. 从“培训”到“持续学习”

过去，培训只是为了解决企业的眼前问题。大家普遍认为，企业经济效益好时或者企业没出现问题时，培训就不需要。这种认识是错误的。在知识经济时代，无论是应对外在的竞争压力还是满足自身的发展需求，学习都不再只是一个时间的延长问题。所有员工都必须持续学习以实现学习方式的创新，最终构建学习型组织，使组织成员永不满足地提高产品和服务的质量，通过不断学习进取和创新来提高效率。

知识链接 1—2

学习型组织

美国麻省理工斯隆管理学院教授彼得·圣吉在 1990 年《第五项修炼》中提出了“学习型组织”理论，全面更新了培训理念。认为企业培训的目标是创建“学习型组织”，培训的内容以提高员工的学习力即学习的动力、毅力和能力为主，将员工个体培训扩展为团体培训，将局部培训拓展为全员培训，实现由“阶段培训”向“终身培训”的转变，实现由“知识、技能的传授”向“学习力的提高”的转变，使组织适应不断变化的环境，实现可持续发展的战略。

学习型组织的 6 个特征分别为：持续学习、知识创造与共享、严格系统化思维、学习文化、鼓励灵活性与实践性、珍视员工价值，见下表。持续学习要求员工共享学习成果并把工作作为知识应用和创造的基础；知识创造与共享即要开发和建立创造、获取和分享知识的系统；严格系统化思维鼓励员工用新的方式思考问题，看待关系，找出联系和反馈渠道，并验证假设；学习文化的建立需要公司的管理人员和公司目标明确，对学习给予奖励、推进和支持；鼓励灵活性与实践性给予了员工承担风险、不断创新、开创新思路、尝试新过程并开发新产品和服务的自由；珍视员工价值即组织要注重对每一位员工的培训开发。

学习型组织的特征①

特征	具体描述
持续学习	员工们共享学习成果并把工作作为知识应用和创造的基础
知识创造与共享	开发和建立创造、获取和分享知识的系统

① 雷蒙德·A. 诺伊. 人力资源管理：赢得竞争优势［M］. 北京：中国人民大学出版社，2005：263.

续表

特征	具体描述
严格系统化思维	鼓励员工用新的方式思考问题，看待关系。找出联系和反馈渠道，并验证假设
学习文化	公司的管理人员和公司目标明确，对学习给予奖励、推进和支持
鼓励灵活性与实践性	员工可自由承担风险，不断创新，开创新思路，尝试新过程，并开发新产品和服务
珍视员工价值	组织注重对每一位员工的培训开发

建立“学习型组织”是一个循序渐进的漫长过程，它需要建立一个带头学习、持续学习、全员学习和互动学习的环境。只有在企业员工中间建立起带头学习、持续学习、全员学习和互动学习的信心，建立“学习型组织”才有可能成为现实。

（二）培训组织形式多样化

随着培训行业的日益走俏，培训任务变得愈加繁重，培训组织的战略地位逐渐提高，同时培训组织角色也不断地拓展。所有这些变化，导致仅仅依靠专门培训机构的培训师或企业内部的培训人员开展培训是远远不够的，于是新型的组织形式开始出现。有调查报告显示，目前英国企业尤其小企业普遍建立了自己的企业学院。与此同时，企业中也出现了一批头衔为“知识主管”“学习主管”“智力资本主管”等高级管理人员。培训组织形式多样化发展的典型例子具体包括以下三种形式：

1. 企业办大学（研究院）

目前，企业大学战略已在许多国内外知名企业中盛行。如美国通用电气公司在1956年成立了GE发展学院；摩托罗拉建立了专门的培训机构——摩托罗拉大学；中国的海尔建立了青岛海洋大学海尔经贸学院。在日本，各大工厂、企业都投资办学，它们建有自己的技术学院、培训中心。一些公司更采用联盟方式合办企业大学，如联合保健与联合科技合伙，成立伟司拉理工学院。有些企业大学则走虚拟路线，以企业内部网络、互联网、卫星等远程学习途径授课，国外许多大型企业如思科公司和甲骨文公司，已成功地实施了e-Learning，成本更低，时间地点更灵活。通过成功的企业大学战略可以带来不可思议的回报：以企业大学方式集中资源的整合培训方案，使企业培训更经济、更有效果；在不同程度上，企业大学还能树立良好的企业形象，强化企业文化，提高员工对企业的认知度和忠诚度，以此提高企业工作的团队效率。

2. 产学合作

“产”指的是产业界、企业，“学”是指学校，包括大学与科研机构等。产学合作也被称为“校企合作”，是双方合作进行的职业培训。大多数国外企业大学都乐于与一些高等院校合作，共同开发培训课程，有的企业大学更提供学位课程，如贝尔大西洋的“下一步项目”，与麻省理工学院、斯坦福大学等37所高校合作，为其培训研究生。对于企业而言，产学结合提高了从业人员素质，降低了企业改革创新的成本和发展的资本和潜力。

3. 培训外包

外包是指企业动态地配置自身和其他企业的功能和服务，并利用企业外部的资源为企业内部的生产和经营服务。它是一个战略管理模型，能够解决组织的人力不足问题，维持组织的竞争力。培训外包是指将拟订培训计划、办理报到注册、提供后勤支持、设计课程内容、选择讲师、确定时间表、进行设施管理、进行课程评价等核心职能外包出去的一种培训方式。它能使培训活动以更低的费用、更好的管理、更佳的成本效益进行，并且责任更清晰。企业培训功能部分外包，有利于组织将内部培训工作集中在企业核心竞争力的开发上来。

案例1—5

华为4 000万元培训外包[①]

华为技术有限公司成立于1988年，专门从事通信网络技术与产品的研究、开发、生产与销售，致力于为电信运营商提供固定网、移动网、数据通信网和增值业务领域的网络解决方案，是中国电信市场的主要供应商之一。

随着规模的扩大，1999年底，华为公司在国内有了第一家自己的合作单位，此后便一发不可收，到2003年年底，合作单位已经发展到了200多家。这些合作单位主要承接华为产品的安装、调试、维护、检修等工作。由于华为的产品线很长，技术含量也相对较高，因此这些合作单位的员工在上岗前也都需要经过严格的专业技术培训。

华为的合作单位规模从几十人到400来人不等，如果一家合作单位每年新进

① 改编自：佚名. 华为4 000万培训外包［EB/OL］.（2012-01-24）［2013-08-07］. http://www.doc88.com/p-976391076832.html.

20人，就有4 000人需要培训。这还没有将用户需要培训的人员计算在内。每个人员的培训费用，加上交通费、住宿费，平均要1万元左右。因此，每年无论是为培训出动的人力，还是培训经费，都是一个相当大的数字，这给负责培训的部门造成很大的压力。

日益变得强大的华为对可能即将到来的培训“臃肿”倍加警惕。在2002年产值突破300亿元大关，在源源不断将它的产品送往世界各个角落的同时，华为花在售后服务市场上的人力与物力也与日俱增，有点“尾大不掉”的味道。

其实早在1998年，任正非就提出：“后勤工作将逐步走向社会化，减少公司管理的压力。”后勤工作包括员工的吃、住、培训等相关领域。

继2000年华为先后将员工的吃、住、行分包给社会机构后，2003年春节前，华为又启动了最为核心的培训外包计划，开始逐步将一些非核心技术的培训委托给社会上的一些专业机构。据悉，广州大学已经敲定了在大学选修课程中设置关于华为产品的相关课程，由华为免费提供价值200万～300万元的产品设备，学生通过选修相应的课程，可以更加直接地接触到华为的通信产品。作为回报条件，学生毕业时，华为的合作公司可以从中挑选相应的合格者。而且由专门的公司来做华为产品培训，对华为产品的推广，加强社会的认知，包括人员招聘都会带来好处。

（三）培训手段科技化

随着我国人才培训规模的日益扩大，企业对培训水平的要求不断提高。通过不断的培训实践，同时借鉴国外先进理论和经验，企业的员工培训日益向高科技、专业化发展。多媒体、互联网及其他高科技的进一步发展推动着培训技术体系的日益完善。如使用光盘进行人机对话、员工在家利用网络进行自我辅导培训、利用终端技术互联网进行规模巨大的远程培训等。这种技术创新使员工学习的速度和效果大大提高，使企业适应市场变化的能力大大提高。新技术的运用可以让学员把学习环境中的许多优点融合于培训之中，同时能够打破地域甚至时间的限制，把学员联系在一起集中培训。高科技将会在很大程度上取代一些传统的培训方式而成为企业培训的潮流。

（四）培训方法多样化

20世纪50年代以来，为了适应现代培训管理的需要，许多新的培训方法应运而生。如定型讨论法、个案研究法、经营演习、敏感性训练、管理风格训练、问题分析与决策方法培训等。培训的方法很多，如研讨、活动、游戏、岗位轮换、案例分析、情景模拟、拓展训练、团队训练等。企业在选择具体方式的时候要根据自身、市场和员工的具体需要合理慎重选择适合的培训方式，而不是因循守旧，奉行“本本主义”和“经验主义”。未来的培训模式将从学历培训模式变为模块培训模式。在学历培训模式中，主要采用讲授法，由培训师讲授，学员只负责听，然后进行考试。它注重知识传授而达不到能力转换，即保“知”不保“会”。在模块培训模式中，教师不仅要传授知识，还要培养学员的自学能力，让学员进行实操训练。通过多次反复地进行测评、反馈，不断提高学员的实际工作能力。

（五）内部培训社会化

20世纪80年代以来，我国的企业培训经历了“全面恢复→建立正规培训制度→广泛开展培训活动→培训活动社会化”的发展过程。随着企业培训的要求越来越多，层次越来越广，许多新出现的培训方式企业都无法采用。于是，企业的培训逐渐向社会化发展。尤其是一些中小企业受自身实力和培训资源的限制，其培训需求往往由社会性培训机构来满足。现代企业要素很多都有相通之处，如管理、经营甚至文化，这为企业内部培训的社会化创造了基本条件。同时，社会分工的发展和信息交流的畅通，使通过组合培训产品来满足各方面的需求成为现实，培训形式逐渐社会化。

深度阅读

1. 梁茂信. 美国人力培训与就业政策［M］. 北京：人民出版社，2006.

该书通过对美国建国以来特别是20世纪30年代到80年代末的国会立法和政府政策进行了深入细致的评析，重点阐述了该政策体系曲折而复杂的形成过程、决策机制与管理模式的演变及政策效用，并以当代美国的职业教育、单身母亲就业、反歧视法规及残疾者的培训与就业政策为专题展开论述。它对于解决我国的人员培训与就业问题具有重要的借鉴意义。

2. ［美］瓦克尔等著，北京世纪英文翻译有限公司译. 企业培训故事精选［M］. 北京：电子工业出版社，2004.

该书在深入介绍了讲故事的方法和技巧后，着重提供了55个非常有用的故事供读者参考。这些故事来自美国著名的演讲家、培训师、咨询师、企业领导、教育工作者以及专业的故事讲述者，主要针对企业的组织发展、培训主题展开，对领导力、团队合作、绩效或客户服务等企业的各个方面进行了全面的培训。

3. ［英］里斯等著，杨悦译. 管理者培训手册（第 5 版）［M］. 北京：机械工业出版社，2003.

该书独辟蹊径，先从分析管理者产生的背景开始，全面分析了管理者在履行自身职责时可能遇到的各种管理问题，并指出了解决这些问题的技巧。该书运用大量的实例，阐述了在不同的组织和文化环境下管理者必备的核心技巧、确定工作的优先次序、委托、沟通、员工关系和谈判。

延伸思考

1. 培训对企业有哪些价值？
2. 成人学习的特点有哪些？
3. 如何提高成人培训的效果？
4. 培训存在哪些现实问题？如何解决这些问题？
5. 结合你对现实培训状况的了解，谈谈培训有哪些新趋势。
6. 案例分析。

LT 公司的人力资源培训战略①

LT 公司是国内一家规模较大的中餐连锁店，目前企业规模很大，在国内外已有 500 多家加盟店。2006 年 12 月，LT 董事长在年中培训大会上指出，公司的培训流程应该包括 4 个步骤：首先从公司的需求做起，了解企业和员工需要提高哪些素质；然后根据需求选择培训内容和课程；接着是具体的授课过程；最后是效果评估。评估包括 4 个层面：在一个培训项目刚结束时，了解被培训员工的主观感受；知识技能收获和态度的转变状况；学员工作行为改变程度；寻找可量化指标（如质量、安全、成本、利润投资回报率等），看最终产生的结果。该体系在 LT 公司已经运行了多年，取得了较好的效果。

1. LT 公司的各级人员培训

（1）新员工入职培训

对于新员工一般实施大约一周的入职引导培训。第一天进行员工引导项目的训练，第二天开始进行初级课程训练，经过 5 天的训练，第 6 天检验员工是否合格，合格者晋升为初级员工，钟点费同时加级。

---

① 改编自：姚裕群. 人力资源管理教学案例精选［M］. 上海：复旦大学出版社，2009：131－136.

（2）晋升教练员的培训

新员工经过一到两个月的学习和锻炼，熟练掌握了分内工作，就可通过申请或推荐参加一项员工高级训练项目。由于项目本身和考核都非常严格，所以参加者被称为“精英者”。最后通过考核的，可由初级员工升为教练员。优秀者更可成为比教练高一级的“超精英者”。

（3）晋升副经理的培训

晋升副经理必须是“超精英者”，并在一家分店任教练3个月以上，经店长和副店长推荐，方可参加副经理训练程序培训。

（4）晋升副店长和店长的培训

副店长属于正式员工。正式员工可以从内部提拔或外部招聘，他们必须在店中实习2个月，同时接受管理训练程序中的在职培训，再进公司企业学院受训一周。合格者可晋升为副店长。晋升为副店长后约6个月，又要进入企业学院进行为期10天的密集训练，学习为培养店长设立的课程。

2. LT的人力资源培训方法

为实现子公司人员“本土化”的目标，LT尤其重视对在职人员的培训。公司总部设有培训中心，为公司各类员工提供培训。目前，该中心开设了电子学习（e-learning）远程网络教育课程，并聘请一家软件公司设计了特别课程。全国的LT公司员工可通过密码上网听课并下载授课内容。每期网上课程都有考核，合格者方可获学习结业证书。为适应形势的发展，LT公司将继续发展网络教育，以满足广大员工参加职业培训的需要。

LT采用行动与实践为导向的培训模式。为了提高学员解决实际问题的能力，LT公司安排了问题分析与解决的专题培训。为使课堂传授的分析工具切实被学员理解和掌握，公司准备了一些运营中的实际问题供学员分组讨论，并提出解决问题的方案。

3. LT公司的培训内容和特色

最优秀的人才加上最好的培训发展空间，是LT成功的基础。LT董事长曾说过：“如果你把我们的资金、厂房及品牌留下，把我们的人带走，我们的公司会垮掉；相反，如果你拿走我们的资金、厂房及品牌，而留下我们的人，十年后我们将重建一切。”重视人才并培养和发展人才，是该公司为同行业所尊敬的主要原因之一。公司每年都从全国一流大学招聘优秀的大学毕业生，并通过独具特色的培训把他们培养成一流的管理人才。LT为员工特设的LT学院提供了系统的培训内容，包括入职培训、管理技能和商业知识培训、海外培训及委任、语言培训、专业技术培训。

作为一家大型的快餐连锁店，LT具有自己的培训特色，就是全员、全程、全方位、针对性。全员是指公司所有员工都有机会参加各种培训。全程指员工从进入LT之日起，培训的项目将会贯穿职业发展的整个过程。这既是员工不断适应工作的需要，也是LT内部提升的客观要求。全方位是指公司不仅有素质培训、管理技能培训，还有专业技能培训、语言培训和计算机培训等。针对性是指所有培训项目都针对每个员工的长处和不足，配合业务的需要来设计，也会综合考虑员工的职业兴趣和未来工作的需要。

讨论与思考题：

(1) LT公司的培训特色是什么?

(2) 根据文中所提到的LT学院，谈谈有哪些新的培训组织形式?

(3) 你认为LT公司的员工培训有哪些不足之处，你有什么更好的建议?

第二章　学习：培训的理论基石

引导案例：诺基亚：学习也是一种业务[①]

诺基亚的持续学习使公司保持了持续的竞争优势，成为全球移动通信界的领导者。持续学习是超越正式培训课程的一种方式。在诺基亚，持续学习意味着员工支持彼此的成长，通过交流和开发各自的想法来发展和改善员工关系。

诺基亚的员工有机会接受各种类型的培训和开发机会，这些机会包括学习中心和学习市场网络。学习市场网络含有包括在线学习和课堂培训在内的所有现有学习解决问题方法的信息；通过学习中心，诺基亚把所有经营团队的学习活动整合到一个地点。诺基亚相信通过将各个经营团队小组的参与者集合到一起可以创造知识，因为公司的传统和经验可以在所有雇员之间分享。除了在课堂和网络上提供正式的培训项目，诺基亚还非常重视通过工作轮换以及管理人员给雇员分配新工作任务的方式来给公司员工提供现场培训的机会。同时，公司还给管理人员提供了很多机会来改善他们的管理能力和领导能力。

诺基亚的高层管理者也同样致力于持续学习。例如，经营部门总裁是所有面向高级管理者的全球管理和领导力项目的拥有者。他们一方面自己努力开发项目，同时也会从他们的管理团队中任命一些“教父”。这些“教父”积极参与整个项目，并且设计项目内容。同时，他们也会与公司的培训和开发人员一起来帮助培训项目的学习过程顺利进行。大多数项目都包括战略计划（行动学习），参与者对完成该计划负有责任。最高管理者将花时间来检查这个计划的完成情况，并且有权根据项目团队的建议采取相应的行动。

持续学习的价值将转化为个人和职业发展的机会。公司的管理高层相信，学

① 雷蒙德·A. 诺伊. 雇员培训与开发［M］. 徐芳译. 北京：中国人民大学出版社，2007：36－37.

习给公司带来的最大益处是雇员有更多的机会接触网络，创建更多的知识，加强持续学习以及建立雇员对组织的忠诚。

一、学习的内涵与成果

1. 什么是学习

从能力角度来看，学习是指个体能力的持久变化，这种变化并非自然成长的结果；从行为角度而言，学习是一种获得知识的过程，得到的经历体验导致持续的行为改变。

无论从哪种视角，学习都强调：①以行为或能力的改变为标志，包括显性的和隐性的变化。②所引起的能力或行为变化是相对持久的，短暂的变化如适应、应激等，不能称为学习，因为这种暂时性的变化可能随环境的改变而迅速消失。③因成熟或先天反应倾向所导致的变化不是学习，只有这些变化是由于练习或反复经验所致，即后天习得的，才能视为学习。

2. 学习有哪些类型

勃伦纳根据认知参与学习的程度，将学习分为两类[①]：①强化学习。这是人类与其他动物共有的一种比较简单的学习方式。如果一个行为导致一个正的产出如奖励，那么该行为会再次发生；如果一个行为导致一个负的产出如惩罚，那么，该行为在未来会被避免。②认知学习。这是人类通过积极主动的思考，沉思自己的行动和后果，从而建立起支配周围环境和生活的机制。

赖尔根据个体的思考方式将学习分为 4 类[②]：①反应式学习，即人们对某种情境做出反应性变化的方式。典型的例子是行为模式训练，比如，应对客户投诉培训，这种学习使受训者掌握微笑服务、应变能力和沟通技巧等，从而成功地应对顾客的投诉。②情境学习，指学习者在场域中直接观察，并且在交流及互动中学习理论知识或实际的操作技巧。③跨情境学习，指学习如何改变员工对一种情境的解释，这种学习要求学习者对学习过程本身进行沉思，对认识和因果关系进行检验。④超越式学习，即修正或创造新概念，这些新概念促进了员工观念和思维方式的改变。

---

① 朱宪辰. 人类行为的法则：学习行为实验经济学研究［M］. 杭州：浙江大学出版社，2009：14～97.

② ［美］赖尔·约克斯. 战略人力资源开发［M］. 胡英坤，孙宁，译. 大连：东北财经大学出版社，2007：81～83.

3. 学习的成果是什么

（1）言语信息。言语信息指用口头或书面语言表达或陈述的事实性知识或事件信息。加涅将所获得的言语信息区分为“事实”“名称”“原则”和“概括”[①]。比如，新员工能陈述公司的企业文化；操作工知道不同设备的名称；招聘经理掌握与招聘相关的知识。

（2）智力技能。智力技能指应用可被推广的概念和规则来解决问题，服务顾客或发明新产品。例如，经理利用绩效评估的方法对员工进行评价；软件工程师设计并编制计算机程序来满足顾客的要求；研发人员利用新材料、新工艺、新方法来发明新产品。

（3）认知策略。认知策略指学习者用以支配自己的内部心理加工过程的技能。加涅认为认知策略和一般智力技能的区别在于：一般智力技能是运用概念和规则处理外部世界的能力；认知策略是学习者对学习过程进行自我控制和调节的能力，即处理内部世界的能力。

（4）态度。态度指个体偏好某种行为方式的情感和信念。如果员工工作态度端正，说明他热爱自己的工作（情感），他喜欢这份工作也可能因为他对公司前景或自己的前途充满了希望（信念）。

（5）动作技能。动作技能指身体运动的力量、速度、精确度、协调性，是一种习得的能力。例如，一名电话修理工必须具备爬梯子和电线杆所需的身体协调性和灵活性。

二、学习动机理论

学习动机是激发个体进行学习，维持已有的学习活动，并使学习活动朝向某一目标的内部心理过程。学习动机理论侧重研究推动个体学习的动力是什么，动机是如何形成的，以及动机如何影响学习活动，这对培训及教育活动的有效开展具有重要的指导作用。根据已有的研究，与培训相关的学习动机理论主要有目标设置理论、期望理论、成败归因理论和自我效能感理论。

（一）目标设置理论

目标设置理论由美国学者洛克提出。该理论指出，目标本身就具有激励作用，目标能把人的需要转变为动机，使个体行为朝着一定的方向努力，并将自己

---

① 雷蒙德·A. 诺伊. 雇员培训与开发［M］. 徐芳译. 北京：中国人民大学出版社，2007：75.

的行为结果与既定的目标相对照，及时进行调整和修正，从而实现目标[①]。

目标设置理论常被用于培训项目的设计中，在设置培训目标时，要遵循SMART原则：

第一，S（Specific），具体的。指清晰地说明培训所要达成的目标，让受训者了解培训应达到的要求。这样受训者就知道他在培训中要学什么，如何学，付出多大的努力才能达到目标，从而减少学习的盲目性。比如，针对客服代表的培训目标，如果设置成“增强客户意识”就比较模糊，而“减少客户投诉，将客户投诉率控制在1%以内；提升服务的速度；使用规范礼貌的用语；采用规范的服务流程等”则很具体。

第二，M（measurable），可衡量。指可以通过一些量化的数据来衡量目标是否达成。比如针对生产人员的培训目标“保证产品的质量”无法量化，而“次品率低于3%”则容易衡量。

第三，A（attainable），可达成。目标既不能太高，也不能太低，要适度，使受训者通过一定的努力能够达到。比如，针对客户经理的培训目标如果是“把客户满意度提高到100%”，目标过高无法完成，而“把客户满意度提高5个百分点”则比较合理。

第四，R（relevant），相关的。培训目标应与岗位职责相关。比如，“提高英语沟通能力”与酒店前台的岗位职责相关，因为接待外宾时会用到；但是，“熟练掌握六西格玛管理法”这一目标就不合理，因为这与酒店前台的职责无关。

第五，T（time-bounded），时限性。指培训目标是有时间限制的。根据培训项目的难度、轻重缓急、学习进度等制定阶段性的学习目标，以便对学员进行及时的指导，或者根据培训中的异常变化及时调整培训计划。

（二）期望理论

期望理论由美国心理学家弗鲁姆提出，他认为个体的行为取决于3个因素：期望值、媒介性和效价（见图2—1）。

在培训中，期望值（expectancy）一般用E表示，指个体对自己通过努力能够达到某种目标的可能性大小的主观估计，期望是一种概率，其数值范围由0到1，E越大，个体行为的动力越强。比如在参加培训前，受训者可能会思考：自己具备学习能力吗？自己能学会这些知识或技能吗？如果员工认为自己具有较强

---

① 雷蒙德·A. 诺伊. 雇员培训与开发（M）. 徐芳译. 北京：中国人民大学出版社，2007：62.

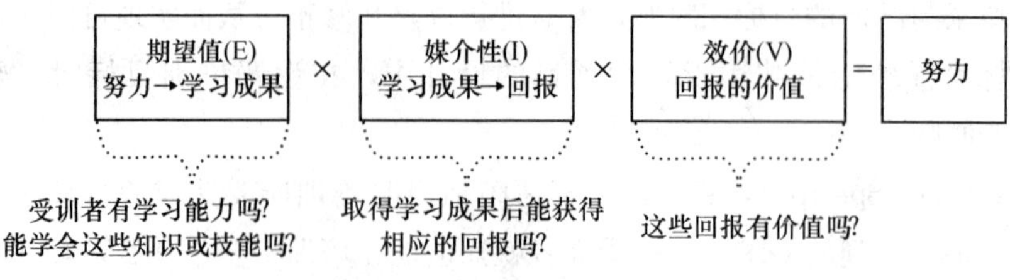

图 2—1 培训中的期望模型

的学习能力，通过努力能够取得预期的学习效果，说明期望值较高，那么其学习的动力较强，参加培训的欲望就较强烈；反之，则不愿培训。

媒介性（instrumentality）一般用 I 表示，也称工具性或手段性，指个体对自己通过努力所取得的成果（一级成果）与他所期望得到的最终结果（二级成果）之间联系的认识。在培训中，如果员工预期自己通过培训掌握了相关知识和技能（一级成果），能够从组织中获得相应的回报（二级成果），比如工作起来更加得心应手，被领导或同事高度认可，获得晋升，增加收入等，即员工认为培训的一级成果与二级成果之间有较强的关联，那么 I 就为较高的正值。

效价（valence），一般用 V 表示，指个体对行为结果价值大小的主观评价，主要取决于该结果能在多大程度上满足个人的需要。效价越高，行为的动力就越大。例如，某普通员工期待参加公司组织的“领导力培训”，自己的领导力得以提高，从而被提拔到领导岗位上去，这里“得到提拔”对其而言具有最高的效价。如果培训后该员工被提拔，则其需要得到充分满足，激励强度就很高；如果培训后员工没有被提拔，但是其领导力被同事高度认可，这种回报虽然不及提拔，但是在该员工的需要范畴中，仍然有激励效果，只是效价低于提拔的效价；如果该员工的领导力提升后，没有任何回报，则无效价，此时员工没有动力参加培训。

可见，在培训中，学习最有可能在以下情况发生：员工相信自己能够获得预期的培训成果（期望值）；学习成果与更高的工作绩效、认可、晋升、加薪等回报相关（媒介性）；而且员工认为这些回报是有价值的（效价）。

（三）成败归因理论

归因指个体对自己或他人成败原因的理解和判断。这种理解和判断反过来会影响个体的行为选择，成为个体的行为动机。成败归因理论由美国心理学家韦纳提出。他认为，个人对成败的解释可归纳为 6 个因素：能力、努力、任务难度、机遇或运气、身心状况、外界环境。并将这些因素纳入以下 3 个维度：

一是内在性，指个体自认为影响其成败的因素，是源于自身的条件（内在因素）还是来源于外在环境（外在因素）。能力、努力、身心状况属于内在因素，其他各项则属于外在因素。

二是稳定性，指个体自认为影响其成败的因素，在性质上是否稳定，在类似情境下是否具有一致性。6个因素中，能力与任务难度这两项不随情境改变而变化，是比较稳定的，其他各项则不稳定。

三是可控性，指个体自认为影响其成败的因素，能否由个人意愿所决定。在此维度上，6个因素中只有努力一项是可控的。

不同的归因倾向会使人对成功和失败产生不同的情感体验和情绪反应（见表2—1）。在培训中，积极的归因表现为将成功归因于内在、稳定的因素，即成功时归因于自己的能力强，而不是归因于运气好，这样的归因能增强个体的自豪感和自信心，产生愉快的情绪体验；失败时，归因于内在的、可控的因素，即归因于努力不够而不是能力不强，那么，对未来还是充满希望，还会通过努力争取成功。相反，消极的归因引发不良情绪。因此，在培训中，培训师应引导受训者进行积极的归因训练，避免消极的归因影响其学习或工作的积极性。

表2—1　　归因倾向与情绪反应

归因倾向	原因	成功	失败
内在性	内在因素：能力、努力、身心状况	感到满意和自豪	感到内疚和无助
	外在因素：任务难度、机遇、外界环境	产生惊奇和感激心情	产生气愤和敌意
稳定性	稳定因素：能力、任务难度	提高今后工作的积极性	降低今后工作的积极性
	不稳定因素：努力、机遇、身心状况、外界环境	以后的工作积极性可能提高或降低	可能会提高以后工作的积极性
可控性	可控因素：努力	有助于积极的情感	归罪于客观任务，内疚、羞愧
	不可控因素：机遇、身心状况等	产生惊奇的心情	感到遗憾

（四）自我效能感理论

自我效能感理论由美国心理学家班杜拉提出，自我效能感指个体对自己能否成功地完成某项行为的主观判断。

早期心理学家在研究人们的行为动机时主要关注“结果期待”，结果期待是指个体对自己的某种行为会导致某一结果的推测，如果个体预测到某一特定行为会导致自己所期望的结果，那么这一行为就可能被激活和被选择。例如，受训者意识到参加培训能获取预期的回报时才参加培训，说明他具有较高的结果期待。

班杜拉认为除了“结果期待”外，还有“效能期待”会影响人们的行为选择。效能期待指个体对自己能否实施某种行为的能力的判断。当个体确信自己有能力进行某一活动时，他就会产生高度的自我效能感，并实施该活动。比如，受训者相信自己具有较强的学习能力，能掌握培训师的授课内容，则具有较高的效能期待。因此，效能期待是指个体在进行某一活动之前，对自己行为能力的主观推测。

影响自我效能感的因素主要有：

（1）自身的成败经验。一般来说，成功的体验会提高个体的自我效能感，而失败的体验则降低个体的自我效能感。此外，成败经验对自我效能感的影响还受个体归因的左右，如果个体将成功或失败归因于外部不可控因素，这样的成败经验就不会增强或降低个体的自我效能感。

（2）替代性经验。个体的自我效能感是个人在与环境互动过程中形成的，人们从观察他人的行为所得到的替代性经验对自我效能感的影响也很大。当学员看见替代者（比如同学或同事）成功时，就会增强自我效能感；替代者的失败会降低自我效能感。这种间接影响的程度与“自我—替代者”之间的相似度呈正相关关系，相似度越大，替代者的成败经验对个人自我效能感的影响越大。

（3）言语劝说。即他人的评价，包括他人的暗示、说服性告诫、建议、劝告等。评价的效果主要取决于评价者的声望、地位及评价内容的可信度，对自己有重要影响的评价者的鼓励与肯定有助于提高个体的自我效能感。

（4）情绪反应和生理状态。身体健康、心情愉悦有利于提高自我效能感，而生理疲劳则对个体的效能判断和效能信念的建立产生不利影响。此外，高度的紧张、焦虑、抑郁容易降低自我效能判断，因为疲劳和烦恼使个人感到难以完成任务，影响其实际能力的发挥，从而导致自我效能感的降低。

三、学习过程理论

学习过程理论侧重研究个体学习的心理过程，包括学习活动是如何发生的，知识是如何获得的，哪些心理在推动着学习活动的进行，它们是如何推进的，遵循什么样的学习规律等。综观已有的研究，学习过程理论大体分为三大流派：行为主义、认知主义、建构主义。

（一）行为主义学习理论

行为主义认为心理学不应该只研究意识，而应该研究那种从人的意识中折射出来的看得见、摸得着的客观东西，即人的行为。他们认为，行为是有机体用以适应环境变化的各种身体反应的组合。在研究方法上，行为主义主张采用客观的实验方法来研究个体的学习行为。主要代表人物有桑代克、华生、斯金纳和班杜拉。

1. 桑代克的试误理论

桑代克是美国心理学家，他受达尔文进化论的影响，认为人类是由动物进化来的，动物和人一样进行学习，只是复杂程度不同而已。因此他通过动物实验来研究学习，他设计的最为成功的实验之一是“猫开门”实验（见图 2—2）。

图 2—2 猫开门实验

他把饿得发慌的猫关进笼子，笼外放着食物，笼门用活动的门闩关着。猫在笼子里躁动不安地乱碰乱抓的过程中，偶然碰到那个活动的门闩，门被打开了，猫吃到了食物。如此反复，猫从笼中出来吃到食物所花的时间越来越短。实验表明，所有猫的操作水平都是相对缓慢地、逐渐地和连续不断地改进的。

通过对动物学习行为的研究，桑代克提出了试误学习理论，认为学习的实质是通过“尝试”在一定的情景与特定的反应之间建立某种联系。在尝试中，个体会犯很多错误，通过环境给予的反馈，个体放弃错误的尝试而保留正确的尝试，从而建立起正确的联结，这就是学习。换言之，一切学习都是不断尝试，不断发生错误及失败，最后才取得成功的过程，因此该理论又称为“试误说”。

桑代克根据大量的实验，总结出 3 条学习定律：准备律、练习律和效果律。

一是准备律，指学习者在学习时的预备定势。如果学习者有准备，并按其准备活动做，学习者就会产生满足感；如果有准备而没有按其准备活动做，会产生烦恼感；如果没有准备而强制其活动，会产生厌恶感。

二是练习律，指学习要经过反复的练习。桑代克认为，练习次数的多寡，影响刺激与反应之间练习的稳固程度。在奖励的情况下，不断重复一个学会的反应会增加刺激和反应之间的联结。

三是效果律，桑代克认为，哪一种行为会被“记住”，并与刺激建立起联系，取决于这种行为产生的效果。凡是带来满意效果（奖励）的行为会得到加强，而导致烦恼后果（惩罚）的行为则被削弱或淘汰。

2. 华生的刺激—反应理论

华生也是美国心理学家，他主张对心理学进行客观的实验研究。他提出，心理学是自然科学的一个纯客观的实验分支，它的理论目标在于预见和控制行为，应该用刺激—反应来分析所有的行为，包括情绪反应。他认为，人与动物之间并无分界线，因此，应把人与动物放在同样的实验条件下进行研究，而且越相近越好。他以日托中心的幼儿为对象，进行了一项颇具争议的“小艾伯特实验”。

知识链接 2—1

小艾伯特实验

华生从日托中心挑选了艾伯特，一个 9 个月大的健康幼儿进行这项研究。在实验开始之前，小艾伯特接受了一系列基础情感测试：让他首次短暂地接触以下物品：白鼠、兔子、狗、猴子、有头发和无头发的面具、棉絮等。结果发现，小艾伯特对这些物品均不感到恐惧。

大约两个月后，当小艾伯特刚超过 11 个月，华生和他的同事开始进行实验。条件刺激是一只小白鼠，小艾伯特最初的反应是好奇，他看着它，似乎想用手去触摸它。无条件刺激是用铁锤敲击悬挂的铁棒，制造出刺耳的声音，小艾伯特的无条件反应是惊恐、哭闹和爬开。在白鼠与敲击铁棒的声音一起出现 3 次后，只要出现白鼠就会引起害怕和防御的行为反应。在 6 次条件作用后，小艾伯特见到白鼠时会产生强烈的情绪反应。

在小艾伯特1岁21天时，华生进行了一系列泛化测验，即在小艾伯特面前呈现小白兔、小白狗和白色裘皮大衣等。在每一种情况下，小艾伯特都表现出一种很强的情绪反应，类似于对白鼠的反应。

华生认为，小艾伯特的条件情绪反应将会在相当长一段时间里存在。尽管其强度会有所减弱，但这种条件反应会在一生中始终存在，并改变他的个性。

华生认为除了出生时具有的几种反射以外，人类所有的行为都是通过条件反射建立新的刺激-反应联结而形成的。学习就是以一种刺激替代另一种刺激建立条件反射的过程，即学习是刺激—反应的联结。针对学习，华生提出频因律和近因律。频因律指在其他条件相同的情况下，某种行为练习得越多，习惯形成得就越迅速；近因律指当反应频繁发生时，最近的反应更容易得到加强。

3. 斯金纳的强化理论

斯金纳属于新行为主义者，他是行为主义学派后期对学习心理学影响最大的心理学家。他继承华生所强调的科学、客观、控制、预测等行为主义的传统，同时参考桑代克的试误学习原理，提出强化理论。

斯金纳设计了一种特殊的仪器，即一个阴暗的隔音箱——斯金纳箱，尽可能排除一切外部刺激（见图2—3）。早期通常使用白鼠来做实验，后来大多以鸽子为被试对象。箱子里有一个开关（用白鼠为被试对象，就用一根杠杆或一块木板；若以鸽子为被试对象，就用一个键盘），触动开关可以获得食物。开关连接着箱外的一个记录系统，用线条方式准确地记录动物“按”或“啄”的次数与时间。放在箱中的饥饿白鼠起初因偶然的压杆动作获得食物，多次尝试后，它学会了主动压杆以获取食物。

随后，斯金纳对其他动物也进行了类似的实验，实验证明，学习一定的行为，重要的是产生后果。如果该后果使这一行为再次发生，就是正强化；如果行为的后果使这一行为不再发生，就是负强化。换言之，正强化促进某一行为的发生，而负强化使这种行为减弱或消失。人们可以用这种正强化或负强化的办法来影响行为的后果，从而修正其行为，这就是强化理论，也叫作行为修正理论。

斯金纳将强化理论应用于人的学习上，提出程序教学法，也称小步子教学法。这种教学法的基本思想是：① 把教学内容分成具有逻辑联系的小步子；② 要求学生做出积极反应；③ 对学生的反应要做出及时的反馈和强化；④ 学生在学习中可根据自己的情况，自定步调和学习进度；⑤学生尽可能地做出正确的反应，使错误率降低到最小限度。

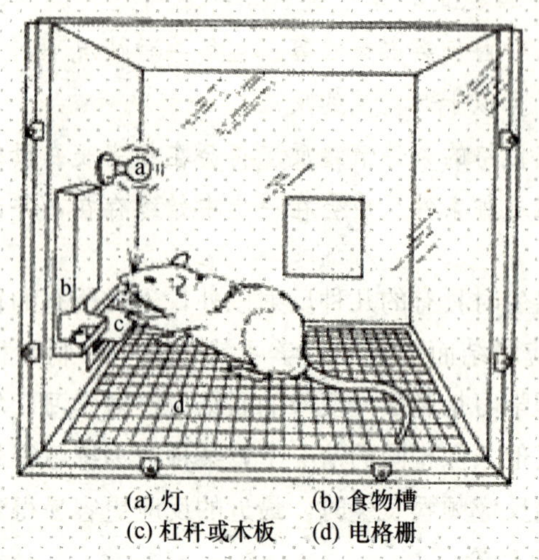

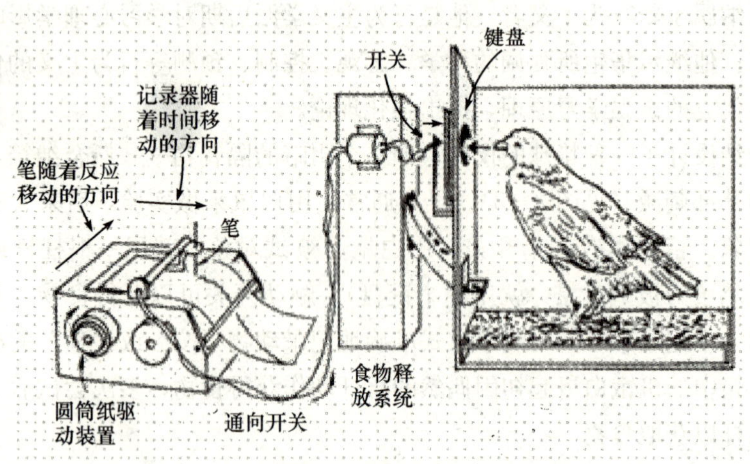

图 2—3　斯金纳箱

4. 班杜拉的社会学习理论

社会学习理论也属于新行为主义，着重阐述人在社会环境中是如何学习的，主要代表人物是班杜拉。该理论认为，人的行为，特别是人的复杂行为主要是后天习得的。行为的习得有两种不同的过程：一种是通过反应的结果进行学习，即通过直接经验而学习；另一种是通过观察示范者的行为而学习，即通过间接经验学习。

班杜拉的社会学习理论所强调的是这种观察学习或模仿学习，经历 4 个过程：关注、保持记忆、行为复制和激励过程。

首先是关注。如果人们对示范行为的重要特征不注意，或不正确地知觉，就无法通过观察进行学习。在关注过程中，诸多因素影响着学习的效果，包括示范者行为本身的特征、观察者的认知，以及观察者和示范者之间的关系等。

第二个过程是保持记忆。如果人们只注意观察他人的示范行为而不能把这种示范记忆下来，那么示范行为就不会对其产生影响。因此，必须通过一定的符号将示范信息保存在记忆系统中，从而指导自己的行动。班杜拉认为，示范信息的保持主要依赖于两种符号系统，即表象系统和言语系统。在儿童发展早期，视觉表象在观察学习中起着重要作用；当他们的言语技能发展到一定阶段时，言语编码就成为主要的信息保存形式。

第三个过程是行为复制。行为复制指尝试采用或再现所观察到的行为，重复这些行为或技能必须具备一定的身体素质。例如，消防员学会了带领一个人脱离危险所需采取的行动，但他可能因为缺乏臂力而不能完成这一行为。通常情况下，第一次执行的情况往往不尽如人意，不断的反馈和修正才能接近示范者的行为。

最后是激励过程。学习者能够模仿示范者的行为并不意味着他就一定实施该行为，是否表现出示范行为要受激励因素的影响，包括他人对示范者行为的评价，学习者本人对自己再现行为的评估，他人对示范者的评价。这 3 种行为结果的评价就是班杜拉所称的强化，如果这三方面的评价都是正面的，那么学习者就更愿意接受和复制这种行为。

（二）认知主义学习理论

认知主义学习理论突破了行为主义仅从外部环境考察人的学习的思维模式，它从学习者的感觉、知觉、记忆、语言和思维等内部认知入手，研究学习的内在机制和具体过程。代表人物有苛勒、托尔曼、布鲁纳、奥苏贝尔和加涅。

1. 苛勒的顿悟说

德国心理学家苛勒提出顿悟学习理论。其经典实验是“猩猩取香蕉”。在一间屋子的屋顶上悬挂着一串香蕉，屋内的地上有几只箱子。猩猩一开始试图跳起来抓取香蕉，但是够不到。后来它不再跳了，而是在房间里走来走去，仿佛在观察房间里的东西。经过一段时间后，猩猩突然走到箱子前面，站着不动，过了一会儿，它把箱子挪到香蕉下面，跳到箱子上，取到了香蕉。如果一只箱子不够高，猩猩还能把两个或更多的箱子叠起来从而取到香蕉。苛勒还设计了许多类似的情景让猩猩解决问题。通过这些研究，苛勒发现：猩猩不是通过尝试错误来学习如何取到香蕉，而是突然就找到了解决问题的办法。苛勒认为，用“知觉重组”可以解释这种学习过程：猩猩在认知结构中将已有的知识经验进行重新组合后，突然发现了箱子与香蕉之间的关系，从而找到了解决问题的新方法。苛勒将这种学习称作顿悟学习，认为学习就是知觉的重新组织，这种学习不是偶然的和渐进的尝试与修正错误的过程，而是突然领悟的。

顿悟的特点如下：

第一，顿悟依赖于情境条件。只有当学习者能够理解相关问题各部分之间的关系时，顿悟才会出现。

第二，顿悟跟随着一个阶段的尝试和错误之后产生。这种尝试的行为是一种近似于行为假定的尝试程序，并不断累积经验，最终出现顿悟。

第三，顿悟是一种质变，它无需量的积累。这与桑代克的试误理论不同，试误说认为学习是一个渐进的量变过程。

第四，顿悟是可以迁移的，特别是在类似问题的解决中，顿悟可以高度迁移。

对个体而言，知识的广度、知识的合理结构、学习思考的压力与解决问题的强烈意识，这 4 个要素有利于顿悟的产生和创造力的激发。

知识链接 2—2

难解的梦中之谜[①]

德国有机化学家弗里德里希·奥古斯特·凯库勒多年来一直想确定苯的分子结构，但始终没有成功，为此他冥思苦想。1865 年的一天晚上，他在灯下昏昏入睡。睡梦中，他梦见苯分子的结构五花八门，许多链形结构紧密靠拢，每种链形结构都像蛇一样蜿蜒移动。突然，其中的一条蛇咬住了自己的尾巴。凯库勒大受启发，从而断定苯分子的结构是一个闭合的碳环，这个结论与事实完全一致。

大科学家爱因斯坦也在昏昏欲睡之际提出了相对论，名作曲家莫扎特在马车上打瞌睡时梦到了整套乐章，画家凡·高说他的多幅作品也是受梦境启发的结果。这些事实表明，顿悟对激发灵感和创造力的确具有重要作用。

---

① 张森凤. 难解的梦中之谜［J］. 飞碟探索，2009（4）.

2. 托尔曼的符号学习理论

托尔曼是美国心理学家，他建立了符号学习理论，成为认知心理学的先驱。他以白鼠学习方位的迷宫实验（见图 2—4）证明了自己的理论。迷宫有一个起点、一个食物箱和 3 条长度不等的从起点到达食物箱的通道。实验开始时，将白鼠置于起点，然后让它们自由地在迷宫内探索，一段时间后检验它们的学习结果。检验时，再将它们置于起点，并对各通道做一些处理，观察它们的行为。结果是：若 3 条通道畅通，白鼠选择第一条通道到达食物箱；若 A 处堵塞，白鼠选择第二条通道；若 B 处堵塞，白鼠选择第三条通道。

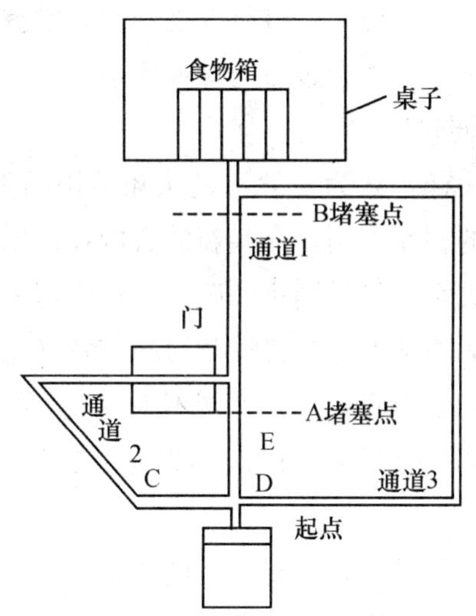

图 2—4　白鼠学习方位的迷宫实验

根据这一实验以及许多类似的实验，托尔曼认为，学习不是盲目的，不是学会了一连串的刺激—反应联结，而是有目的的行为，学习的实质是在大脑中形成了“认知地图”，认知地图指的是在过去经验的基础上产生于头脑中的某些类似于一张现场地图的模型。

托尔曼认为，白鼠学到食物所在方位，并非只是机械地把左转右转的活动联结在一起，而是在走过之后，把迷宫通道中的某些特征（行动方向、到达目的的距离及其之间的关系）作为符号标志，并通过将符号之间关系，即“目标—对象—手段”这三者联系在一起形成认知结构。

3. 布鲁纳的认知发现说

布鲁纳是美国认知心理学家，他反对以刺激—反应联结和对动物行为习得的研究结果来解释人类的学习活动，而是把研究的重点放在学生获得知识的内部认知过程和教师促进学生“发现”知识的问题上。

布鲁纳认为学习者不是被动地接受知识，而是主动地获取知识，并通过把新获得知识和已有的认知结构联系起来，积极地建构自己的知识体系。认知结构是个体对外界事物进行感知、概括（即归类）的一般方式或经验所组成的观念结构，其主要成分是“一套感知的类目”，即编码系统。学习就是类目及其编码系统的形成过程，布鲁纳认为一切知识都是按编码系统排列和组织的。这种各部分存在联系的知识，使人能够超越给定的信息，举一反三，触类旁通。

布鲁纳认为，学习知识的最佳方式是发现学习。发现学习是指学生利用教材或教师所提供的条件自己独立思考，自行发现知识，掌握原理和规律。因此，教师在教学中应创造条件，让学生通过参与探究活动而发现基本原理或规则。

4. 奥苏贝尔的认知同化说

奥苏贝尔与布鲁纳一样，认为“学习是认知结构的重组”。学习的实质是新旧知识在学习者头脑中的相互作用，那些新的有内在逻辑关系的学习材料与学习者原有的认知结构发生关系，经过同化和改组，在学习者头脑中产生新的意义。

奥苏贝尔将认知方面的学习分为机械学习与有意义的学习两大类。机械学习的实质是形成文字符号的表面联系，学习者不理解文字符号的实质，其心理过程是联想；有意义学习的实质是学习者的新知识与已有的认知结构建立实质性的、非人为的联系。

有意义的学习是以同化的方式实现的。同化是指学习者头脑中某种认知结构吸收新的信息；而新的观念被吸收后，原有的观念发生变化。

奥苏贝尔认为，有意义的学习必须具备下列条件：①新的学习材料本身具有逻辑意义，能和学习者认知结构中已有的观念建立起非人为的和实质性的联系。②学习者的认知结构必须具有同化新知识的适当观念，便于与新知识进行联系。③学习者还必须具备进行有意义学习的心向，即积极主动地把新知识与学习者认知结构中原有的知识联系起来的倾向性。

5. 加涅的信息加工理论

加涅认为学习是一个有始有终的过程，这一过程可分成若干阶段，每一阶段需进行不同的信息加工。学习过程中的信息加工模式如图 2—5 所示①。

首先，学习者从环境中接受刺激或信息（如声音、气味、触觉、图像等），刺激物或信息进入接收器官，并转变为神经信息。这个信息被感觉登记，这是非

---

① 雷蒙德·A. 诺伊. 雇员培训与开发［M］. 徐芳译. 北京：中国人民大学出版社，2007：110.

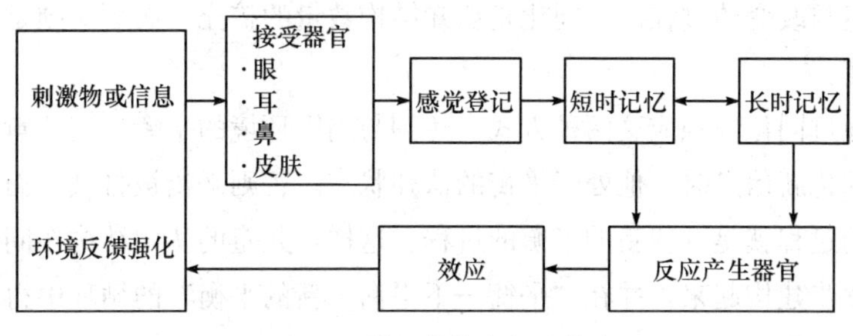

图 2—5　学习的信息加工模式

常短暂的记忆储存，一般在百分之几秒内就可把来自各个接受器官的信息登记完毕。

被感觉登记的信息很快进入短时记忆，短时记忆的容量很有限，一般只能储存七个左右的信息项目。储存在短时记忆中的信息经过多次复述之后，经过编码储存在长时记忆中。

使用信息时，需经过检索提取信息。被提取出来的信息可以直接通向反应产生器官从而产生反应，也可以再回到短时记忆，对该信息的合适性作进一步的考虑。

最后一个环节是环境反馈，这种反馈向学习者提供了对于特定反应的评价，积极的反馈将强化这种行为，消极的反馈使学习者减少或避免该行为再次发生。

（三）建构主义学习理论

1. 理论渊源

建构主义学习理论认为，知识不是独立于个体之外的客观存在，而是由个人主动建构的。最早提出建构思想的是维果斯基和皮亚杰。

维果斯基分析了智力形成的过程，提出“内化”学说。他认为，人类的精神生产工具或“心理工具”，就是各种符号，运用符号能使心理活动得到根本改造。学习是掌握人类的经验，并内化于自身认知结构之中的过程。内化是指外部活动借助于言语而转化为在头脑中进行的内部活动。因此，他认为心理结构是一种认知发展的过程，是一个内在结构连续组织和再组织的过程。

皮亚杰所创立的关于儿童认知发展的学派被称为日内瓦学派。他认为，儿童在与周围环境相互作用的过程中，逐步建构起关于外部世界的知识，从而使自身认知结构得到发展。儿童与环境的相互作用涉及两个过程：同化与顺应。同化指儿童把外界刺激所提供的信息整合到自己原有的认知结构内的过程；顺应指外部环境发生变化，而原有认知结构无法同化新环境所提供的信息时，儿童的认知结构发生重组与改变的过程。即同化是认知结构数量的扩充，而顺应则是认知结构性质的改变。

儿童通过同化与顺应这两种方式来达到与周围环境的平衡。当儿童能用现有的认知去同化新信息时，他处于平衡的认知状态；否则平衡被打破，而修改或创造新顺应的过程就是寻找新的平衡的过程。这样，儿童的认知结构在同化与顺应的过程中逐步建构起来，并在“平衡—不平衡—新的平衡”的循环中得到不断丰富、提高和发展。

2. 主要观点

建构主义认为，知识主要不是来自教师的讲授，而是学习者在一定的情境即社会文化背景下，借助其他人（包括教师和同学）的帮助，利用必要的学习资料，通过意义建构的方式而获得。在此过程中，四大因素直接影响学习效果。

一是情境。学习情境必须有利于学习者对所学内容的意义建构，在教学或培训中应创设有利于学习者意义建构的情境。

二是协作。学习者应相互协作，这对学习资料的收集与分析、假设的提出与验证、学习成果的评价直至意义的最终建构都有重要作用。

三是会话。学习小组成员之间通过会话商讨完成规定的学习任务，在会话中，彼此共享智慧成果，相互激发思想火花。

四是意义建构。这是整个学习过程的最终目标，所要建构的意义是指事物的性质、规律以及事物之间的内在联系。获得知识的多少取决于学习者根据自身经验去建构有关知识的意义的能力，而不取决于学习者记忆和背诵教师讲授内容的能力。

3. 师生的角色

建构主义提倡在教师指导下以学习者为中心的学习。学习者是信息加工的主体，是意义的主动建构者，而不是外部刺激的被动接受者和被灌输的对象。在学习中扮演 3 种角色：积极学习者，积极主动地获取知识；社会性学习者，从不同角度建构知识；创造性学习者，通过创造去发现知识。

教师则要成为学生或受训者意义建构的帮助者和指导者，教师在教学过程中应发挥以下作用：激发学生的学习兴趣；创设符合教学内容要求的情境；提示新旧知识之间联系的线索；通过提问引起学生的思考和讨论；鼓励学习者之间开展协作和会话；引导协作和会话朝有利于意义建构的方向发展；启发学生自己去发现规律，掌握探求新知识的方法。

四、学习风格理论

学习风格是学习者所偏好的学习模式，即学习者在研究和解决其学习任务时表现出来的具有个人特色的方式。学习风格理论侧重研究个体间学习方式的差异。

（一）科布的研究

科布（1981）认为，学习过程周期由 4 个相互联系的环节组成，即具体体验、沉思观察、抽象概括和主动实验（见图 2—6）。其中，具体体验阶段强调体验在学习中的作用，学习者适应变化，从“感受”中学习；沉思观察阶段的学习特点是重视观察，从多角度分析问题，理解学习内容；抽象概括阶段则运用已有的知识进行总结和概括；主动实验阶段强调采取具体的方法解决实际问题。其中，具体体验和抽象概括表示个体偏好的感知方式；沉思观察和主动实验表示个体偏好的信息加工方式。

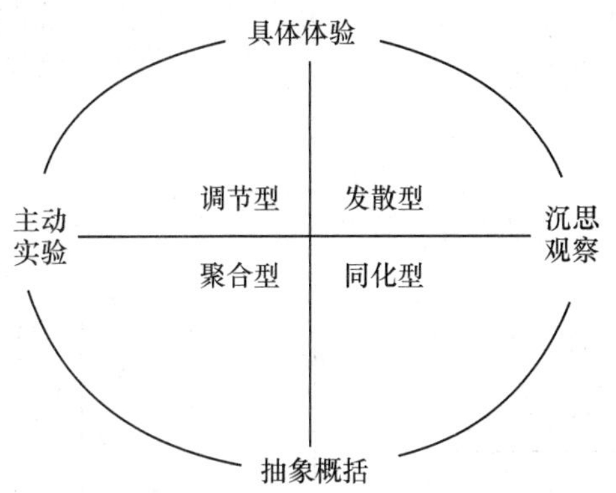

图 2—6　学习过程周期与学习风格类型

柯布认为，学习风格是一个人偏好的感知与信息加工方式。具体-抽象的感知方式和沉思—实验的信息加工方式，这两个维度组合成 4 种学习风格。它们分别是：以具体体验和沉思观察为主的发散型；以沉思观察和抽象概括为主的同化型；以抽象概括和主动实验为主的聚合型；以主动实验和具体体验为主的调节型。

发散型的人具有丰富的想象力，对人、文化和艺术感兴趣，善于从不同的角度审视环境，并且能够了解它们的意义和价值。

同化型的人通常对理论和抽象概念感兴趣，善于归纳推理，形成理论模型，并且综合各种不同的观点，形成统一的解释。

聚合型的人善于发现理论的实际价值，具有较强的决策能力，且能有效地解决实际问题。

调节型的人具有依靠直接体验而主动学习的能力，他们善于动手，乐于执行具有挑战性的任务。

针对各种风格的类型和特点，柯布总结了每种风格的优势与不足，并提出相应的改进措施（见图 2—7），以便学习者扬长避短，提高学习效率。

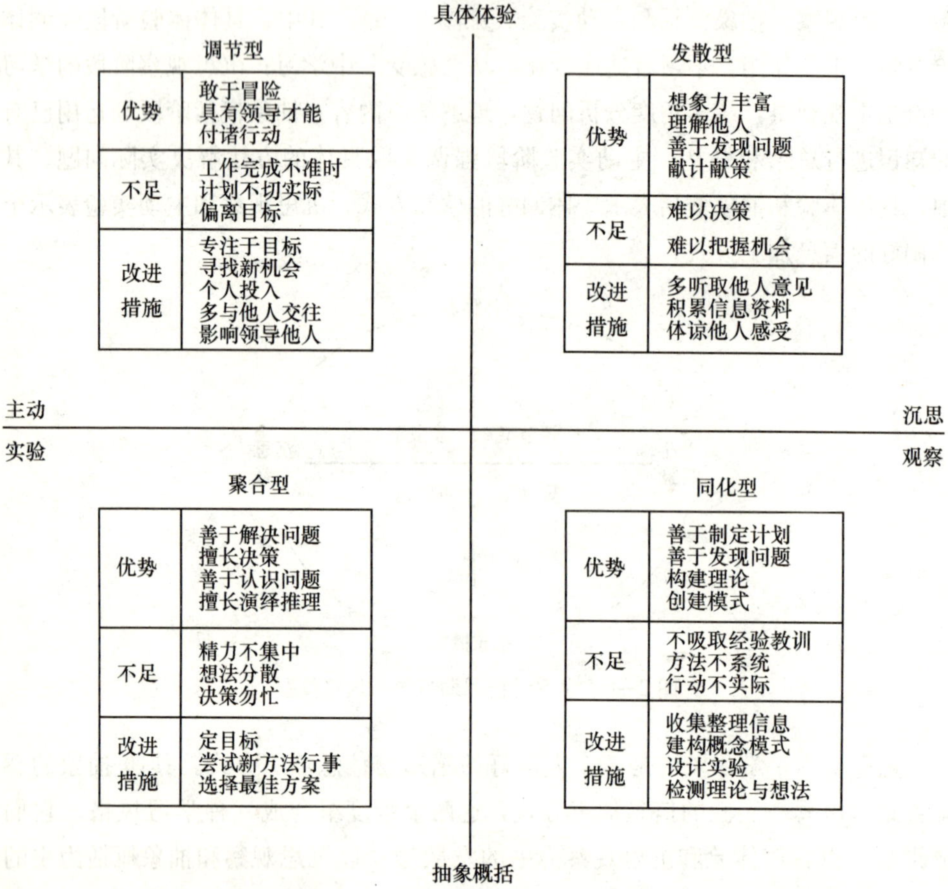

具体体验

调节型

优势	敢于冒险 具有领导才能 付诸行动
不足	工作完成不准时 计划不切实际 偏离目标
改进措施	专注于目标 寻找新机会 个人投入 多与他人交往 影响领导他人

发散型

优势	想象力丰富 理解他人 善于发现问题 献计献策
不足	难以决策 难以把握机会
改进措施	多听取他人意见 积累信息资料 体谅他人感受

主动实验

沉思观察

聚合型

优势	善于解决问题 擅长决策 善于认识问题 擅长演绎推理
不足	精力不集中 想法分散 决策匆忙
改进措施	定目标 尝试新方法行事 选择最佳方案

同化型

优势	善于制定计划 善于发现问题 构建理论 创建模式
不足	不吸取经验教训 方法不系统 行动不实际
改进措施	收集整理信息 建构概念模式 设计实验 检测理论与想法

抽象概括

图 2—7　4 种学习风格的比较

（二）杜恩的研究

杜恩的学习风格理论认为，在任何一组学生中，都存在一系列个体学习风格，学生的学习风格是由他们对有关刺激的反应所决定的①，把个体的偏好与学习情境匹配起来，有利于改善学习行为和提高学习效果。杜恩主要揭示了 5 种类型的学习风格要素：环境类要素、情感类要素、社会性要素、生理性要素和心理性要素（见表 2—2）。

表 2—2　学习风格要素

一级指标	二级指标
环境类要素	•对学习环境安静或热闹的偏爱 •对光线强弱的偏爱 •对温度高低的偏爱 •对坐姿正规或随便的偏爱
情感类要素	•自我激发动机 •教师激发动机 •家长激发动机 •缺乏学习动机 •学习坚持性强弱 •学习责任性强弱 •对学习内容组织程度的偏爱
社会性要素	•喜欢独立学习 •喜欢结伴学习 •喜欢与成人一起学习 •喜欢与各种不同的人学习
生理性要素	•喜欢听觉刺激 •喜欢视觉刺激 •喜欢触觉刺激 •学习时是否爱吃零食 •清晨学习效果最佳 •上午学习效果最佳 •下午学习效果最佳 •晚上学习效果最佳 •学习时是否喜欢活动
心理性要素	•大脑的分析和综合 •对大脑左右两半球的偏爱 •沉思与冲动

① ［英］R. 赖丁，S. 雷纳. 认知风格与学习策略［M］. 庞维国，译. 上海：华东师范大学出版社，2003：45－71.

（三）奥克斯福特的研究

20世纪90年代初期，美国亚拉巴马大学的奥克斯福特教授根据个体在学习中感官偏爱的差异，将学习风格分为视觉型、听觉型和触觉型3种。

视觉型学习者善于通过接受视觉刺激而学习，喜欢通过图片、图表、录像、影片等各种视觉刺激手段接受信息、表达信息。听觉型学习者善于通过接受听觉刺激进行学习，喜欢通过讲授、讨论、听磁带录音等口头语言的方式接受信息。触觉型学习者喜欢动手尝试，他们乐于“干中学”，往往在操作性技能的学习中表现突出。

专栏2—1

视觉型、听觉型与触觉型学习风格测试

你的学习风格是属于视觉型、听觉型还是触觉型呢？请在以下每个问题中选择一个答案。

1. 如果我去度假的海滩上只剩下3个房间了，我会选择：
   A. 面向大海，但噪声大的
   B. 能听到大海，但看不到大海的
   C. 舒服但噪声大，看不到大海的
2. 遇到问题时：
   A. 寻求其他办法
   B. 就问题展开讨论
   C. 重新安排细节
3. 开车时，我希望车内：
   A. 看上去很舒服
   B. 很安静或声音很强劲
   C. 感觉舒服或安全
4. 向别人描述刚刚参加的音乐会或其他活动时，我首先：
   A. 描述看上去的样子
   B. 告诉别人听到的声音
   C. 传达感受
5. 在业余时间，我最喜欢：

A. 看电视或电影
B. 看书或听音乐
C. 身体活动（如做手工或园艺）或者体育活动
6. 我认为人一生中都应该体验的一件事是：
A. 形象
B. 声音
C. 感觉
7. 在下面的活动中，我花时间最多的是：
A. 做白日梦
B. 倾听自己的思想
C. 俯拾自己的感受
8. 当别人试图说服我时：
A. 我希望看到依据或证据
B. 我通过交谈取得共识
C. 我相信自己的直觉
9. 通常我的说话和思考速度：
A. 快
B. 中等
C. 慢
10. 通常我的呼吸来自：
A. 胸腔上部
B. 胸腔下部
C. 腹部
11. 在一个陌生的城市找路时：
A. 我看地图
B. 我问路
C. 我相信直觉
12. 买衣服时，对我来说最重要的是：
A. 看上去得体
B. 衣服代表我的个性
C. 感觉舒服
13. 选择进餐时，我主要考虑：

A. 餐馆看上去不错

B. 能听见自己谈话

C. 舒服

14. 我作决定的速度：

A. 快

B. 一般

C. 慢

记分：

A. 数量＝　　　　B. 数量＝　　　　C. 数量＝

说明：A. 偏重于视觉，B. 偏重于听觉，C. 偏重于触觉。A、B、C 三项的得分哪一种偏高，就倾向于哪一种学习风格。

（四）所罗门的研究

所罗门从知识的加工、感知、输入和理解 4 个方面将学习风格分为 4 组 8 个维度。

1. 知识的加工：活跃型与沉思型

活跃型学习者倾向于通过积极地做一些事，比如讨论、尝试或应用等途径学习知识；沉思型学习者则喜欢通过安静地思考来加工知识信息。相比而言，活跃型学习者喜欢集体工作，而沉思型学习者更喜欢独立工作。

2. 知识的感知：感悟型与直觉型

感悟型学习者擅长记忆事实和做一些现成的工作；直觉型学习者善于发现某种可能性以及事物间的关系，喜欢变革和创新。

3. 知识的输入：视觉型与言语型

视觉型学习者擅长学习他们所看到的信息，如图片、图表、流程图、图像、影片和演示中的内容；言语型学习者则倾向于从文字的和口头的解释中获取信息。

4. 知识的理解：序列型与综合型

序列型学习者习惯按线性步骤理解问题，每一步都合乎逻辑地紧跟前一步；综合型学习者则打破常规，进行“跨越式”学习，善于用新奇的方式将随意的、没有任何联系的材料组合起来，从而获得新知识。

专栏 2—2

所罗门学习风格自测问卷表

1. 为了较好地理解某些事物，我首先：
   (a) 试试看
   (b) 深思熟虑
2. 我办事喜欢：
   (a) 讲究实际
   (b) 标新立异
3. 当我回想以前做过的事，我的脑海中大多会出现：
   (a) 一幅画面
   (b) 一些话语
4. 我往往会：
   (a) 明了事物的细节但不明其总体结构
   (b) 明了事物的总体结构但不明其细节
5. 在学习某些东西时，我不禁会：
   (a) 谈论它
   (b) 思考它
6. 如果我是一名教师，我比较喜欢教：
   (a) 关于事实和实际情况的课程
   (b) 关于思想和理论方面的课程
7. 我比较偏爱的获取新信息的媒体是：
   (a) 图画、图解、图形及图像
   (b) 书面指导和言语信息
8. 一旦我了解了：
   (a) 事物的所有部分，我就能把握其整体
   (b) 事物的整体，我就知道其构成部分
9. 在学习小组中遇到难题时，我通常会：
   (a) 挺身而出，畅所欲言
   (b) 往后退让，倾听意见

10. 我发现比较容易学习的是：
    (a) 事实性内容
    (b) 概念性内容
11. 在阅读一本带有许多插图的书时，我一般会：
    (a) 仔细观察插图
    (b) 集中注意文字
12. 当我解决数学题时，我常常：
    (a) 思考如何一步一步求解
    (b) 先看解答，然后设法得出解题步骤
13. 在我修课的班级中，我：
    (a) 通常结识许多同学
    (b) 认识的同学寥寥无几
14. 在阅读非小说类作品时，我偏爱
    (a) 那些能告诉我新事实和教我怎么做的东西
    (b) 那些能启发我思考的东西
15. 我喜欢的教师是：
    (a) 在黑板上画许多图解的人
    (b) 花许多时间讲解的人
16. 在分析故事或小说时，我：
    (a) 想到各种情节并试图把他们结合起来去构想主题
    (b) 读完时只知道主题是什么，然后我得回头去寻找有关情节
17. 当我做家庭作业时，我比较喜欢：
    (a) 一开始就立即做解答
    (b) 首先设法理解题意
18. 我比较喜欢：
    (a) 确定性的想法
    (b) 推论性的想法
19. 我记得最牢的是：
    (a) 看到的东西
    (b) 听到的东西
20. 我特别喜欢教师：
    (a) 向我条理分明地展示材料

（b）先给我一个概貌，再将材料与其他论题相联系

21. 我喜欢：

（a）在小组中学习

（b）独自学习

22. 我更喜欢被认为是：

（a）对工作细节很仔细

（b）对工作很有创造力

23. 当我到一个新的地方去时，我喜欢：

（a）要一幅地图

（b）要书面指南

24. 我学习时：

（a）总是按部就班，我相信只要努力，终有所得

（b）我有时完全糊涂，然后恍然大悟

25. 我办事时喜欢

（a）试试看

（b）想好再做

26. 当我阅读趣闻时，我喜欢作者：

（a）以开门见山的方式叙述

（b）以新颖有趣的方式叙述

27. 当我上课看到一幅图时，我通常会清晰地记着：

（a）那幅图

（b）教师对那幅图的解说

28. 当我思考一大段信息资料时，我通常：

（a）注意细节而忽视概貌

（b）先了解概貌而后深入细节

29. 我最容易记住：

（a）我做过的事

（b）我想过的许多事

30. 当我执行一项任务时，我喜欢：

（a）掌握一种方法

（b）想出多种方法

31. 当有人向我展示资料时，我喜欢：

（a）图表

（b）概括其结果的文字

32. 当我写文章时，我通常：

（a）先思考和着手写文章的开头，然后循序渐进

（b）先思考和写作文章的不同部分，然后加以整理

33. 当我参加小组合作课题时，我要：

（a）大家首先集思广益，人人贡献主意

（b）各人分头思考，然后集中起来比较各种想法

34. 当我要赞扬他人时，我说他是：

（a）很敏感的

（b）想象力丰富的

35. 当我在聚会时与人见过面，我通常会记得：

（a）他们的模样

（b）他们的自我介绍

36. 当我学习新的科目时，我喜欢：

（a）全力以赴，尽量学得多学得好

（b）试图建立该科目与其他有关科目的联系

37. 我通常被他人认为是：

（a）外向的

（b）保守的

38. 我喜欢的课程内容主要是：

（a）具体材料（事实、数据）

（b）抽象材料（概念、理论）

39. 在娱乐方面，我喜欢：

（a）看电视

（b）看书

40. 有些教师讲课时先给出一个提纲，这种提纲对我：

（a）有所帮助

（b）很有帮助

41. 我认为只给合作的群体打一个分数的想法：

（a）吸引我

（b）不吸引我

42. 当我长时间地从事计算工作时：

(a) 我喜欢重复我的步骤并仔细地检查我的工作

(b) 我认为检查工作非常无聊，我是在逼迫自己这么干

43. 要我画下我去过的地方：

(a) 很容易且相当精确

(b) 很困难且没有许多细节

44. 在小组中解决问题时，我更可能是：

(a) 思考解决问题的步骤

(b) 思考可能的结果及其在更广泛领域内的应用

所罗门学习风格分析表见表2—3。

1. 在下表适当的地方填上“1”（例：如果你第3题的答案为a，在第3题的a栏填上“1”；如果你第15题的答案为b，在第15题的b栏填上“1”）。

2. 计算每一列总数并填在总计一栏。

3. 这4个量表中每一个，用较大的总数减去较小的总数，记下差值（1到11）和字母（a或b）。例如：在“活跃型/沉思型”中，有4个“a”和7个“b”，你就在那一栏的最后一行写上“3b”（3 ＝ 7－ 4，并且因为b在两者中最大）；在“感悟型/直觉型”中，若你有8个“a”和3个“b”，则在本栏最后一行记“5a”。

表2—3　　所罗门学习风格分析表

活跃型/沉思型			感悟型/直觉型			视觉型/言语型			序列型/综合型		
问题	a	b	问题	a	b	问题	a	b	问题	a	b
1			2			3			4		
5			6			7			8		
9			10			11			12		
13			14			15			16		
17			18			19			20		
21			22			23			24		
25			26			27			28		
29			30			31			32		

续表

活跃型/沉思型			感悟型/直觉型			视觉型/言语型			序列型/综合型		
问题	a	b	问题	a	b	问题	a	b	问题	a	b
33			34			35			36		
37			38			39			40		
41			42			43			44		
总计			总计			总计			总计		
（较大数一较小数）＋较大数的字母											

解释：每一种量表的取值可能为 11a、9a、7a、5a、3a、a、11b、9b、7b、5b、3b、b 中的一种。其中字母代表学习风格的类型不同，数字代表程度的差异。若得到字母“a”，表示属于前者学习风格，且“a”前的系数越大，表明程度越强烈；若得到字母“b”，表示属于后者学习风格，且“b”前的系数越大，同样表明程度越强烈。例如：在活跃型/沉思型量表中得到“a”，表明测试者属于活跃型的学习风格，且程度很强烈；如果得到“5b”，则表明测试者属于沉思型的学习风格，且程度一般。在视觉型/言语型量表中得到“a”，表明测试者属于视觉型的学习风格，且程度非常弱；如果得到“3b”，则表明测试者属于言语型的学习风格，且程度较弱。

（五）哈尼的研究

哈尼和芒福德研究出柯布模型的简单变形，提出从经历中学习的过程模型（见图 2—8），认为个体的学习分为 4 个阶段，分别是有了经历→考察经历→从经历中推断→计划以下的步骤。并根据分别适合于这 4 个阶段的学习者特点，将学习风格分为活动家、沉思者、理论家和实用主义者 4 类①（见图 2—9）。

这 4 种不同的学习风格表现出不同的行为特点，具体差异见表 2—4。

不同风格的学习者，适合于他们的学习情境有所不同，见表 2—5，在最适合的情境中，容易获得最优的学习绩效。此外，4 类学习者在学习中所考虑的主要问题也有所差异。

① ［英］彼得·哈尼，罗杰·贝内特. 培训！培训！推动员工持续进步［M］. 王庆海译. 北京：中国劳动社会保障出版社，2004：121.

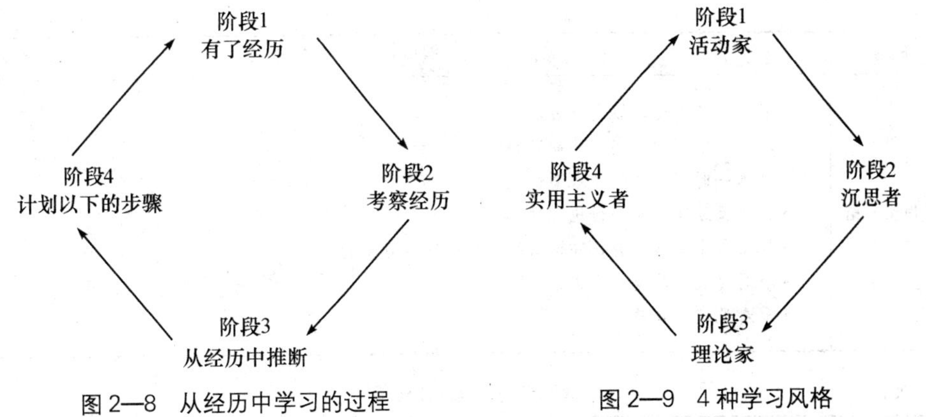

图2—8　从经历中学习的过程　　　图2—9　4种学习风格

表2—4　　4种学习风格的行为特点①

风格	行为
活动家	• 乐于接受新的事物 • 全心投入，热心参与 • 有“做了才算”的习惯 • 喜欢寻找新鲜的工作 • 对一些需时较长的工作会感到厌烦 • 不喜欢单独工作，经常与人在一起 • 经常被事务缠身，忙得不可开交
沉思者	• 喜欢从不同的角度思考问题 • 倾向于搜集资料和利用数据分析问题 • 处事小心谨慎，充分考虑不同的后果后才做决定或开展工作 • 开会或进行讨论时，倾向于扮演聆听者的角色 • 喜欢从旁观察别人的工作，很少很快捷地参与其中 • 处事较为低调，并能够容忍不同意见的存在
理论家	• 喜欢将观察得来的事物整理并归纳成逻辑性的理论 • 以“垂直式”的方法分析问题，即一步一步地研究问题，如首先、继而、最后等 • 做事有条不紊，追求完美 • 对一些假设、原则、理论及系统等尤为偏爱，喜欢用理论及富有逻辑的方式思考问题，例如会问“这样做合理吗？”“这个结论适用于什么假设？”“这两件事情如何才能配合？”等 • 不能容忍主观的、反逻辑的及轻率的判断

① 肖胜萍. 企业员工再培训手册［M］. 北京：中国纺织出版社，2003：205.

续表

风格	行为
实用主义者	•喜欢验证理论、概念及方法 •喜欢从实践中证实一些新颖的观点 •会第一时间处理问题或事情 •讨厌反复及冗长的讨论 •抓紧每个工作机会，即使有的工作是困难重重的 •有时会说“路是人走出来的” •要看见实际效益

表2—5　　4类学习风格的比较①

	适合其学习的情境	所思考的主要问题
活动家	•有新的学习经历、问题和机会时 •他们全神贯注于简短的“这里和现在”活动，如商业游戏、竞争性任务和角色表演时 •他们受人注目时 •在困境中肩负一个他们认为是很困难的任务时	•我要学习新的东西，即我不知道以前做得不好的事情吗？ •含有不同活动的广泛的种类吗？（我不想坐下来听一个多小时！） •尝试、放松、犯错、开心，可以吗？ •我会遇到棘手的问题和严峻的挑战吗？ •有其他有同样想法的人加入吗？
沉思者	•他们被鼓励仔细思考活动时 •他们有机会回顾所发生的事情和所学到的东西时 •他们在没有压力和很紧的期限的条件下，在属于自己的时间里做出决定时	•能给我足够的时间考虑、消化吸收和准备吗？ •能有机会集中相关的信息吗？ •能有机会听取别人的观点——最好是具有典型性的各种观点吗？ •在压力下我应该放纵自己还是即兴发挥？
理论家	•他们有时间并井有条地研究思想、事件和环境的联系与内在关系时 •他们处于结构性环境中，有明确目标时 •他们有机会咨询和探究某一事件背后的基本方法论、假定和逻辑时 •他们的理性得以展开时	•将有很多机会提问题吗？ •事件的目标和计划显示了清晰的结构和目标吗？ •我会遇到可能使我过度紧张的复杂思想和观念吗？ •可以使用途径和探究概念吗？这是合理和有效的吗？ •我应该和有同样能力的人在一起吗？

① ［英］彼得·哈尼，罗杰·贝内特．培训！培训！推动员工持续进步［M］．王庆海译．北京：中国劳动社会保障出版社，2004：122－123．

续表

	适合其学习的情境	所思考的主要问题
实用主义者	•主题与工作上的问题或机会之间有明显的联系时 •告诉他们适用于目前工作的做事技巧时 •他们在得到可信任的专家的指导和反馈，并有机会实验和实践时 •他们能集中于实际问题时	•将有很多机会实践和实验吗？ •有大量的实际技巧和方法吗？ •我们要提出实际问题吗？它会导致行动计划成功以解决我现在的一些问题吗？ •我们应面对知道如何做并能自己做的专家吗？

根据不同学习风格的特点，培训教师需要设计或安排一些针对性的工作活动，来提高学习效果，具体措施如下①：

加强活动家风格的工作活动有：

•推销企业的新产品。

•走访客户，搜集资料。

•主持工作小组会议。

•统筹业余活动，如天才比赛，员工聚餐等。

•接待来访者，包括客户、团体及其他企业。

•发表工作报告。

•指导新员工。

加强沉思者风格的工作活动有：

•研究工作流程并撰写改进建议。

•搜集市场资讯及做出筛选。

•拟订工作计划。

•分析客户投诉的原因及制定改进方案。

加强理论家风格的工作活动有：

•阅读企业内部资料，如工作手册、工作报告及往来记录等。若有需要，对有关资料写出提要。

•阅读外界资料，如报纸、杂志等，就有关资料写出提要。

•搜集客户意见并研究配套方案。

•撰写工作可行性研究报告，如开设新店的可行性报告，或延长工作时间的可行性报告等。

① 肖胜萍. 企业员工再培训手册 [M]. 北京：中国纺织出版社，2003：211.

• 提交工作活动计划，如讲座、会议、培训及产品推广等。

• 分析特别事故成因，如顾客坏账、客户投诉、机器故障等。

加强实用主义者风格的工作活动有：

• 协助在职培训工作。

• 向外界机构或客户介绍新产品，或协助制定措施及工作程序。

• 起草行动计划和监察计划的进展情况。

• 学习新技能并将所学的程序向其他有关员工示范。

• 担任一些主持或司仪性质的工作。

• 研究工作流程及提出改善的建议，并带头执行。

哈尼和芒福德曾设计一份问卷来测试个人的学习风格，见专栏 2—3，这份问卷被广泛采用，准确性较高。

专栏 2—3

学习风格问卷①

请你用 10～15 分钟，填好这份问卷，为了使结果准确和可靠，请你如实回答。所有题目均没有“对”与“错”之分，若你对该题目的“赞成”程度大于“不赞成”，则在括号内打“√”，反之则打“×”；若不肯定，则留空白。

(　　) 1. 我经常对事情的对或错，好或坏，有强烈的信念。

(　　) 2. 我经常在行动之前，没有考虑其可能的后果。

(　　) 3. 在解决困难时，我常采用有层次的方法一步一步破解疑团。

(　　) 4. 我相信正当程序和政策是碍手碍脚的。

(　　) 5. 别人总说我是一个思想直接和简单的人。

(　　) 6. 我时常发现“感情用事”和“深思熟虑”的处事方法同样有效。

(　　) 7. 我喜欢一些有充足时间来准备和实施的工作。

(　　) 8. 我时常询问别人关于他们为人处世的基本方法。

(　　) 9. “实际上是否可行”是我在处事时最关心的事情。

(　　) 10. 我积极地验证某些新的理论。

(　　) 11. 当听到一些新的概念和做法时，我会立即尝试去实践。

---

① 肖胜萍. 企业员工再培训手册 [M]. 北京：中国纺织出版社，2003：206～210.

(　　) 12. 我是一个自律性很强的人，如持之以恒地运动、节食及遵守规矩。

(　　) 13. 我对自己能够从头到尾地完成一件工作感到骄傲。

(　　) 14. 我与分析能力强的人相处得最好，与那些没头脑的人相处最差。

(　　) 15. 我不会轻易对事情做出结论，一定要先将手头上所有的资料分析清楚。

(　　) 16. 在做出决定之前，我会谨慎地衡量不同的选择。

(　　) 17. 我会被新颖和不寻常的意念所吸引，对实际可行的倒不大在意。

(　　) 18. 我讨厌杂乱无章，喜欢有条理。

(　　) 19. 假如规章和制度使我做事有效率，我会接受和遵守它们。

(　　) 20. 我喜欢将我的行动与一些普通原则相结合。

(　　) 21. 在讨论问题时，我喜欢一针见血。

(　　) 22. 我并不倾向于与同事建立朋友关系。

(　　) 23. 我对能应付新的挑战感到兴奋。

(　　) 24. 我喜欢那些有幽默感及大大咧咧的人。

(　　) 25. 在做出结论之前，我会将一切详细情况都考虑清楚。

(　　) 26. 我不善于立即产生灵感。

(　　) 27. 我相信凡事意见明确最好。

(　　) 28. 我经常小心，不致武断。

(　　) 29. 我认为资料越多越好，因为这样会使我想得更透彻。

(　　) 30. 那些处事不认真的人令我不快。

(　　) 31. 在自己表达之前，我会先聆听别人的意见。

(　　) 32. 我乐意与人分享自己的感受。

(　　) 33. 在与人讨论问题时，我乐于看见其他人控制大局。

(　　) 34. 在应变时，我宁愿采用弹性和临时的处理手法，而不过早做出安排。

(　　) 35. 我喜欢用网络分析、流程表、权变策划等分析工具。

(　　) 36. 假如我要在一个极短的期限内完成一件工作，我会感到忧虑。

(　　) 37. 我经常用“是否行得通”来评议别人的观点。

(　　) 38. 与那些沉静和深思的人在一起，令我感到不安。

(　　) 39. 我不喜欢那些凡事都冲锋陷阵般处事的人。

(　　) 40. 享受现在最重要，过去和未来都有所不及。

(　　) 41. 我以为经过深思熟虑做出的决定，比用直觉的决定更好。

(　　) 42. 我是一个完美主义者。

(　　) 43. 在与别人讨论问题时，我会提出很多即兴的意见。

(　　) 44. 在参与会议时，我会提出实用的意见。

(　　) 45. 在通常情况下，规章制度是定下来让人触犯的。

(　　) 46. 我情愿处身事外，去清楚地考虑处理事情的各种方法。

(　　) 47. 我经常能够在别人的论点中找出弱点和矛盾之处。

(　　) 48. 总的来说，我说话多于聆听。

(　　) 49. 我经常可以找出一些更加实际的方法来处理事情。

(　　) 50. 我认为文字报告应该简短和直接。

(　　) 51. 我相信理性和逻辑分析终有一日会成为主要的分析方法。

(　　) 52. 我经常与人讨论一些待定问题，而不是闲聊。

(　　) 53. 我喜欢一些重实际问题而不讲理论的人。

(　　) 54. 与人讨论问题时，如别人词不达意，或离题万里，我会感到不耐烦。

(　　) 55. 假如我要写一个报告，我会先起草，多次修改后才定稿。

(　　) 56. 我很喜欢尝试，看看新方法是否可行。

(　　) 57. 我很喜欢运用逻辑方法来找答案。

(　　) 58. 在交际中，我乐意成为核心人物，即说话最多的那个人。

(　　) 59. 在与人讨论时，我经常做一个脚踏实地的人，提醒别人切勿离题，以及打消无谓的猜测。

(　　) 60. 在做出决定之前，我喜欢预先想出多种选择。

(　　) 61. 在与人讨论时，我发现自己是一个客观冷静的人。

(　　) 62. 在与人讨论时，我比较喜欢采取低调姿态，让别人带动和表达。

(　　) 63. 我希望能够将我现时的行动，与一些长远的、广阔的视野联系起来。

(　　) 64. 当有问题发生时，我乐于去应付，而且视之为一个经验。

(　　) 65. 我会拒绝一些狂放的即兴意念，因为它们不实际。

(　　) 66. 在做出决定之前，万事都要想清楚。

(　　) 67. 总的来说，我聆听多于说话。

(　　) 68. 我会对那些违背逻辑方法的人毫不客气。

(　　) 69. 在大部分时间里，我相信手段是否正确，要看结果才可决定。

（　　）70. 只要工作可以完成，我不介意在工作过程中伤害了别人的感受。
（　　）71. 我不能忍受那些形式化的特定目标和计划。
（　　）72. 我是一个经常及时行乐的人。
（　　）73. 凡对工作有利的事情，我都会做。
（　　）74. 我对要按部就班和仔细的工作，容易感到烦闷。
（　　）75. 我喜欢探究事情的基本假设、原则和原理。
（　　）76. 我时常对别人想些什么很感兴趣。
（　　）77. 我喜欢会议能按照议程一步一步进行。
（　　）78. 我经常避开那些含糊不清的事项。
（　　）79. 我乐于面对危机，因它充满戏剧性和刺激性。
（　　）80. 人们常说我忽略了他们的感受。

说明：打“√”的得1分，打“×”或空白的不得分。按题计算，然后加总得分，即可按分数找到对应的学习风格。

学习风格问卷得分表

活动家		沉思者		理论家		实用主义者	
问题	得分	问题	得分	问题	得分	问题	得分
2		7		1		5	
4		13		3		9	
6		15		8		11	
10		16		12		19	
17		25		14		21	
23		28		18		27	
24		29		20		35	
32		31		22		37	
34		33		26		44	
38		36		30		49	
40		39		42		50	
43		41		47		53	
45		46		51		54	
48		52		57		56	
58		55		61		59	
64		60		63		65	

续表

活动家		沉思者		理论家		实用主义者	
问题	得分	问题	得分	问题	得分	问题	得分
71		62		68		69	
72		66		75		70	
74		67		77		73	
79		76		78		80	
总计		总计		总计		总计	

深度阅读

1. ［美］赖尔·约克斯著，胡英坤，孙宁译. 战略人力资源开发［M］. 大连：东北财经大学出版社，2007.

该书分3个部分研究战略性人力资源开发的理论及实践问题。第一部分以战略为中心，阐述战略、战术、操作有效性的内涵，分析制定学习战略的策略，以及人力资源开发在战略管理中的作用、定位。第二部分研究人力资源开发的实际应用，归纳人力资源开发实践的理论基础，说明设计学习机会、网络学习的方法，并预测人力资源开发工作的未来发展方向。第三部分提供人力资源开发的实践案例。该书对于人力资源相关专业的学生和实际工作者，有较高的参考价值。

2. 屠巧平，赵睿. 企业员工培训理论与实践［M］. 北京：中国经济出版社，2012.

该书论述员工培训的基本理论、发展脉络和培训创新的相关理论，介绍培训体系的建立、运行与配套设施建设，包括培训需求分析、设立目标、组织实施、培训的内容与方法、效果检验和配套设施一系列逻辑过程，并通过案例分析国内外培训实践的现状以及员工培训工作的发展趋势，较好地实现了培训理论和实践的有效结合。

3. ［美］申克著，何一希等译. 学习理论. 第六版［M］. 南京：江苏教育出版社，2012.

该书系统地介绍学习理论及其在教育教学中的应用。分析学习的神经科学，阐述行为主义理论、社会认知理论、信息加工理论、建构主义等学习理论，说明认知学习的过程，并分析动机、自我调节、人的发展对学习的影响。该书理论基础深厚，把握了学习理论研究的理论前沿，思想观点深刻，对于培训工作的开展以及教育教学具有较强的指导作用。

延伸思考

1. 什么是学习？学习的成果有哪些？
2. 在设置培训目标时，应遵循什么原则？
3. 根据期望理论，分析影响员工培训积极性的因素。
4. 简述行为主义学习理论的代表人物及主要观点。
5. 简述认知主义学习理论的代表人物及主要观点。
6. 根据建构主义学习理论，分析学习的关键要素。
7. 分析柯布和哈尼学习风格理论的共同点及差异。

第三章　战略：培训的出发点

引导案例：B公司的培训计划

B公司是一家专业生产电子产品的公司，由于经营有方，最近几年公司规模飞速发展。B公司的总经理张总非常重视员工培训，他认为人力资源是企业发展的第一资源，员工培训是最有价值的投资。在培训方法上，张总主张从公司内部培养人才，公司的技术骨干和管理骨干，都是公司自己培养出来的。

公司培训部经理老王去年因培训业绩突出被评为年度优秀管理干部，并获得物质和精神奖励，老王非常开心。春节刚过，他认真准备，向总经理提交了详细的员工培训计划。几天后，公司召开中层干部会。

在会上，总经理首先请老王说明公司新年度的员工培训计划，并解释计划的内容和拟订计划的依据。对此，老王胸有成竹，滔滔不绝地向总经理和各位部门经理展示自己的培训计划。培训计划的依据主要来自以下途径：一是公司上年度培训工作的实际开展情况；二是利用培训需求调查表，对不同部门、不同层级的员工进行了调查；三是对人力资源部提供的上年度各部门绩效状况进行分析，总结了影响各部门绩效的因素，并在此基础上将制约因素放在今年的培训计划里；最后，还考虑了员工职业生涯规划对培训的要求。

这时，总经理打断了老王的话，问道：“老王，你清楚我们公司是做什么的吗?”

老王一听，觉得总经理话中有话，但又不敢多想，就回答道：“我们公司是专门生产手机、掌上电脑等电子产品的呀。”

“那么，我们公司今年将要做什么呢?”总经理继续问道。

“我们今年计划在原来手机和掌上电脑两个主导产品的基础上，斥巨资兴建一个笔记本电脑生产基地。”想都不用想，老王就回答出来了。“这么大的事谁不知道?”老王暗想。

“如果我们公司要投产笔记本电脑的话，这方面的人才从哪里来啊?”总经理看着老王，加重了语气问道。

“我们公司不是一贯坚持人才自己培养吗?”老王说。

“那在你的培训计划中，哪条体现出了与生产笔记本电脑相关的内容呢?”总经理说。

老王一听，傻了，自己怎么忘了这么重要的一个内容啊!

讨论题：

1. 王经理拟订的培训计划存在什么问题?

2. 如果你是培训经理，你认为公司的新年度培训计划该如何完善?

案例中王经理在拟订培训计划时，最大的问题是年度培训计划与公司战略相脱节。他虽然考虑了上年度公司培训工作实际开展情况，进行了培训需求调研，分析了影响绩效的因素，还考虑了员工的职业生涯规划，却忽略了至关重要的内容——公司的发展战略，没有根据企业的战略需求拟订具有前瞻性、针对性的培训计划。年度培训计划必须与公司的战略紧密结合，才能促进企业未来战略和目标的实现，为企业创造价值。

一、企业战略与战略性培训

“战略”一词最早产生于历史上的战争和军事活动，是指导军事的谋略。随着时代的发展，战略思维已被应用于社会、政治和经济等多个领域。企业战略是指企业长期基本目标的决定，以及为实现这些目标所必须采取的行动方针和资源配备（钱德勒，1962）。战略包括外部竞争策略和内部管理优化的组合。对外而言，战略是实施行业选择、产品和业务选择、确定关键竞争方式的方法；对内而言，战略是选择并实施企业最优经营管理的方法。最终目的是在既定时期内利用既定的资源获取最大的利润回报。

企业战略的特点如下①：

（1）全局性。战略是指导整个企业一切活动的总谋划，目的是实现企业整体最优化。企业战略要与国家的经济、技术、社会发展战略协调一致，与世界的未来发展相适应。

（2）长期性。在迅速变化和激烈竞争的环境中，企业必须对未来的变化进行

① 赫连志巍，张敬伟，王立国. 企业战略管理［M］. 北京：机械工业出版社，2005：12－14.

预测，制定长期的战略规划。

（3）系统性。企业战略包括 3 个层次：一是企业总体战略，决定企业的长期经营目标，建立何种竞争优势，如何发挥这些优势等，它是战略体系的主体和基础，起着统领全局的作用；二是经营战略，把总体经营战略规定的目标、方向和意图具体化；三是职能战略，按专门职能将战略目标和方针进行落实，一般包括研发、生产运作、财务、人力资源战略等。3 个层次战略形成一个完整的系统，形成企业整体优势，实现公司战略目标。

（4）竞争性。企业战略管理的核心是使企业获得竞争优势，防止在竞争中处于不利地位。

（5）相对稳定性。在一定时期内的稳定性战略，对企业经营实践具有指导作用，如果朝令夕改，会使企业经营混乱并带来损失。同时，企业战略需要随外部环境的变化进行动态调整，因而它是相对稳定的。

（6）风险性。企业战略管理是否成功，受企业战略决策正确与否、外界不确定因素多少和影响程度大小、企业自身适应能力强弱等因素的影响，因此具有风险。

战略性培训是伴随战略性人力资源管理的提出而产生的。战略性人力资源管理强调将人力资源管理提升到战略的地位，使人力资源管理与企业战略相匹配，通过人力资源管理活动实现企业战略。战略培训则指以企业战略目标为指导，与企业的使命、核心价值观、愿景等协调一致的培训，通过培训确保企业获得优秀人才，从而获得持续的竞争优势。

二、战略导向的培训设计流程

（一）确定公司战略

1. 战略导引：使命、愿景、价值观

战略制定的出发点是企业的使命、愿景和价值观。使命是指企业存在的原因，即企业为什么存在，企业是干什么的，服务的客户是谁，客户能从企业得到什么价值等；愿景也称前景，是企业想要实现的蓝图；价值观是指基于组织的愿景和使命，对预期的未来状况所持的标准观念。

专栏 3—1

国内外知名企业的使命、愿景和价值观

迪士尼公司：

• 使命：使人们过得快活。

• 愿景：成为全球的超级娱乐公司。

• 价值观：极为注重一致性和细节刻画；通过创造性、梦幻和大胆的想象不断取得进步；严格控制、努力保持迪士尼“有魔力”的形象。

索尼公司：

• 使命：体验发展技术造福大众的快乐。

• 愿景：为包括我们的股东、顾客、员工，乃至商业伙伴在内的所有人提供创造和实现他们美好梦想的机会。

• 价值观：体验以科技进步、应用与科技创新造福大众带来的真正快乐；提升日本文化与国家地位；做先驱，不追随别人，但是要做不可能的事情；尊重、鼓励每个人的能力和创造力。

苹果电脑公司：

• 使命：借推广公平的资料使用惯例，建立用户对互联网之信任和信心。

• 愿景：让每人拥有一台计算机。

• 价值观：提供大众强大的计算能力。

万科公司：

• 使命：建筑无限生活。

• 愿景：成为中国房地产行业领跑者。

• 价值观：创造健康丰盛的人生。

• 客户是我们永远的伙伴。

• 人才是万科的资本。

• “阳光照亮的体制”。

• 持续地增长和领跑。

联想集团：

• 使命：为客户利益而努力创新。

• 愿景：未来的联想应该是高科技的联想、服务的联想、国际化的联想。

• 价值观：成就客户、创业创新、精准求实、诚信正直。

▶成就客户——致力于客户的满意与成功。

▶创业创新——追求速度和效率，专注于对客户和公司有影响的创新。

▶精准求实——基于事实的决策与业务管理。

▶诚信正直——建立信任与负责任的人际关系。

2. 公司战略的分析方法

（1）宏观环境分析——PEST 模型

宏观环境是指影响一切行业和企业的各种宏观力量，主要包括政治（political）、经济（economic）、社会（social）和技术（technological）这四大环境因素，PEST 模型如图 3—1 所示。

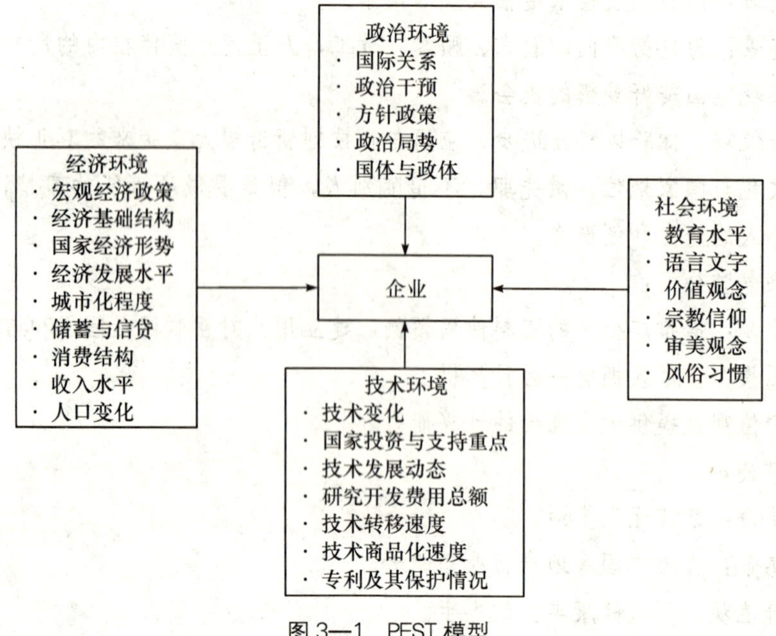

图 3—1　PEST 模型

政治环境包括一个国家的社会制度，执政党的性质，政府的方针、政策、法令等。

经济环境主要指一个国家的人口数量及其增长趋势，国民收入、国民生产总值及其变化情况，以及能够反映国民经济发展水平和发展速度的相关指标。同时还包括企业所在地区或所服务地区的消费者的收入水平、消费偏好、储蓄情况、就业程度等因素。

社会环境包括一个国家或地区的居民受教育程度和文化水平、价值观念、宗教信仰、审美观念、风俗习惯等。

技术环境除了要考察与企业所处领域的活动直接相关的技术手段的发展变化外，还应及时了解国家对科技开发的投资和支持重点、该领域技术发展动态和研究开发费用总额、技术转移和技术商品化速度、专利及其保护情况等。

（2）产业环境分析——波特的五力模型[①]

五力模型由迈克尔·波特于20世纪80年代初提出，对企业战略制定产生了全球性的深远影响。五力模型确定了竞争的5种主要来源，分别是供应商的议价能力、购买者的议价能力、潜在的新进入者的威胁、替代品的压力、同行业竞争者的竞争程度。五力模型如图3—2所示。

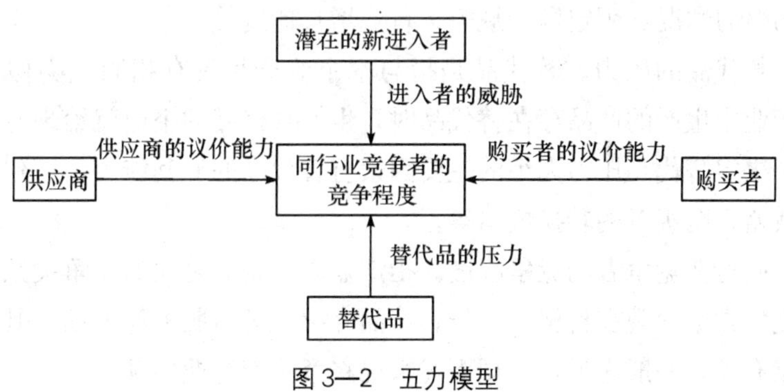

图3—2　五力模型

第一，供应商的议价能力。供应商是指企业从事生产经营活动所需要的各种资源、配件等原材料的供应单位。供应商往往采取提高价格、降低产品质量或服务质量的手段，向产业链下游企业施加压力，以获取更多的产业利润。供应商的讨价还价能力越强，现有企业的赢利空间就越小。决定供应商讨价还价能力的因素主要有供应商产业的集中度、供应品的可替代程度、交易量的大小、产品差异化程度、供应品对本行业生产的重要程度、供应品的特色和转变费用、前向一体化的可能性、掌握信息的程度。

第二，购买者的议价能力。购买者主要通过其压价与要求提供质量较高的产品或服务的能力，来影响行业中现有企业的赢利能力。一般来说，满足如下条件的购买者可能具有较强的讨价还价力量：购买者的总数较少，而每个购买者的购

① 五种力量模型分析．百度百科．http://baike.baidu.com/view/3383047.htm；吕勇．驼铃酒业企业战略＋市场规划．2010：10．http://doc.mbalib.com/view/a6c16fde7845c97c5a337f537b245f9a.html

买量较大，占了卖方销售量的很大比例；卖方行业由大量相对来说规模较小的企业所组成；购买者所购买的基本上是一种标准化产品，同时向多个卖主购买产品在经济上也完全可行；购买者有能力实现后向一体化，而卖主不可能前向一体化。

第三，潜在的新进入者的威胁。潜在的新进入者是指有可能进入本行业成为行业内竞争对手的企业，其威胁的严重程度取决于两方面的因素：进入新领域的障碍大小和预期现有企业对进入者的反应情况。进入障碍主要包括规模经济、产品差异、资本需求、转换成本、销售渠道、政府政策及有关法律限制、自然资源（如冶金业对矿产的拥有）、地理环境（如造船厂只能建在海滨城市）等因素。预期现有企业对进入者的反应情况，主要是采取报复行动的可能性大小，其取决于有关厂商的财力情况、固定资产规模、行业增长速度等。

第四，替代品的压力。替代品是指与本企业产品具有相同或类似功能的产品。当本产业中生产的产品存在替代品时，生产替代品的企业就给现有企业带来竞争压力。决定替代品压力大小的主要因素有替代品的赢利能力、替代品生产企业的经营战略、购买者的转换成本等。

第五，同行业竞争者的竞争程度。指产业内各企业之间的竞争关系和竞争程度，这种竞争常常表现在价格、广告、产品介绍、售后服务等方面，其竞争强度与许多因素有关。一般来说，出现下述情况将意味着行业中现有企业之间竞争的加剧：行业进入障碍较低，势均力敌竞争对手较多，竞争参与者范围广泛；市场趋于成熟，产品需求增长缓慢；竞争者企图采用降价等手段促销；竞争者提供几乎相同的产品或服务，用户转换成本很低；一个战略行动如果取得成功，其收入相当可观；行业外部实力强大的公司在接收了行业中实力薄弱的企业后，发起进攻性行动，结果使得刚被接收的企业成为市场的主要竞争者；退出障碍较高，即退出竞争要比继续参与竞争代价更高。

（3）SWOT 分析

SWOT 分析是把组织内外环境所形成的优势（strengths）、劣势（weaknesses）、机会（opportunities）、威胁（threats）4 个方面的情况，结合起来进行分析，以寻找制定适合组织实际情况的经营战略和策略的方法。

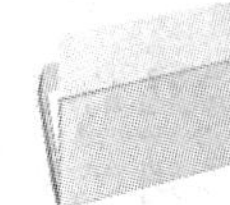

案例3—1

驼铃酒业的战略规划[①]

吐鲁番市驼铃酒业有限公司（简称驼铃酒业）成立于1998年，位于以盛产葡萄而闻名于世的旅游景点葡萄沟，公司主要产品有驼铃葡萄酒系列、驼铃桑葚酒系列、驼铃无核白罐头系列、驼铃干果系列、出口葡萄干系列等产品。

一、战略分析

1. PEST分析

（1）政治要素P。①驼铃酒业面对的首个政治单元是吐鲁番市，对市政府及相关部门的公关极为重要。②公司的产品质量及营销管理水平，须经得起国内各级政府部门（特别是质检、工商部门）的检验。

（2）经济要素E。①坚持做中高端产品的市场定位，坚持做“中国最好的甜味葡萄酒”的品牌定位（当然，还要适当考虑产品线的安全，“干红”很长一段时间都不能放弃）。②用智慧和勇气开拓市场，走快速和稳健并举的发展道路，提高经济风险控制能力。③资本运作（特别是投资和股权转让）需要谨慎。

（3）社会因素S。①避免过度炒作（如“老葡树”）。②宁愿沉默，也不要做违背社会主流价值观的事（有时保持低调也很重要）。③提高自己的公关应对和危机处理能力，同媒体和行业组织保持良好关系，出现危机时能够快速应对并将危机转化为“良机”。

（4）技术因素T。①葡萄酒酿造行业，技术往往不是万能的，相反，坚持传统往往能让人产生好感，所以“工业化”做流通酒，“手工化”做酒庄酒。②进一步提高品质，并向产业纵深发展，比如引进新葡萄品种，开发新产品，塑造新概念等。③技术要经得起第三方考证，同时做到可解释、可视化（公关营销宣传、信任危机的防范）。

2. 五力分析

（1）供应商的议价能力

驼铃建有自己的葡萄种植基地，因此供应商主要集中在酿酒设备和包装材料上。

---

① 吕勇. 驼铃酒业企业战略+市场规划. 2010：12－22. http://doc.mbalib.com/view/a6c16fde7845c97c5a337f537b245f9a.html.

(2) 购买者的议价能力

①核心买方是渠道商，驼铃需要设置好自己的渠道构建方式，提高自己的渠道管理水平。②把协作方（如政府、媒体、行业协会、竞争对手等）及终端客户（消费者、团购客户等）纳入分析范围，既要给买方足够的利润和适当的自主权，更应该有掌控他们的能力。③“钱+货”是自己的核心筹码，任何时候都要有信用危机意识。

(3) 进入者的威胁

①协调相关部门，对“风干甜酒”做好商标和专利保护工作，防止成为第二个“张裕解百纳”，严打盗用者。②做好吐鲁番市政府的公关工作，一方面做“政府接待指定用葡萄酒”，另一方面是防止在葡萄沟1千米内未来其他竞争对手建厂。③在品牌宣传上，把“吐鲁番葡萄沟+风干甜酒”作为“双核”同时整合营销，使其具有独创性和排他性。④企业在融资、股权变更、商务合作时要慎重，防止无形资产外流。⑤在产品定位、市场定位、渠道设置上要专业、快速，同时设置一些隐形壁垒，防止他方产品挖墙脚。⑥商场如战场，企业要有一定的市场情报搜集和分析能力，及早做好战略准备，必要时力求反击制胜。

(4) 替代品的压力

葡萄酒作为未来的朝阳产业，行业外替代品压力是很小的，主要替代品来自于行业内的干红、白兰地和威士忌等品种。

(5) 同行业竞争者的竞争程度

①塑造“中国第三种葡萄酒文化”（风干甜酒+葡萄沟文化产业链），仅这一点即可以区别于其他任何竞争者。②张裕、长城、王朝、通化、新天等以干红为主，驼铃就做“中国高档甜酒的风向标”。③值得关注的几个品牌：通化（有国酒的味道）、威龙（有机葡萄酒文化）、紫轩（真实且富有诗意的酒文化）。④楼兰的品牌塑造力远不及驼铃，吐鲁番的其他现有厂家都不具备把产品当品牌运作的基础和能力。⑤在全国市场，东北、新疆地区的中低档甜酒，会在中档市场对驼铃产生一定的压力。

3. SWOT 分析

(1) 优势（strengths）

- 吐鲁番葡萄沟无与伦比的“葡萄文化”。
- 目前有了以“风干甜酒”为主线的核心产品。

(2) 劣势（weaknesses）

- 技术能力、资本实力等硬件实力一般，属于中小型企业。

•人力资源、组织管理等软实力较差，这与新疆地域偏僻等大环境是分不开的。

•企业文化包装再造能力还处于“小格局”阶段。

•品牌形象不明确，在内地市场基本上没有知名度。

•市场营销随意性强，处于“半吆喝”状态，没有针对性很强的市场策略，基本还处于“坐商”阶段。

•产品定位、市场定位处于“半明确”状态。

•渠道建设不是很完善，特别是内地市场。

•这几年公司对产品、固定资产、广告等投入较大，导致产品单位成本较高。

•没有明确的落实企业战略的最佳方法和途径。

•精神上缺乏自信，或者说是勇气和霸气。

（3）机会（opportunities）

•吐鲁番葡萄沟文化，是数以亿计的文化资产，驼铃酒业其实就是坐在一座“金山”上。同样，把这一文化发扬光大是每一家吐鲁番葡萄酒酿造企业的使命。“吐鲁番葡萄沟文化＋风干甜酒文化”的双核定位，在中国市场将会大有作为。

•在中国葡萄酒市场，说到底进口酒和国产酒两大阵营都没有让消费者完全信服，驼铃正好可以快速切入，努力成为未来中国葡萄酒市场的一极。

•驼铃酒业如果能整合资源，集中力量把产品和文化优势发挥到极致，加之能相信并善用人才，未来前途将不可估量。

（4）威胁（threats）

•建新酒庄、开发新产品、广告等资源投入，让公司的财力枯竭。

•继续实行以新疆为重心，内地市场放任的状态，最后可能导致高端产品销售不畅，投资不能及时收回。

•遇到突发事件时公关应对没有做好，会导致企业突然陷入困境。

•销售渠道建设随意，产品在市场上竞争无序，会导致整个市场价格体系混乱不堪，企业会失信于商家，更会失信于消费者。

•企业没有上进心，安于现状。

二、战略定位

1. 财力资源战略

•由于驼铃酒业的理念是求精求强，以软文化塑造超级形象，所以谋求上市不应成为未来的发展方向。

•用“股权换资本、用股权换市场”，一定要慎重。一方面不可以贱卖股份，另一方面绝对不可以影响驼铃后期的发展战略（如产品线、渠道、价格体系、文化理念等）。

•慎重投资，不要盲目扩大产业链，要和自己的经营理念相配套。

•把做大做强企业放在第一位，赚钱放在第二位。

•把有限的资金用在刀刃上，让它发挥最大作用。

•建立完善的财务制度，避免财务风险。

•降低财务收回成本，所有经销商必须现款进货（信用佳的客户可考虑延期付款），其他销售形式尽可能不做账期。

2. 人力资源战略

•信任、善用人才。

•建立有效的激励机制，留住人才。

•分权监督，要能控制住人才，企业不能被少数人所钳制，同时做到赏罚分明。

•驼铃的发展离不开高级营销和高级公关人才，所以人不在多，但求有才。有才无德之人，企业若有信心掌控则用之，若控制不了则坚决不用。

•招聘人才时，优先面向行业、面向全国，挖掘高端人才。

•驼铃起步及发展阶段需要开创性的英雄人才；市场条件成熟后，把重心转移到培养标准化人才上来，因此未来的人才培训战略是培养标准化人才。

3. 物力资源战略

•采用进口设备，引进进口葡萄品种。

•技术、设备、生产线、种植基地、酒庄、产品等，都必须同公关与营销挂钩，并为其服务。

•物力资源的小与大。小，即精选3～5项最核心的物力资源作为企业改造和对外宣传的核心（如原装进口橡木桶、葡萄沟地产葡萄等）；大，即把整个环境资源都纳入企业资源范围内（如：驼铃酒业＝葡萄沟，把吐鲁番的葡萄沟、坎儿井、火焰山都纳入“后花园”）。

4. 信息情报战略

•情报的核心内容是价格体系维护＋销售渠道管理，搜集情报的方向是自己的销售体系内部，而不是竞争对手。

•营销中心（销售部、市场部、公关部、客服中心）各级工作人员都设置情报搜集职能，并定期或不定期上报。

• 限于新疆的大环境，很难在渠道管理和公关营销上做到精细化，所以要做尖两头：建立畅通的市场一线情报来源机制，能快速准确地上报；企业总部情报分析人员，要求有极高的判断水平和责任心。

• 情报搜集方法：业务推广人员市场反馈、经销商告知、消费者投诉、媒体报道、网络、企业专项调查等。

（二）实现人力资源管理与公司战略的整合

1. 集中战略

集中战略，也称聚焦战略，是指企业集中使用资源，把经营战略的重点放在一个特定的目标市场上，为特定的地区或特定的购买者群体提供特殊的产品或服务。该战略的前提思想是企业业务的专一化，以更低的成本、更高的效率和更好的效果为某一狭窄的细分市场服务，从而超越在较广阔范围内竞争的对手们。

采用集中战略的企业往往具有规范的职能型组织架构和运作机制，以及高度集权的控制和严密的层级指挥系统，各部门和员工分工比较明确，工作技能也比较集中。因此，人力资源战略的重点是技能的先进性，通过开发现有的人力资源，使员工获得先进技能，进而提高产品质量，提高生产率或革新技术流程。此外，在薪酬体系中，更多地考虑如何保留这些技能型员工，使公司获得持续的竞争优势。

美国西南航空公司就是一家采用集中战略的公司，其目标市场是那些注重价格并经常往来的顾客群，目标顾客为上班族、短途旅行者。其成功的人力资源管理实践值得参考（见案例 3—2）。

案例 3—2

美国西南航空公司的人力资源管理[①]

一、美国西南航空公司简介

美国西南航空公司（以下简称西南航空）是美国整个航空行业多年来唯一一家持续赢利的航空公司，其股票是公认的最成功的航空股，同时也是全行业唯一一家一直赢得衡量航空公司经营质量的“三顶皇冠”（航班准时、行李丢失最少、

① 根据西南航空公司的战略分析，豆丁网．http://www.docin.com/p-658452398.html；西南航空公司战略管理案例分析，百度文库．http://wenku.baidu.com/view/2a17943310661ed9ad51f33a.html 整理而成。

顾客抱怨最少）的航空公司。

西南航空的成功主要来自它的集中战略。西南航空根据已有的市场结构进行了正确的产品定位，与美国航空业传统的战略模式不同，西南航空在经营方向上强调的是与汽车进行竞争，为旅客提供亲切友好、安全可靠和低成本的中短程服务。西南航空将目标市场确定为那些注重价格并经常往来的顾客群，把目标顾客确定为上班族、短途旅行者，将经营集中在提供短距离、低票价以及高频率的空中运输方面。

二、美国西南航空公司的运营模式

20 世纪 70 年代，主流的航空公司经营模式是航班主要在若干个航空枢纽之间飞行，去二级城市需要在航空枢纽转机，一般不能直接到达。西南航空从一开始就把自己定位于只经营设立二级城市之间的支线航班。最初主要经营得克萨斯州内的短途航线。不论如何扩展业务范围，西南航空都坚守两条标准：短航线、低价格。

1. 短航线

美国西南航空只开设中短途的点对点航线，没有长途航班，更没有国际航班。由于实施的是点对点航线网络，减少了经停点和联程点，所以减少了航班延误和整个旅行时间。飞机的过站时间减少，相当于提高了飞机利用率，该公司每架飞机平均每天在空中飞行的时间是美国航空业中在空中时间最长的。

西南航空时间短，班次密集。一般情况下，如果旅客错过了西南航空的一班飞机，完全可以在一个小时后乘坐该公司的下一班飞机。高频率的飞行班次不仅方便了那些每天都要穿行于美国各大城市的旅客，而且降低了运营成本。

2. 低价格

西南航空的价格比行业平均水平要低 25%。1987 年，西南航空在休斯敦至达拉斯航线上的单程票价为 57 美元，而其他航空公司的票价为 79 美元。20 世纪 80 年代是西南航空迅猛发展的时期，其客运量每年增长 300%，但它的每英里运营成本不足 10 美分，比美国航空业的平均水平低了近 5 美分。为了维持运营的低成本，西南航空公司采取了多方面的措施。

在机型上，该公司全部采用节省燃油的波音 737 型。这不仅节约了油钱，而且单一机型使培训大大简化，飞行员、机械师、乘务员对飞机都非常熟悉，大幅度降低了培训费用。当某条航线出现客流剧增时，只要能找到公司有空的飞行员，他就会驾驶，只要能找到其他服务人员，就能提供相应的服务，因此能有效地调换飞机，重组人员。由于机械师对飞机何时需要进行何种维修及保养非常熟悉，从而能够准确地提出飞机零部件的需求计划，大大减少零件储备，有效地降低维修费用。

在转场上，西南航空是唯一不采用集中站点的大型航空公司，它创下了世界航空界最短的航班轮转时间。同行业平均要 45 分钟才能完成乘客登机离机及机舱清理工作，西南航空只需要 15 分钟，而登机口工作人员的数量还不到其他公司的一半。

在登机卡上，一般航空公司的登机牌都是纸制的，上面标有座位号，而西南航空公司的登机牌是塑料的，可以反复使用节省费用。

在为顾客服务上，西南航空公司针对航程短的特点，只在航班上为顾客提供花生米和饮料，而不提供用餐服务。西南航空没有公务舱和经济舱的区别，不设座位预定，根据“谁先来谁先坐”的原则安排座位，乘客不用花时间对号入座，这样可以节省时间，不仅登机很快，而且下飞机等行李的时间也比其他公司短，同时，节省了预订机票和安排座位的部分费用。

三、美国西南航空公司的人力资源实践

1. 招聘合适的员工

西南航空雇用合适的员工——热情的具有幽默感的员工，真诚地为顾客服务的员工。西南航空用心招募心态正确、易于融入团体的新人，然后再提供可提升他们做好工作的技巧和经验。西南航空未来的员工由乘务员、地面站控制员、管理者，甚至由顾客组成的面试小组进行评估。西南航空让顾客参与招聘面试基于两点认识：顾客最有能力判别谁将成为优秀乘务员；顾客最有能力培养有潜力的新人成为其想要的乘务员。

2. 重视企业文化建设

西南航空建立之初曾面对行业中大公司的排斥和挤压，面对外部的不利因素，公司在员工中激发出一种“斗士精神”来应对外部的威胁和挑战。在克服最初的困难之后，这种“斗士精神”继续发扬，引导公司成功地应对战争、油价攀升、“9·11”等一系列危机和挑战。在“9·11”事件后全行业普遍亏损及至破产的背景下，西南航空的员工凭借“斗士精神”所激发出来的旺盛斗志使公司保持持续赢利的局面。

另外，“我们宁愿让公司充满爱，而不是敬畏”“不仅仅是一项工作，而是一项事业”，从这一系列口号中可以看出西南航空企业文化的特质。其员工培训强调员工应该“承担责任、做主人翁”，“畅所欲言”，在组织文化中真正引导员工形成一种主人翁意识，使其认识到公司的发展就是个人的发展，促使员工愉快地投入到工作中。

3. 营造快乐和尊重的气氛

西南航空从创立开始就一直坚持一个基本理念，那就是爱。把每个员工视为西南航空大家庭的一分子，鼓励员工释放自己，在工作中寻找乐趣，保持愉快的心情。爱的氛围使西南航空的员工乐于来到公司，而且以工作为乐。快乐不仅作用于公司内部运营，同时还扩展到公司与顾客之间。在旅途中，乘务人员用玩笑和善意的恶作剧等愉悦顾客，为旅客提供旅行以外的快乐。

快乐的工作氛围不仅使员工的服务态度更加热情，也使他们的工作效率大大提高。例如，西南航空的飞行员每月要飞行 70 小时，而其他公司的飞行员只飞 55 小时；他们的地面指挥站通常仅需要竞争对手一半的人手就足以完成全部工作；他们调度飞行的速度通常非常快，竞争对手需要 45 分钟，而他们只需要 15 分钟。

4. 尊重和认可员工

西南航空认为公司拥有的最大财富就是公司的员工和他们所创造的文化，人是管理中第一位的因素，强调“员工第一”的价值观。

与其他服务性公司不同的是，它并不认为顾客永远是对的。公司董事长赫伯·克勒赫说：“实际上，顾客也并不总是对的，他们也经常犯错。我们经常遇到毒瘾者、醉汉或可耻的家伙。这时我们不说顾客永远是对的。我们说：你永远也不要再乘坐西南航空公司的航班了，因为你竟然那样对待我们的员工。”西南航空的管理层走近员工，参与一线员工的工作，倾听员工的心声，告诉员工关于如何改进工作的建议和思想。

公司努力强调对员工个人的认同，公司里到处可以看到奖状与奖品。饰板上用签条标明英雄奖、基蒂霍克奖、精神胜利奖、总统奖。里边最独树一帜的是幽默奖，因为这张奖状是倒挂着的。西南航空将员工的名字雕刻在特别设计的波音 737 飞机上，以表彰员工为公司做出的突出贡献；将员工的突出业绩刊登在公司的杂志上；对员工进行访问。通过这些具体的做法，让员工认为公司以拥有他们为荣。

5. 设计富有吸引力的薪酬福利

（1）退休储蓄。公司每年拿出税前营业额的一部分分发给工龄超过 5 年的员工，这些钱只有到退休或离职的时候才能得到。这对于必须面对高额税收和高额医疗保险的美国人来说，是一种很有吸引力的做法。

（2）广泛持股。西南航空的股票是公认的最成功的航空股。公司提供职工优先认股权，90%的员工持有公司的股票，约占西南航空流通在外股数的10%以上。

(3) 弹性工作制。飞行部门准许乘务员根据自己的时间来调整航班的选择，也可以自己决定飞行小时和工作天数。一名乘务员可以一连数月都不参加飞行，也可以当月飞行150班。

6. 鼓励协作精神

西南航空强调组织内部以及在员工、供应商和顾客间建立一种积极的信任关系。公司里有85%的员工是工会会员，公司不仅尊重员工个人，也尊重代表他们的工会。公司在合同中规定，任何一个员工都可以担任任何岗位，从而在员工与公司之间建立了一种合作而不是对抗的劳资关系。此外公司还提出了一系列口号，诸如“了解他人的工作”，鼓励员工了解其他部门、员工的工作，建立共同工作、合作的意识。共同的合作促使公司的生产率不断提高，也提高了部门间的相互协调能力。

7. 提高员工的安全感

西南航空始终坚持The No－Lay off Policy，即不解聘任何一名员工也不让任何一名员工暂时下岗。西南航空认为裁员会打击员工的工作士气，也会伤害员工对企业的感情，瓦解企业内部的凝聚力。

“9·11”事件后，几乎所有的美国航空公司都陷入了困境，并大肆裁员，而西南航空则例外。不裁减员工提高了员工的归属感与安全感，激发了员工对公司的忠诚，许多员工义务加班，将预扣税返还留给公司，还有人义务照管公司总部前的草坪，团结起来共同面对困难。

2. 外部成长战略

外部成长战略指企业通过并购或战略联盟等方式来实现战略发展。具体途径包括兼并那些在产品市场链条上与本企业处在相同经营阶段上的企业；兼并能够为本企业供应原料或购买本企业产品的企业，比如供应商或零售商；兼并与本企业处于不同领域的企业。

国内外诸多知名企业通过并购实现了企业的快速扩张。例如，通用电气公司收购美国无线电公司，大众收购奥迪，杜邦公司收购大陆石油公司，可口可乐收购哥伦比亚电影公司，时代公司收购华纳公司，中国的联想集团收购IBM，上汽集团收购双龙，TCL集团收购汤姆逊，海尔集团收购美泰等。

通过收购、兼并措施，企业无须经过漫长的原始积累，就能实现快速成长，而且可以节约交易成本，实现资源共享并获得协同效应，提高企业的整体效率，从而获得更多的利润。但与此同时，给人力资源管理带来了新的挑战，具体内容如下：

第一，保持员工士气。研究表明，当员工们知道公司要被兼并时，很多员工，尤其是被兼并公司的员工开始变得焦虑。员工们担心他们的工作安全，并有可能发生一些道德问题：旷工率上升，工作效率降低，传播谣言来抵抗这种变化等。人力资源部门在兼并前后扮演着十分重要的角色，需要采取一系列措施以保持员工士气。

第二，不同文化的整合。不同的企业有不同的组织文化，两个甚至更多的企业合并重组成一家企业后，原有的文化差异会导致冲突的产生。人力资源部需要整合不同的文化差异，形成统一的文化和价值观，使原本不同组织中的员工能够通力合作。

第三，人员重组。很多企业在兼并后，都会出现人员过多的情况，因此要进行一些必要的裁员。此时，人力资源部需要拟订公平的遣散计划、失业补助计划等，或者对所裁员工进行再就业培训。

第四，统一人力资源管理模式。不同的企业有不同的人力资源管理模式，比如不同的考核方法，不同的报酬体系，不同的福利政策等，人力资源部需要在两家公司原有基础上进行整合，形成统一化的人力资源管理模式。

知识链接 3—1

人力资源部门在兼并中的行动纲要①

- 坚持员工的及早参与，这样可以预防一些问题的产生。
- 文件准备，提前做好全面的记录。
- 学习另一个组织的文化，认真考虑文化的差异。
- 计划执行过程中，采用“计划、宣布、实施”的模式。
- 通知那些将要离开企业的员工，让他们做好相应的准备。
- 消除兼并组织中“我们/他们”的态度。
- 注意员工的思想变化，花些时间与他们谈心。
- 加强组织内的沟通，通过正式的或非正式的沟通方式，增强信任感，减少

① 佚名．外部成长型战略下的人力资源管理．职业经理人周刊，2013（7）．http://www.execunet.cn/newsinfo.asp? id=108601

谣言。

3. 内部成长战略

内部成长战略是指企业通过自有资金的积累，自己从事产品和市场开发而获得发展的战略。内部成长战略的优点是企业的核心专长由自己掌握，与企业文化基本一致，企业人员易于管理，其缺点是存在资源获取瓶颈，成长速度较慢。具体的战略决策包括拓展全球市场，通过合伙发展壮大，建成新厂、添置新生产设备，调整现有产品，开发新的或不同的产品，增加分销渠道等，这对人力资源管理活动提出了新的要求，见表 3—1。

表 3—1　　企业战略决策与人力资源管理

企业战略决策	对人力资源管理活动的要求
拓展全球市场	•跨文化管理 •选拔和培训海外工作人员 •调整奖惩制度以适应海外形势
通过合伙发展壮大	•选拔培养具有较高谈判能力的员工 •文化的整合 •不同组织间的冲突处理
建成新厂	•部分员工调往新厂 •招聘和培训新员工
添置新生产设备	•培训员工使其掌握新技能 •淘汰、安置技能过时的员工
调整现有产品 开发新的或不同的产品 增加分销渠道	•创新型人员的选拔 •员工创新能力的培养 •创新型文化建设

内部成长战略下人力资源管理的核心是强调创新性和弹性，形成创造性氛围。在招聘选拔上，甄选那些具有革新精神、敢于开拓变革的员工；在培训和绩效评价上，采用团队导向的方法；在薪酬上，实行外部具有竞争力、内部体现差异的薪酬体系。

4. 收缩投资战略

收缩投资战略也称撤退战略，是指企业因经营状况恶化而采取的缩小生产规模或取消某些业务的战略。收缩投资战略分为 3 种类型：扭转战略、剥离战略、清算战略。扭转战略，是指企业采取缩小产销规模、削减成本费用、重组等方式来扭转销售和赢利下降趋势的战略；剥离战略，是指企业出售或停止经营下属经营单位（如部分企业或子企业）战略；清算战略，是指将企业的全部资产出售，从而停止经营的战略。

收缩投资战略通常被那些由于面临严重的经济困难因而想要缩减一部分经营业务的企业所采用。一般而言，企业实施收缩战略只是短期的过渡，其根本目的不是停止发展，而是为今后发展积蓄力量，使企业渡过困境后转向其他领域的战略选择。有时，只有采取收缩和撤退的措施，才能抵御竞争对手的进攻，避开环境的威胁和迅速实现自身资源的最优配置。可以说，收缩投资战略是一种以退为进的战略。① 在收缩投资战略下，应采取以下人力资源管理措施②：

（1）谨慎裁员。当采取收缩投资战略时，一些企业往往通过裁员来降低人力管理费用、福利费和营运成本等。实际上，裁员对留任员工会产生严重的负面影响，并不是最优选择。因为裁员所带来的不安全感对其工作积极性是极大的打击，他们会采取观望、等待或寻找其他出路等消极措施，这样便很难保证组织的良好业绩，因此企业裁员应慎行。此时，可以根据业务战略的调整对现有的人力资源进行结构性调整，或者通过优化薪酬结构，控制计划外福利开支等措施来控制人力成本，避免大幅裁员给企业带来震荡。

（2）强化培训。在经济不景气、投资收缩的情况下，员工的空余时间较多，企业可以借此时机给员工充电培训，比如时间管理、压力管理、领导能力、沟通能力等培训，或者进行一些技能培训，提升员工的管理能力或业务技能，进而提高组织利润。另外，对于那些确实要被淘汰的员工，企业需要加强工作搜寻技巧培训，以帮助失业员工重新求职。

（3）加强沟通。与收缩投资相关联的订单减少、利润下降、裁员增加等问题，对组织凝聚力带来巨大冲击，此时人力资源相关工作人员，应加强与员工的沟通与交流，让员工理解企业所采取的紧缩策略与政策，消除内心的恐惧和不安，稳定员工情绪，鼓舞员工士气。

（三）实施战略性培训

1. 战略性培训策略

培训应以战略为出发点，为满足战略需要而培养相关人力资源。战略性培训

---

① 紧缩型战略，MBA 智库. http://wiki.mbalib.com/wiki/%E7%B4%A7%E7%BC%A9%E5%9E%8B%E6%88%98%E7%95%A5.

② 吴春波. 人力资源紧缩战略四要素. http://www.cnpension.net/index_lm/2009-03-28/850774.html.

及其在培训实践活动中的应用见表3—2①。

表3—2　　战略性培训策略及其启示

战略性培训策略	启示
使学习投资多样化	• 运用互联网等新技术来实施培训 • 利用非正式渠道学习 • 提供更个性化的学习机会
扩大培训对象的范围	• 向非管理层的员工提供更多的学习机会 • 培训员工、供应商和客户
加快员工学习的步伐	• 快速确定培训需求并提供高质量的学习解决方案 • 减少培训项目开发的时间 • 在培训需求的基础上充分利用学习资源
改善客户服务	• 确保员工具备公司产品和服务方面的知识 • 确保员工具备与客户打交道的相关技能 • 确保员工能够明确他们的角色定位和制定决策的权限
为员工提供发展机会并与之交流	• 确保员工有发展的机会 • 确保员工了解自己的职业生涯机会和个人成长机会 • 确保企业培训满足员工目前工作的需求以及今后的成长
获取和共享知识	• 从博学的员工那里获取洞察力和信息 • 有逻辑地组织和存储信息 • 提供信息获取途径（例如资源导向、网站）
根据企业的战略导向调整培训	• 确定所需的知识、技能、能力和素质 • 确保目前的培训项目符合企业的战略发展需要
确保工作环境支持学习以及培训成果的转化	• 确保员工了解学习的重要性 • 消除学习的障碍，例如学习时间、资源和设备的缺乏 • 提供物理空间来鼓励团队协作、创新以及知识的共享 • 确保管理者和同事对培训、开发和学习的支持

（1）使学习投资多样化。指企业提供更多的学习机会而不仅仅是传统意义上的培训项目。比如，利用互联网等新技术来实施培训，利用非正式渠道学习，提供更个性化的学习机会。

（2）扩大培训对象的范围。指除了培训管理层，还应给普通员工更多的学习机会。此外，不仅培训本企业员工，而且培训供应商，以确保其所提供的原材料

① ［美］雷蒙德·A. 诺伊. 雇员培训与开发（第三版）［M］. 徐芳译. 北京：中国人民大学出版社，2007：43—44.

能够达到客户要求的质量标准，同时培训客户，向他们提供产品和服务的信息，教会他们如何使用本企业的产品和服务。

（3）加快员工学习的步伐。指企业必须建立有效的培训系统，来应对技术、顾客需求和全球市场的快速变化。为此，必须快速确定培训需求并提供高质量的学习解决方案，减少培训项目开发的时间，在培训需求的基础上充分利用学习资源。

（4）改善客户服务。指员工应具备公司产品和服务方面的知识，具备与客户打交道的相关技能，能够明确他们的角色定位和制定决策的权限，从而为顾客提供优质的服务。

（5）为员工提供发展机会并与之交流。目的是让员工相信自己有发展机会，了解自己的职业生涯机会和个人成长机会，使企业发展与员工个人发展相契合，使企业培训能够满足员工目前的工作以及今后的发展需要。

（6）获取和共享知识。通过从博学的员工那里获取洞察力和信息，有逻辑地组织和存储信息，提供信息获取途径（例如资源导向、网站）等方式，在组织中共享知识，减少培训成本，同时提高对客户需求的反应速度，提升产品和服务质量。

（7）根据企业的战略导向调整培训。根据企业的战略，确定所需的知识、技能、能力和素质，找出员工的差距，据此制定针对性的培训项目，从而保证培训符合企业的发展战略需要。

（8）确保工作环境支持学习以及培训成果的转化。确保员工了解学习的重要性，消除学习的障碍，提供物理空间来鼓励团队协作、创新以及知识的共享，确保管理者和同事对培训、开发和学习的支持，对知识共享和成果转化具有重要价值。

2.4 种战略性培训比较

与 4 种企业战略相对应，战略性培训的重点也有所不同（见表 3—3）。

表 3—3　　不同战略的培训比较①

战略	达成途径	关键事项	培训重点
集中战略	•提高产品质量 •提高生产率或革新技术流程 •定制产品或服务 •技术交流	•技能的先进性 •现有劳动力队伍的开发	•团队建设 •人际交往培训 •技能培训 •交叉培训

① ［美］雷蒙德•A. 诺伊. 雇员培训与开发（第三版）［M］. 徐芳译. 北京：中国人民大学出版社，2007：54－56.

续表

战略	达成途径	关键事项	培训重点
外部成长战略	•兼并那些处于产品市场链条上与本企业处在相同经营阶段上的企业 •兼并能够为本企业供应原料或购买本企业产品的企业（供应商或零售商） •兼并与本企业处于不同领域的企业	•整合 •重组 •冗余和裁员	•团队建设 •使合并后企业的管理体制一体化 •整合培训系统 •判断被兼并企业中的员工能力 •再就业培训
内部成长战略	•拓展全球市场 •通过合伙发展壮大 •建成新厂 •添置新生产设备 •调整现有产品 •开发新的或不同的产品 •增加分销渠道	•革新 •创造新的工作任务	•培训重视创造性思维和分析能力的组织文化 •工作中的技术能力 •支持产品价值的高质量的沟通 •反馈与沟通方面的培训 •冲突调解和谈判技巧
紧缩投资战略	•扭转 •剥离 •清算	•效率	•时间管理 •压力管理 •人际沟通培训 •领导技能培训 •重新求职培训

（1）集中战略

集中战略的关键是技能先进性和现有劳动力的开发。需要通过团队培训、人际交往培训、技能培训以及跨职能的交叉培训等，使员工掌握先进技能，在某一窄的细分市场中为客户提供个性化、专一化、高品质的产品或服务。案例 3—3 中肯德基的专业化培训值得借鉴。

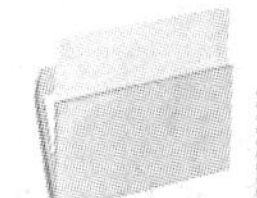

案例 3—3

肯德基的专业化培训

• 前台员工在顾客进店 5 秒招呼顾客。
• 每位顾客要在 60 秒内拿到餐点。

- 顾客较多时要从第三位开始点餐。
- 排队的顾客要在5分钟之内拿到餐点。
- 前台配餐的顺序为：汤/饮料—主餐—配餐—甜点。
- 原味鸡配比原则：骨肉配、黑白配、先骨后肉。
- 小船盒最多放6根鸡翅。
- 小船盒最多放3块鸡。
- 1～2个蛋挞应放在小船盒中。
- 5个蛋挞应放在大船盒中。
- 在配给餐巾纸时，大杯饮料为3个单位，鸡肉卷为2个单位，早餐粥为2个单位。
- 收银员在招呼顾客后应首先询问：堂食或外带。
- 收银七部曲是：欢迎顾客、点餐、建议销售、确认点餐内容、包装产品、找零并确认点餐内容、呈递餐饮并感谢顾客。
- 清洁三步法：洗涤、冲洗、消毒。
- 消毒水的配比方法：19升温水加入28.4克消毒粉，再加入19升冷水。

（2）外部成长战略

外部成长战略下，兼并前不同的企业有不同的企业文化、管理体制，为避免因差异引发的各类矛盾和冲突，需要进行团队建设，对原有的管理模式进行整合并形成统一化的管理体制。此外，兼并重组会导致人员冗余和裁员，需要通过培训判别被兼并企业的人员能力，对所裁员工进行再就业培训。

（3）内部成长战略

内部成长战略的关键是革新，员工随着产品和服务的更新不断地更新知识或技能，使企业保持持续的竞争优势。在培训中，要灌输有利于创造性思维和分析能力的组织文化。对技术人员而言，培训侧重工作中的技术能力以及支持产品价值的高质量的沟通；对管理人员而言，重点培训反馈与沟通能力以及冲突调解和谈判技巧。

（4）收缩投资战略

收缩投资战略的关键是效率，使企业快速应对困境。这就需要对普通员工进行时间管理、压力管理、人际沟通等能力培训；对管理者进行领导技能培训，对冗余人员进行重新求职培训。

三、战略培训对培训工作者的要求

（一）培训部门的职责

培训部门是培训工作开展的关键主体，直接决定培训的效果。具体而言，培训部门的主要职责如下[①]：

（1）信息收集

- 企业当前有关培训的信息；
- 企业的文化、战略、目标和发展；
- 培训对象的信息；
- 相关录用、奖惩、工资等信息。

（2）确立目标

- 确定培训的整体目标；
- 细化本次培训的具体目标；
- 选定培训的对象；
- 提出培训的建议；
- 确定培训的进度；
- 确定培训的评价标准。

（3）制定策略

- 确定培训者；
- 培训预算；
- 选择何种方法与方式；
- 采用何种培训技术；
- 需要哪些培训设施。

（4）建立培训组织

培训部门需要明确界定培训中相关人员的职责职能、职权关系、人员配备，以及实施培训的流程及相关政策，从而使培训工作有章可循。建立培训组织时要回答：

- 谁干什么（专门化）；
- 谁向谁汇报（职权关系）；
- 人员如何配备；

① 肖胜萍. 企业员工再培训手册［M］. 北京：中国纺织出版社，2003：233.

• 如何干（正式条例、政策和纪律）。

（5）培训效果评估

• 确立评估的标准；

• 测定实际情况；

• 将实际情况与标准相比较；

• 反馈评估结果。

为保证培训工作有效开展，除培训部门外，高层领导、各部门领导以及员工本人都应肩负起相应的职责，具体内容见表3—4[①]。

表3—4　与培训相关的各方职责

主体	职责
高层领导	• 提供培训的总体政策与程序，以确保培训工作的有效推行 • 提供行政上的监控 • 提供权力上的保障，以确保培训管理的权威性 • 提倡和建立适合培训的企业文化 • 对培训的理解和支持
各部门领导	• 确保培训工作顺利进行 • 鼓励所属员工自我开发 • 安排时间和机会让员工去实践自我发展 • 实施现场培训 • 对所属人员进行培训需求评估，并拟订培训和职业开发计划 • 支持培训政策、培训程序和资源（时间、权利）等
员工	• 对个人的成长与发展负完全责任 • 自我评估个人的优缺点、兴趣、技能和工作价值观 • 寻找多种方案并评估其可能性 • 发展具体与实际的行动计划 • 执行计划以达成个人的成长与发展目标

① ［美］雷蒙德·A. 诺伊. 雇员培训与开发（第三版）［M］. 徐芳译. 北京：中国人民大学出版社，2007：7；刘新军. 企业培训实务［M］. 沈阳：沈阳出版社，2004：32.

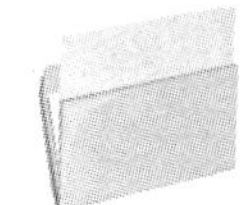

案例3—4

TCL集团公司培训各相关方职责[①]

TCL集团股份有限公司创办于1981年，是一家从事家电、信息、通信、电工产品研发、生产及销售，集技、工、贸为一体的特大型国有控股企业。经过30余年的发展，TCL集团现已形成了以王牌彩电为代表的家电、通信、信息、电工4大产品系列，并开始实施以王牌彩电为龙头的音视频产品和以手机为代表的移动通信终端产品的发展来拉动企业增长的战略。TCL集团高度重视优秀人才储备，通过持续有效的员工培养计划不断提升员工专业素养，增强员工对企业核心价值的认同感，并鼓励他们为公司贡献更多的个人价值。在培训中，TCL集团明确界定培训各相关方的职责，各尽其职，各负其责，从而保障了培训工作的有效开展。各方职责具体如下：

1. 人力资源总监

• 制定培训战略，引导培训发展方向。

• 制定或批准培训政策。

• 审订、批准培训计划和培训预算。

• 推进组织变革和企业文化。

• 督导、检查培训计划的实际执行与预期目标达成。

2. 人力资源培训中心

• 根据TCL公司战略，制定培训基本政策，审计并持续改进培训制度。

• TCL公司培训资源（包括课程体系、培训师队伍、培训经费）的建设与管理。

• TCL集团公司培训业务运作的管理。

• 帮助和指导各部门及各事业本部的培训负责人开展培训方面的工作。

3. 各级经理/主管

• 组织和推动本部、处培训工作的开展。

• 明确本部、处培训组织管理与责任体系。

• 本部/处培训需求分析确定和计划的审批。

---

① 兰青红．TCL集团人力资源战略培训体系的研究与再设计［D］．清华大学硕士学位论文，2006：26．

• 本部/处费用的审批。

• 鼓励员工在工作中运用培训所学的知识技能。

• 考核、评估员工的培训效果。

• 在工作中担任员工的教练，提高下属的技能，改进下属的工作态度。

• 负责进行员工职业生涯规划，并为规划的实现提供条件。

4. 各部门培训负责人

各部门设立专/兼职教育培训管理人员，负责依据 TCL 公司教育培训规划拟订与实施本部门培训工作计划，并进行有效的评估与改进。具体职责如下：

• 组织本部门/处的培训需求调查，拟订相应的培训计划。

• 组织本部门/处员工内部培训的实施、评估与改进。

• 组织本部门/处培训资料的整理、归档。

• 本部/处内部课程开发和内部培训师的发展。

• 保持与本部/处和人力资源部的有效沟通。

5. 培训师

• 根据员工的培训需求进行课程的设计与开发。

• 以灵活多样的方式实施培训。

• 培训的考核、跟踪与评估。

6. 员工

• 积极提供个人培训需求。

• 不断发展自身能力，以满足工作要求。

• 合理规划个人职业生涯，与企业同步发展。

• 积极参加培训，争当内部培训师和技能指导。

• 运用所学内容，持续改进工作。

（二）培训工作者的角色

1. 美国培训与开发协会的界定

美国培训与开发协会曾对人力资源开发专业人员进行过专项研究，认为培训相关工作者主要扮演 5 种角色，胜任这些角色所需具备的能力见表 3—5。

表 3—5 人力资源开发专业人员的角色与能力要求①

角色	能力要求
分析/评估角色 • 研究者 • 需求分析家 • 评估者	• 了解行业知识 • 应用计算机能力 • 数据分析能力 • 研究能力
开发角色 • 项目设计者 • 培训教材开发者 • 评价者	• 了解成人教育的特点 • 具有信息反馈、协作、应用电子系统和设定目标的能力
战略角色 • 管理者 • 市场营销人员 • 变革顾问 • 职业咨询师	• 精通职业生涯设计与开发理论、培训与开发理论 • 具有一定的经营理念、管理能力 • 计算机应用能力
指导教师/辅助者角色	• 了解成人教育原则 • 具有一定的讲授、指导、反馈、应用电子设备和组织团队的能力
行政管理者角色	• 选择和确定所需设备的能力 • 进行成本—收益分析的能力 • 项目管理能力 • 档案管理能力

2. 英国培训专家罗杰・贝内特的理论

英国培训专家罗杰・贝内特认为人力资源开发人员承担 5 种角色②：

（1）培训者

培训是培训者角色最为直接和现实的职能，包括课堂教学、培训执行情况监督和其他影响学习过程的所有活动，还包括为受训者提供其所需要的学习内容、条件、信息、进行反馈和提供其他帮助。因此，培训者必须是一名学习专家，精通学习理论，善于运用各种激励手段和监督措施，选择和使用具体的学习方法，保证受训者完成个人学习计划。

---

① ［美］雷蒙德・A. 诺伊著，徐芳译. 雇员培训与开发［M］. 北京：中国人民大学出版社，2001：14.

② 王淑珍、王铜安. 现代人力资源培训与开发［M］. 北京：清华大学出版社，2010：22；［英］彼得・哈尼、罗杰・贝内特. 培训！培训！推动员工持续进步［M］. 王庆海，译. 北京：中国劳动社会保障出版社，2004：69.

（2）设计者

设计者角色的活动集中在设计、维持和实施培训计划上。培训工作者需要综合考虑组织、部门和员工的需要，分析培训需求，规划培训目标，设计培训课程，选择合适的培训方法，检验培训效果，并帮助培训师实施培训。

（3）顾问

顾问角色表现为培训工作者必须是培训方面的权威，能够诊断企业发展中涉及的培训问题，并寻找解决问题的途径；与培训者和设计者，共同设计培训计划；提出培训建议，确保培训成果得以转化和应用，从而当好管理参谋。

（4）创新者

创新者角色在于对市场和外部环境有高度的敏感性，能够预见企业未来的发展趋势，提出应对之策，帮助员工开发新思想、新理念、新方法，使企业不断创新从而有效应对市场和外部变化。

（5）管理者

管理者角色在于计划、组织和控制培训进程，保证培训目标的实现。管理者必须与高层管理者及其他部门建立广泛而密切的联系，保证最有效的培训活动得以开展；建立畅通的信息沟通渠道，获取和发展培训资源；组建和完善培训队伍，明确各方职责；监督和控制培训活动，提高培训的效果。在一些小规模组织中，设计者可能涵盖管理者的部分职责。

图3—3显示培训者和设计者处于“维持”既定绩效的层面，而创新者和顾问处于“变化”层面，管理者则居于两个层面的交界处，并在一定程度上整合了上述四个角色的相关行为。可以看出，尽管培训者的五种角色各有侧重，但彼此间相互联系，没有明确的界限。管理者角色源于自身的特质，与其他角色建立起紧密的内在联系；培训者和设计者主要集中于保持既定的绩效；而“顾问”和“创新者”则注重变化和解决问题[①]。

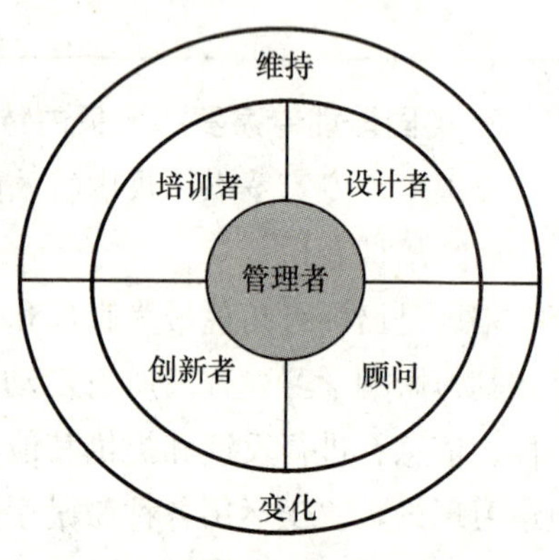

图3—3　培训者的5种角色

除了以上5大角色以外，罗杰·贝内特认为人力资源开发人员还担负着如下

① ［英］彼得·哈尼，罗杰·贝内特．培训！培训！推动员工持续进步［M］．王庆海译．北京：中国劳动社会保障出版社，2004：70．

角色[①]，这些角色可以作为自我评价的依据：

- 培训政策的制定者；
- 培训需求的分析者；
- 培训创造性思想的缔造者；
- 培训目标的制定者；
- 研究者和培训课程的设计者；
- 培训内容的设计者和开发者；
- 培训管理者和组织者；
- 培训市场推广者；
- 培训负责人；
- 组织发展的代理人、教练、导师；
- 培训顾问、建设者；
- 学以致用的代理人；
- 培训资源的管理者；
- 建立联系的负责人；
- 培训效果评估人。

专栏 3—2

培训者角色的检查[②]

说明：测评内容包括“现在做的”和“应该做的”两个栏目。对每一个条目，都给出 0～10 分的打分范围，10 分意味着你完全做到（或完全应该做到）条目中所涉及的内容，而 0 分则相反。0～10 分的分值意味着在这两种极端情况间的实现程度。例如，在“课堂教学”栏目下，你可能在“现在做的”栏目下给出 3 分，而在“应该做的”栏目下给出 8 分。这意味着你认为在发挥个人作用中，未来更应增加“课堂教学”的运用。

---

① ［英］彼得·哈尼，罗杰·贝内特．培训！培训！推动员工持续进步［M］．王庆海译．北京：中国劳动社会保障出版社，2004：84．

② ［英］彼得·哈尼，罗杰·贝内特．培训！培训！推动员工持续进步［M］．王庆海译．北京：中国劳动社会保障出版社，2004：71－73．

		现在做的　应该做的　总得分
A 课堂教学	小团体学习	
	角色扮演或者其他激励手段	
	监督个人计划的实施情况	
	适应性课程/培训设计	
	培训研究/培训主题	
	选择和使用具体的学习方法	
A组得分合计		
B 设计培训计划	培训需求确认	
	设置课程/计划目标	
	选择合适的实施方法	
	确认培训的参与人	
	导向性测验/计划	
	评估课程/计划	
B组得分合计		
C 帮助分析企业问题	评估解决方法	
	认定培训的作用	
	建立起与管理者的联系	
	就培训问题向管理者提出建议	
	帮助建立适合的培训	
	完善培训	
C组得分合计		
D 认定企业优先权的改变	帮助管理者应付变化	
	就“如何应付变化”向培训者提出建议	
	同管理者一道解决问题	
	帮助管理者培训手下的员工	
	对员工发展提出新思想、新方式	
D组得分合计		
E 设置培训目标和优先权	建立培训计划	
	获得培训资源	
	发展培训资源	
	与其他部门建立联系	
	监督培训标准	
	控制预算和活动	
E组得分合计		

累计各组（如课堂教学）的“现在做的”和“应该做的”栏目下的分值，最终得出“总得分”。而后：

1. 在“现在做的”栏目下，把各组相应的总得分进行排序；

2. 在“应该做的”栏目下，重复“1”的内容；

3. 将上述的结果与各组对应着写在另一张纸上。其中：A代表培训者；B代表设计者；C代表顾问；D代表创新者；E代表管理者。

深度阅读

1. ［英］彼得·哈尼，罗杰·贝内特著，王庆海译. 培训！培训！推动员工持续进步［M］. 北京：中国劳动社会保障出版社，2004.

该书由哈尼博士主编，他是位杰出的心理学家，同时也是一位管理咨询顾问。哈尼将理论和实践相结合，阐述培训与发展的益处，培训所面临的挑战，界定了培训的标准，提出培训需求相关内容，深入分析培训者的角色，提出发展培训者的建议，设计了实用性的问卷来测评培训者角色和学习风格。最后提出交流技巧训练、人际关系技巧培训等培训技术，具有较强的实用价值。

2. 宋培林. 企业员工战略性培训与开发——基于胜任力提升的视角［M］. 厦门：厦门大学出版社，2011.

该书借鉴已有的研究观点和结论，基于胜任力提升的视角，构建了企业员工战略性培训与开发的研究模型，然后根据这个模型，对企业高层管理者、中层管理者、知识型员工、企业内部团队和企业接班人的战略性培训与开发问题进行了专题讨论。

3. 张正堂. 战略人力资源管理研究［M］. 北京：商务印书馆，2012.

该书对人力资源管理的两个重要特性——战略匹配和战略柔性进行了理论探讨，并从人力资源管理实践、人力资源管理系统的角度，采用调查研究的方法，实证分析了人力资源管理对企业绩效的影响机理；聚焦于具体的薪酬政策，基于上市公司的数据，实证研究企业内部薪酬差距的设计对组织绩效的滞后影响；在个体层次上对欠发达地区知识员工异地离职的动因进行了实证研究；针对国内外研究者对高绩效人力资源实践内容的不一致看法，对异地复制式快速成长企业的高绩效人力资源实践展开质性研究；最后，对企业并购后人力资源整合策略进行实务性的案例研究。

延伸思考

1. 什么是企业战略？培训与企业战略的关系是什么？
2. 在制定企业战略时，要考虑哪些环境因素？
3. 什么是 SWOT 分析技术？
4. 战略性培训有哪些类型？
5. 在内部成长战略和外部成长战略下，企业培训的重点有何差异？
6. 培训部门的主要职责是什么？
7. 培训工作者担任何种角色？

第四章　培训什么：需求分析

引导案例：西门子员工多级培训体系

西门子公司是德国的一家著名电子产品公司，其业务遍布世界五大洲190多个国家，涉及能源、通信、工业、交通、信息、医疗、电子元器件、工业自动化、家用电器等领域，成为当今全球电子电器行业中最大的综合型跨国公司之一。

西门子公司能发展成为世界电气界的一颗璀璨明星，与其对人才的重视有很大关系。西门子公司认为，市场竞争日趋激烈，在革新、颇具灵活性和长期性的商务活动中，知识和技术必须不断更新、换代，才能跟上商业环境以及新兴技术的发展步伐，所以西门子特别重视对人才的培训。公司每年将占利润1/5左右的经费用于员工培训，创造了独具特色的培训体系。

西门子完善的培训体系得益于其科学、准确的需求分析。在西门子，培训工作首先要考虑组织的需求，即要从企业的发展战略与目标出发来拟订培训计划。为适应技术进步和管理方式的变化，培训课程内容每年都有20%以上的调整，大部分培训项目都是根据公司当前生产、经营和应用技术的需要设置的，其中很大一部分是在工作岗位上完成的。西门子希望员工通过培训与学习，最终达到能够帮助企业解决实际问题，以及提高为企业服务能力的目的。

其次，西门子的培训计划还充分考虑员工的个人发展需求。公司的人力资源管理部门通过“与员工的谈话”来了解员工的愿望，结合公司需要，经过客观分析，认真确定每个员工未来发展领域和方向，并会同员工一起拟订切实可行的培训计划，认真组织实施。培训工作与员工个人发展计划结合起来，能够使员工意识到培训与自己的未来发展息息相关，从而大大提高培训的效果，实现公司和员工的共同发展。

通过培训需求分析，西门子公司将培训内容与培训对象对应起来，因材施教。公司曾经组织过的专项培训需求调查显示：在各种培训需求中，工作技能、销售、商务及对企业中高级管理层的培训是重中之重。正是基于这样充分的培训需求调查分析，西门子形成了有针对性的培训计划，其中管理教程培训尤以独特和有效而闻名。

西门子员工管理教程分5个级别，各级培训分别以前一级别培训为基础，从第五级别到第一级别所获技能依次提高，其具体培训内容大致如下：

第五级别：管理理论教程

培训对象：具有管理潜能的员工。

培训目的：提高参与者的自我管理能力和团队建设能力。

培训内容：西门子企业文化、自我管理能力、个人发展计划、项目管理、了解及满足客户需求的团队协调技能。

培训日程：与工作同步的一年培训；分别是为期3天的两次研讨会和一次开课讨论会。

第四级别：基础管理教程

培训对象：具有较高潜力的初级管理人员。

培训目的：让参与者准备好进行初级管理工作。

培训内容：综合项目的完成、质量及生产效率管理、财务管理、流程管理、组织建设及团队行为、有效的交流和网络化。

培训日程：与工作同步的一年培训、为期5天的研讨会两次和为期两天的开课讨论会一次。

第三级别：高级管理教程

培训对象：负责核心流程或多项职能的管理人。

培训目的：开发参与者的企业家潜能。

培训内容：公司管理方法、业务拓展及市场发展策略、技术革新管理、西门子全球机构、多元文化间的交流、改革管理、企业家行为及责任感。

培训日程：一年半与工作同步的培训、为期5天的研讨会两次。

第二级别：总体管理教程

培训对象必须具备下列条件之一：

• 管理业务或项目并对其业绩全权负责者；

• 负责全球性、地区性的服务者；

• 至少负责两个职能部门者；

•在某些产品、服务方面是全球性、地区性业务的管理人员。

培训目的：塑造领导能力。

培训内容：企业价值、前景与公司业绩之间的相互关系，高级战略管理技术，知识管理，识别全球趋势，调整公司业务，管理全球性合作。

培训日程：与工作同步的培训两年、为期6天的研讨会两次。

第一级别：西门子执行教程

培训对象：已经或者有可能担任重要职位的管理人员。

培训目的：提高领导能力。

培训内容：培训内容根据管理学知识和西门子公司业务的需要而制定，随着二者的发展变化，培训内容需要不断更新。

培训日程：根据需要灵活掌握。

西门子公司由于有效运用了培训需求分析，从而拟订了具有实用性和针对性的培训计划，设置了完备的培训课程体系，并取得了预期的培训效果。公司参与培训的人员从这些课程中学习了管理知识，赢得了参加管理实践的机会，提高了管理自己和他人的能力，从而增强了企业和员工的竞争力，达到了开发员工管理潜能、培养公司管理人才的目的。

一、培训需求分析概述

（一）什么是培训需求分析

1. 国内外学者的定义

斯蒂芬（1994）认为，培训需求分析是寻找理想的绩效标准与实际绩效表现之间的差距，据此制定培训方案的过程。

切斯特等（2002）认为，培训需求分析是指根据绩效标准，寻找和发现组织中谁需要学习，以及需要学习什么，并排列出培训需求的优先顺序。

戴维•哈里斯等（2002）则指出，培训需求分析是确认一个组织人力资源开发需求的过程，通过培训需求分析能够明确：组织的目标及达到这些目标的效率；员工实际具备的技能和当前所要求的高绩效员工所需具备的技能之间的差距；现有技能和未来能够使工作获得更好绩效所需的技能之间的差距；人力资源培训与开发活动的条件等。

国内学者徐芳认为，培训需求分析是通过收集组织及成员现有绩效的有关信息，确定现有绩效水平与应有绩效水平的差距，从而进一步找出组织及其成员在知识、技术和能力方面的差距，为培训活动提供依据[①]。

2. **培训需求分析的特点**

从需求分析的主体看，具有多样性。培训需求分析的主体既包括培训部门的分析，也包括工作人员、主管人员等的分析。

从需求分析的客体看，具有多层次性。培训需求分析的客体包括个体现有状况与应有状况的差距、组织现在状况与应有状况之间的差距以及组织与个体的未来状况。

从需求分析的核心看，要确定是否需要培训、培训的时间、培训的对象与内容。

从需求分析的结果看，是为确定培训目标、设计培训方案以及进行培训评估奠定基础。

简言之，培训需求分析就是运用各种科学技术和方法收集员工的现有知识、技能、绩效等与理想标准之间的差距，从而确定培训的必要性和培训内容的过程。

（二）为什么要分析培训需求

1. **确认实际与理想之间的差距**

确认差距主要包括两个方面：一是绩效差距，即组织及其成员绩效的实际水平与绩效应有水平之间的差距，这主要是通过绩效评估的方式来完成；二是完成一定绩效的知识、技能和能力的差距。它的确认一般包含 3 个环节：首先，分析理想的知识、技能、能力的标准或模型是什么；其次，对员工实际掌握的知识、技能、能力进行分析；最后，对理想的或所需要的知识、技能、能力与员工现有的知识、技能、能力之间的差距进行分析。

2. **提出解决问题的可行方案**

事实上，组织或其员工绩效不佳的原因很可能是多方面的，并非所有问题都可以通过培训的方式来解决。培训需求分析就是依据一定的原则对所出现的问题进行评价、筛选，找出那些最适合通过培训来解决的问题以及最佳的培训方式，并列入培训需求清单，其他问题则通过别的方案来解决。

3. **适应组织变革**

如今，任何组织都处在一个动态的环境之中，这也迫使企业不断地创新与变革。因此，培训部门不能仅仅考虑现在的需要，而必须有一定的前瞻性，即必须

---

① 徐芳. 培训与开发理论及技术［M］. 上海：复旦大学出版社，2005：86.

考虑组织未来的需要并为之做准备，尽管这些需要同现在的需要可能完全不同。这就要求培训部门在制定合适的培训规划以前迅速地把握住这种变革与需求，对培训进行多角度的分析和透视，以适应组织变革。

4. 衡量培训的成本与价值

有效的培训需求分析可以使管理人员把成本因素引入培训中，即考虑不进行培训的损失与进行培训的成本之差是多少。如果不进行培训的损失大于进行培训的成本，那么培训就是必需的、可行的；反之，如果不培训的损失小于培训的成本，则说明目前还不需要培训或不具备培训的条件。

5. 争取组织对培训活动的支持

组织支持贯穿于培训过程的始终，如果没有组织支持，任何培训活动都不可能顺利进行，更不可能获得成功。培训需求分析可以使有关人员认识到组织存在的问题，发现组织成员知识、技术和能力的差距，了解培训的成本和价值，从而为获得组织支持创造条件。

（三）如何确定员工的培训需求

1. 确定岗位的知识和技能要求

在组织中，由于不同岗位所从事的具体工作不同，其对知识和技能的要求自然也会存在一定的差异。了解岗位的知识和技能要求，可以从分析该岗位的职责和任职资格入手，但前提是企业之前的工作分析足够细致，所形成的岗位说明书与岗位要求相匹配，否则，将会造成信息失真。

为了核实岗位的知识和技能要求，培训需求的调查人员要与该岗位的直接上级进行充分的沟通，同时要求岗位的直接经理列出他所认为最重要的岗位知识和技能，这些岗位知识和技能应该是与本岗位工作有直接关系的，而不应该是一些泛泛的内容。另外，还可以从相关的工作人员那里了解从事该岗位工作所需的相关知识和技能。

2. 划分员工所属的工作区域

明确各岗位对知识和技能的要求之后，就要以此为参照找到现有员工的差距。培训的一个重要目的就是让不符合岗位知识和技能要求的员工通过培训后符合要求。但是，并不是员工接受培训以后就一定有所收获，因为这和员工的主观意愿有很大关系。如果他根本就没有接受培训的兴趣和欲望，或者不愿意进一步提升自己，那么培训对他是没有意义的。

为了使培训有的放矢，真正对员工有所帮助，对员工进行区分是有必要的。

根据员工工作态度和岗位工作技能这两项要求，可以把员工划分在4个区域内（见图4—1）。

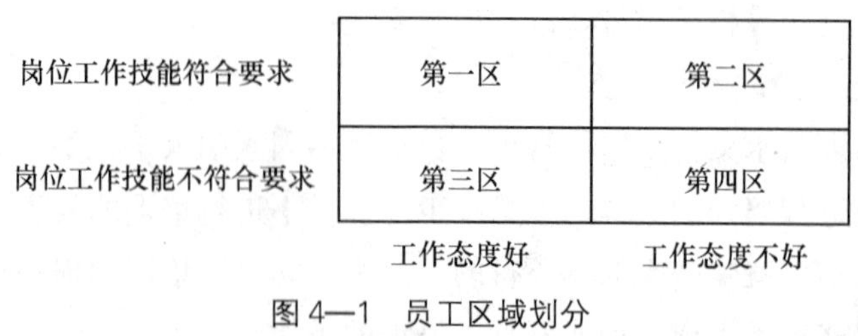

图4—1　员工区域划分

第一区：工作态度好，岗位工作技能符合要求；第二区：工作态度不好，岗位工作技能符合要求；第三区：工作态度好，岗位工作技能不符合要求；第四区：工作态度不好，岗位工作技能不符合要求。

3. 确定培训内容

对于第一区的员工，他们已经是（或者很快会成为）企业的骨干员工。对于这些员工，企业应该积极地考虑他们的职业发展问题，并为这些员工规划一条在企业成长的道路。基于成长的考虑，企业领导要经常与员工进行沟通，确定其职业发展目标，为员工安排一些相应的培训，协助员工成长，并达到激励的目的。第一区的员工是培训的重点对象。

对于第二区的员工，他们的岗位技能已经符合企业的要求，所要解决的主要是工作态度问题。工作态度问题可能是由于员工个人对企业的文化、管理理念和管理方式不认同，或者是没有将自己的未来发展与企业相结合。对于处在该区的员工，企业可以通过座谈或单独沟通的形式，及时了解他们的想法。第二区的员工主要参加企业的常规性培训。

对于第三区的员工，他们也是企业培训的重点。与第一区不同的是，对他们主要侧重于保健性培训，主要通过明确其知识和技能的不符合项来发现培训需求，培训的目的是使他们尽快地适应岗位的要求。由于他们有良好的工作态度，所以企业有理由相信通过培训，他们能够更好地为企业工作。

而对于第四区的员工，企业要花费很大的精力才能让他们完成自己的工作任务。一般来讲，企业很难容忍这种员工在工作岗位继续存在下去。对于第四区的员工，人力资源部门可以先分别与员工和其直接上级进行一次谈话，全面了解实情。如果情况属实，可以给员工施加一定的压力，要求其在有限的时间内达到岗位要求，否则要进行转岗或辞退处理。

二、培训需求分析的层次

（一）组织分析

1. 组织分析的内涵

组织层面的需求分析是指根据企业的经营战略，收集所有和实现培训目标相关的组织保障信息，决定相应的培训内容，为培训提供可利用的资源及赢得管理层对培训活动的支持。培训需求的组织分析涉及组织的各个方面，包括对组织目标的检验、组织资源的评估、组织特征的分析以及环境的影响分析等方面。

对组织层面的需求分析通常由组织来完成，其目的是根据组织的目标、结构、内部文化、政策、绩效及未来的发展等因素，找出组织中存在的问题及问题产生的根源，以确定培训是不是解决这类问题的有效方法。

2. 组织分析的流程

（1）组织战略分析

组织战略是指组织为适应未来环境的变化，对生产经营和持续、稳定发展中的全局性、长远性、纲领性目标的谋划和决策。组织战略是表明组织如何达到目标、完成使命的整体谋划；是提出详细行动计划的起点，但它又凌驾于任何特定计划的各种细节之上。战略反映了管理者对于行动、环境和业绩之间关键联系的理解，用以确保已确定的使命、愿景及价值观的实现。进行组织分析时需要思考的组织战略问题见表4—1。

表4—1　　进行组织分析时需要思考的组织战略问题①

进行组织分析时需要思考的组织战略问题
• 组织所属的行业是处在上升期还是稳定期？竞争对手的发展态势如何？组织在国内外的主要竞争对手是谁？
• 为什么组织能在过去取得辉煌的业绩？
• 组织准备引进什么新技术？如果在这方面已经有所规划，那么新技术将在什么时候正式投入使用？
• 可以预见的将在未来出现的变革与创新将如何改变行业竞争的格局？
• 组织将在何时建立起什么样的新型管理理念或者采取什么新的管理措施？
• 不论从过去、当前还是未来来看，是否存在影响组织战略规划的任何政府管制问题？
• 为了实现组织的总体战略，组织内不同的单位或部门各自将采取什么样的具体策略？为什么？他们将如何进行规划？

组织战略在很大程度上影响着组织的培训类型、数量以及培训所需要的项目开发，将组织战略作为影响培训需求的重要因素，突出了员工培训的战略导向，

① 徐芳．培训与开发理论及技术［M］．上海：复旦大学出版社，2005：116.

展现了战略性人力资源管理的特色。可见，组织分析对达成组织战略目标提供支持，确保培训活动产生附加价值。因此，在进行员工培训需求分析时，透彻理解组织战略，准确把握业务发展方向成为重点、难点。培训的侧重点会因组织经营战略的不同而存在较大差异（见表4—2）。

表4—2　　与企业经营战略相对应的培训需求①

企业战略	问 题	培训需求
稳定发展	丧失快速发展机会，管理僵化	风险意识、学习风气、开放性思维
单一产品或服务	由于顾客偏好转移、技术变革、政府政策变化等造成产品市场需求下降	质量观念、地域市场开拓能力、竞争观念、营销观念、客户技巧
同心多样化	企业发展至一定规模时管理不力	协作精神、产品管理技术、柔性工作技能
纵向一体化	规模化成本高，行业退出成本高，管理复杂，新产品、新技术开发受牵制，生产过程各阶段生产能力不平衡	全局观念、协作精神、交易费用概念、专业技能、技术管理技能
复合多样化	企业规模膨胀造成管理复杂化	协作精神、开放性思维、学习风气、信息管理技术、柔性工作技能
抽资转向	沟通不力造成员工士气下降	全局意识、革新精神、风险意识、柔性工作技能
调 整	人员、财务等方面的大幅度调整措施引起流言、恐慌	团队精神、风险意识、节支意识和方法、积极态度和乐观精神

（2）组织目标分析

组织目标就是组织力图达到和所期望的状态。组织的建立是为了实现自己既定的目标。组织的目标一般分为组织使命和经营目标。组织使命为组织的总目标，描述组织的共同愿景、共享的价值观、信念。经营目标为组织实际做的业务以及通过实际业务活动所要达到的结果。经营目标通常是短期的，并且是可以衡量的。

明确的组织目标既对组织发展起决定性作用，也对培训计划的拟订与执行起关键性作用。组织目标分析主要围绕组织目标的达成、政策的贯彻是否需要培训，或者组织目标未达成、政策未得到贯彻是否与没有进行培训有关等展开。比

① 于苗，孔燕．企业战略与培训需求［J］．华东经济管理，2001，15（3）．

如，如果一个组织的目标是提高产品质量，那么培训活动就必须围绕这一目标进行。

（3）组织的人力资源状况

组织人力资源的整体素质直接决定培训的整体需求。要根据组织面临的市场环境、组织的发展方向与运作经营等方面的要求，对员工队伍整体的工作态度、知识结构、技能水平、创新观念、思维方式等进行分析，找出差距，从而确定培训需求（见表4—3）。

表4—3　进行组织分析时需要思考的人力资源问题①

- 本组织员工目前的优势、劣势是什么？
- 在工作流程、组织文化和员工的技能水平上必须实现哪些改变？
- 组织总体战略的实施是否会造成裁员和员工跳槽现象？能够预期对哪些人产生影响？
- 从组织的战略规划出发，需要重新修改哪些人力资源管理政策？
- 组织的总体发展战略对人力资源培训和开发工作意味着什么？培训与开发工作将如何为组织战略目标的实现做出贡献？
- 组织需要实施哪些具体的培训和人力资源开发工作？组织本身是否有能力实施必要的人力资源开发项目？有没有外界的专家可以帮助我们？这些专家是谁？
- 员工和管理层过去如何看待培训和人力资源开发工作的？他们对人力资源开发项目、培训师和其他人力资源开发人员的信任程度如何？
- 对每一个项目而言，投入一产出比最大且最可行的实施方案应该如何制定？
- 当前采用的是什么样的培训效果评估方法？它能提供有关投资回报率的信息吗？如果不能的话，这样的评估方法对组织的战略管理有帮助吗？
- 有无正式的工作程序可以确保目前的培训/开发活动与组织新的发展战略是一致的，或者说，有无这样的工作程序可以发现新战略规划对培训的需求？
- 除人力资源培训和开发工作以外，是否还需要考察其他的人力资源管理职能？是否有必要进行重新设计？

（4）组织的财务状况

培训是一种投资行为，需要投入成本。如果培训投入超出组织的承受能力，培训费用没有保证，培训计划和实施就是一句空话。故在进行组织层面的培训需求分析时，还必须进行组织的财务状况分析，明确整体上能用于培训的费用额度，以便培训计划与实施能量力而行，真正做到准确而有效。

3. 组织分析的信息来源

不同的组织在进行组织层面的需求分析时采取不同的方法，方法的选择主要依据组织的实际情况和现实需要。组织层面培训需求分析的信息来源包括组织目

① 徐芳．培训与开发理论及技术［M］．上海：复旦大学出版社，2005：116．

标、人力资源储备库、组织氛围指数、效率指数分析等（见表4—4）[①]。

表4—4　组织层面需求分析的信息来源

组织层面分析的信息来源	对人力资源培训的意义
组织目标、目的和预算	通过评价组织目标和实际绩效的差距，确定培训重点、培训方向及经费预算
人力资源储备库	人力资源培训需要弥补因退休、离职等引起的人力资源储备不足，确定培训需求的大致范围
技能储备库	包括以下信息：每一技能群体包含的员工数量、知识和技能水平的级别，每项工作所需的培训时间等。可以由此估算出对人力资源培训/开发的特定需求量，并有助于人力资源开发项目的成本收益分析
组织氛围指数（包括不满情绪、缺勤率、离职率、生产率、态度调查、顾客投诉等）	反映组织层面的“工作环境质量”，有助于发现可能与人力资源培训有关的问题，也有助于管理者分析实际工作绩效和理想工作绩效之间的差距，从而设计出所需的培训方案，以及如何影响员工工作态度和行为方式
效率指数分析（包括劳动力成本、物料成本、产品质量、设备利用率、运输成本、浪费、交货延迟等）	这些成本会计概念在一定程度上可以代表实际绩效与期望绩效或标准绩效之间的差距
系统或子系统的变化	设备的更新换代可能对人力资源开发或培训与开发工作提供了新的要求
管理层的要求或指示	这是最常用的分析人力资源培训需求的指标之一
离职面谈	一些从其他途径无法得到的信息常常可以从离职面谈中取得，尤其是可以从中发现组织在哪些方面出现了问题以及需要对管理层进行的培训是什么
目标管理或工作规划与述职报告	获得绩效总结、潜力评价和长期经营目标方面的信息，以不断循环发展的观点了解实际的工作绩效，分析绩效问题，并力求改进

（二）任务分析

1. 任务分析的内涵

任务是指雇员在特定的工作岗位上所从事的各项活动的表述。招聘专员和培训专员两个岗位的重要任务见表4—5。

① 徐芳. 培训与开发理论及技术［M］. 上海：复旦大学出版社，2005：117.

表 4—5　岗位任务举例

岗位	重要任务
招聘专员	• 受理、登记、呈报各部门的用工申请 • 协助拟订公司招聘计划 • 发布招聘信息 • 建立、维护招聘渠道网络 • 协助制定面试程序及应聘者考核办法与标准 • 建立人才储备库等
培训专员	• 组织开展培训需求调查 • 协助拟订长期培训计划和短期培训计划 • 组织新员工参加入职培训 • 执行培训效果评估，撰写评估报告 • 管理员工培训档案等

任务分析是通过目标分解、调查、观察等方法，对构成岗位职责的各项任务逐一进行归纳与整理，使之清晰化、系统化与模块化的过程。通过任务分析确定各个岗位的工作任务，各项任务要达到的标准，以及完成这些任务所必需的知识、技能和态度等，以达到确定培训需求的目的。

2. 任务分析的步骤

（1）选择待分析的工作岗位

任务分析的第一步，应是正确地选择待分析的岗位。现实中，多数人都假定待分析的岗位已经确定，而事实却并非如此。如果岗位没有选择正确，无疑会浪费组织的资源。这里，可以从组织的战略与目标出发，利用重要/紧急矩阵[①]（见图 4—2）确定所需培训工作岗位的优先次序。

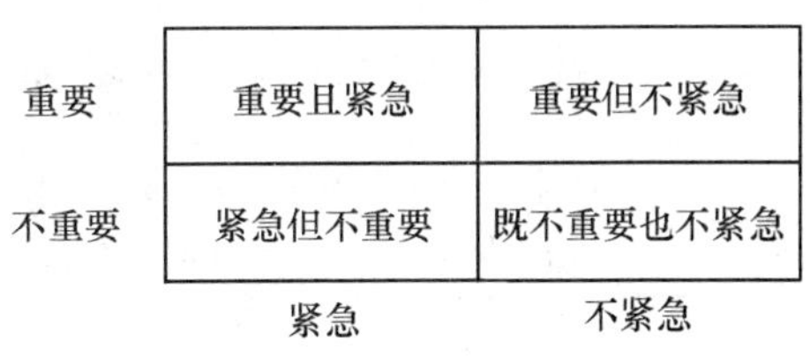

图 4—2　重要/紧急矩阵

首先要分析那些培训需求既重要又紧急的工作岗位，如企业为了发展，需要应用某些新技术，就必须对使用这些新技术的岗位进行培训；又如某些工作岗位

① Kaye Thorne，Alex Machray. World Class Training［M］. Kogan Page：London，2000.

存在安全问题，容易造成意外事故，因而对这个岗位上的人员进行安全方面的培训也成为当务之急。

其次，要对那些拥有重要但不紧急的培训需求的工作岗位进行分析，比如让员工学习某项新出台的法规，这一培训需要纳入了企业发展规划但不需要立即做出反应。这两个领域构成了待分析岗位的基础，而不重要的显然不是培训者专注的领域。

（2）确定岗位的具体任务

选定需要分析的工作岗位之后，应该进行深入调查，通过各种方法和途径来收集该岗位的具体工作任务信息，这也是发现培训需求的关键步骤。任务需求分析的信息来源见表 4—6。

表 4—6　　任务需求分析的信息来源①

信息来源	对培训的意义
工作说明书	描述此项工作的典型职责，有助于明确绩效标准
人员的任职资格要求	列举出工作的特定任务，可以明确任职者所需具备的知识、技术、能力及其他素质特征
绩效标准	明确完成工作任务的目标及其衡量标准
执行具体的工作任务	确定绩效的一个更好的方式，通常级别越高的职位，实际绩效与理想绩效的差距越大
观察—抽样	了解工作的实际情况
查阅相关文献（其他企业研究、专业期刊、文件、政府资料、论文等）	有助于分析比较不同的工作类型，但是有可能出现和实际的、特定组织环境或绩效标准无法比较的情况
访谈（任职者、主管人员、高层管理者）	通过向组织成员询问和工作有关的问题充分了解培训需求问题
培训委员会或专题讨论会议	可以提供一些关于培训需求的看法与要求
分析工作中出现的问题	明确工作中存在影响工作绩效的阻碍因素和外在环境因素

（3）确保任务信息有效

针对步骤 2 中所收集的关于岗位工作任务的信息，我们还应回答以下几个问题：执行该任务的频率如何？完成各项任务需要花费多少时间？成功完成这些任务的重要性和意义如何？学习各项任务的难度有多大？通过对这几个问题的回答

① 徐芳. 培训与开发理论及技术［M］. 上海：复旦大学出版社，2008：124.

来确定所收集的任务信息可靠且有效。

（4）界定完成任务的标准

在对所列的任务清单进行确认后，需要进一步对每项任务所要达到的标准做出准确的界定，而且应尽量使用可以量化的标准来表述，如“每小时生产零件30个”。

（5）明确培训任务要素

要确定胜任每一项任务所需要的知识、技能和态度等要素，即KSAO，K（knowledge）为知识，S（skill）为技能，A（attitude）为态度，O（others）为其他。在组织中，不同层次、不同部门的人员对于KASO的要求不尽相同，这就需要在拟订培训计划前进行详细的调查，了解各职位及人员的特点，以设计合理的培训方案。

（三）人员分析

1. 人员分析的内涵

人员分析是基于培训对象的角度，来分析组织中哪些人需要培训，以及需要何种培训。进行人员分析时，首先要对员工个人的绩效做出客观的评价，然后再依据工作绩效的标准，分析员工目前的绩效表现与标准绩效之间的差距，并找出问题的原因，从而确定培训需求。

值得注意的是，在人员分析的过程中，一定要弄清员工绩效不佳的原因究竟是员工自身知识、技能的欠缺，还是个人动机或工作设计等方面的问题，这将决定培训的必要性以及培训的形式、内容等。

2. 人员分析的重点

人员分析要求从员工的知识结构、专业水平、工作能力及工作态度等方面来分析。

（1）知识结构。对员工知识结构的分析，不仅有助于培训方案的制定，而且还能利用组织的各种资源，充分发挥员工知识互补的优势。知识结构可以从员工的受教育程度、职业教育经历及专业资格培训三方面来考察。

（2）专业水平。现实中，很多员工并没有从事自己本专业的工作，通过对员工专业水平的分析，可以了解员工对自己所从事工作的热爱程度，以及员工所擅长的领域，从而使培训内容的设计更有针对性。

（3）工作能力。工作能力分析就是要分析员工实际的工作能力与完成工作所需要的能力之间的差距，这种差距便是培训需求所在。

（4）工作态度。造成员工绩效不佳的原因，除了员工本身所掌握的知识和技能不足以外，还与个人对工作的态度有很大关系。如果员工对待工作不够投入、责任感不强，那么仅通过知识技能培训是很难提高他的绩效水平的，必须通过态度方面的培训来帮助员工端正工作态度，提高工作积极性。

三、培训需求分析的方法与流程

（一）传统的培训需求分析方法

常见的方法主要有观察法、访谈法、问卷调查法、关键事件法、经验预计法、绩效分析法和头脑风暴法等。

1. 观察法

观察法是指观察人员到培训对象的实际工作现场，观察其工作态度、表现，以及在工作中遇到的问题等，以获取有效的信息数据，作为培训需求分析的参考依据。在操作观察法时应注意以下几点：

第一，采用观察法的人员必须对要进行观察的员工所从事的工作有深刻的了解，知道其行为标准。

第二，进行现场观察时，不能干扰员工的正常工作，应注意隐蔽性。

第三，观察法的适用范围有限，一般适用于从事生产和服务等易被直接观察和了解的工作，不适用于技术要求高的复杂性工作。

使用观察法的好处在于：简单易行；可以得到有关工作环境的信息；所得资料与培训需求相关性较高。其缺点主要有：对观察者的水平要求比较高；员工的工作方式有可能因为被长时间观察而受影响。

2. 访谈法

访谈法是访问者通过与受访人进行面对面的交谈来获取培训需求信息的一种方法。访谈的对象一般包括企业的高管、主管人员和受训者本人，对组织中不同级别的人员进行访谈，将有助于培训组织者全方位地了解组织的期望、岗位的要求以及员工自身的需要，从而准确地收集培训需求信息。

实施访谈法可以遵循如下几个步骤：

（1）拟订访谈计划。在访谈开始前，要设计好相关的访谈提纲、记录表格，把握访谈内容，选择访谈对象、访谈形式，确定访谈时间、地点、场合等。

专栏 4—1

公司各层次人员访谈提纲

1. 针对公司总经理的访谈提纲

①公司有无培训计划？公司为员工提供如外派学习、岗位交流、在岗培训等是否经常？这些方面的培训是否需要增加？在哪些方面增加？

②有无培训制度？培训经费如何制定？谁来决定使用？是否有培训教师来源？

③公司有无培训工作的评价、反馈制度和手段？

④您认为各级员工的培训有必要增加吗？对本公司发展有多大的影响？

⑤晋升体系是否使员工有充分的发展空间？（公司是否同时有几条晋升通道，如管理、技术、营销等？）

⑥公司对员工有无职业生涯规划方面的职业辅导？

2. 针对部门经理的访谈提纲

①您所在部门的具体职能是什么？部门人员专业及职业结构情况如何？

②根据现在的公司发展目标，您觉得自己部门现在的人员情况是否符合公司要求？应具备怎样的能力？还需要哪方面的培训？

③您觉得本部门如果进行培训，重点是哪方面？培训时间多长比较合适？

④平时您部门的员工有无反应希望参加培训的需要，对以前的培训效果满意度如何？如果要改善，需要从哪些方面着手？

⑤近期，您觉得本部门员工在工作上经常出现哪些问题？您觉得需要怎么样解决？

3. 针对普通员工的访谈提纲

①您目前的工作职责和内容主要是什么？

②目前部门内有哪些培训？采取什么方式进行，您觉得效果如何？

③对于绩效优异的同事，您认为他们具备哪些特质？

④您在工作中最大的困惑是什么？经常会遇到哪些问题？请列举几个例子说明。

⑤您认为参加哪些培训能有助于您的工作绩效提高？

⑥您本人更愿意参加哪种形式的培训？占用您的非工作时间的培训，您是否

愿意参加?

⑦如果有机会，您是否愿意担任公司的内部讲师，向同事分享您的经验和技巧?

(2) 开始正式访谈。访谈开始后，访谈人员应先向访谈对象做简单介绍，营造轻松、融洽的访谈氛围。待双方进入状态后，访谈人员便可按照事先拟订的访谈计划自然地进行正式访谈。访谈人员应具备良好的沟通能力，能够把握问题的关键和控制谈话的过程。

(3) 做好访谈记录。记录访谈内容，要做到客观和准确，应尽可能真实、完整地按被访者的回答记录，而不能加入访谈员本人的主观意见。对于没有及时记录的问题，要做好标记，以便后面有机会再提问。

(4) 结束访谈。当访谈进入尾声阶段，访谈员应对访谈内容进行小结并让访谈对象确认，并重新提问没有充分回答的问题。在结束访谈时，访谈员要向被访者表示感谢。如果这次访谈尚未完成任务，还需进一步调查的话，那么应该与被访者约定下次再访的时间和地点，最好还能简要说明再次访谈的主要内容，让被访者有个思想准备。

运用访谈法时，应注意以下事项：

•确定访谈的目标，也就是明确“什么信息是最有价值的，是必须得到的”。一般要尽可能引导受访者陈述真实案例或具体事实。

•准备全面的访谈提纲，这对启发、引导被访谈人讨论关键的信息，防止转移访谈中心是非常关键的。

•营造融洽的、相互信任的访谈气氛。

•采访者要尽可能少说，鼓励受访者提供更多信息。并通过点头或中性词表达自己的态度（如“对”“嗯”“好”“我知道了”等）。

•采访者要及时记录谈话要点，并进行阶段性总结，逐字重复，检验理解是否正确。

•使被访谈者有交谈的意愿，不要咄咄逼人，理解受访者合理的顾虑。

•注意力集中，保持适当的眼神接触，表示出对访谈者的尊敬。

•灵活应对，不应完全局限于访谈提纲，在适当时候也可以完全抛弃访谈提纲。在访谈纪要中应提及受访者对问题的反应和态度，而不仅仅局限于他的回答。

访谈法的优点包括：易于揭示调查对象的感情，以及他们所面对的或者希望解决的问题及产生的原因和解决办法；为调查对象提供最大的自然阐述其观点和主张的机会。其缺点主要有：通常花费较长的时间；很难对采访结果进行分析和量化；受访者可能会有所顾虑，不一定真实表达其想法。

3. 问卷调查法

问卷调查法是收集资料和数据最普遍、最有效的方法之一。一般是由培训部门设计一系列有关培训需求的问题，然后以标准化问卷的形式发放给培训对象，待培训对象填答完毕之后再收回进行分析，获取培训需求的信息。

设计一份好的问卷通常需要遵循以下步骤：

（1）列出希望了解事项的清单。

（2）问卷可以由封闭式问题和开放式问题组成，两者应视情况各占一定的比例。

（3）对问卷进行编辑，并最终成文。

（4）邀请相关人员检查问卷，并加以评价。

（5）在小范围内对问卷进行模拟测试，并对结果进行评估。

（6）对问卷进行必要的修改。

（7）实施调查。

此外，在设计培训需求调查问卷时，应注意以下几个问题：①问题尽量简短，并注意使用简单的、固定用法的术语，避免使用调查者不了解或者容易引起歧义的名词；②一个问题只涉及一件事，避免“结构复杂”的问句；③题目设计要简单，不要使作答者做计算或逻辑推理；④避免出现带有诱导性的问题，保证作答者陈述自己的观点。

问卷调查法的优势主要表现为：灵活的形式和广泛的应用面；多样的提问方式，如多项选择、填空、简答、排序等样式；成本较低，相对于面谈和调研等形式可投入较少的时间、人力和资金；有利于总结和报告等。

问卷调查法的不足体现在：需要较强的问卷设计和分析能力；在准备阶段要耗费一定的精力；回收率可能会很低；深度不够，无法获得更深层次、更详尽的问题。

专栏 4—2

某企业员工培训需求分析调查问卷模板

为提高员工整体素质，配合公司长远发展规划，集团人力资源部将决定不断加强培训与人才开发力度。请您根据实际情况配合我们完成此项调查问卷，这对您自己是非常有意义的，谨此感谢您的支持与配合。

一、基本信息

1. 姓名：________　　2. 职务名称：________

3. 所属部门：________　　4. 直接上级：________

5. 进本公司日期：________

二、曾接受过的教育培训或专业技术训练

	时间	学校名称	专业	学历
教育经历（高中起）				
	培训时间	培训机构	培训内容	所获证书
培训经历				

三、对以往培训的感知（可复选）

1. 以往课程的培训形式是：

A. 课堂教学式　B. 讲座论坛式　C. 互动讨论式　D. 角色扮演式
E. 案例启发式　F. 潜能极限式

2. 您以往参加的培训是：

A. 自己要求　B. 领导指派　C. 公司要求　D. 自费学习

3. 以往培训前是否做过课前调研和个人培训需求的征询？

A. 是　B. 否　C. 偶有

4. 培训后您的个人技能、工作技巧或生产绩效提升是否显现？

A. 明显提升　B. 稍有提升　C. 不明　D. 基本无效

5. 以往的培训是否与个人的绩效考核联系？

A. 是　　　　　　B. 否　　　　　　C. 偶有

四、您在目前工作中遇到的困难与挑战

（与职务要求相比，你还欠缺哪方面的知识及技能？需要提供哪些培训来提高自己?）

五、您的职业生涯规划

（目标可以是掌握某种技能、承担某种责任、担任某种职务、年收入达到多少等）

1. 近期目标

2. 中期目标

3. 远期目标

六、你对哪种培训方式感兴趣

1. 内训：A. 研讨案例式　B. 角色扮演式　C. 课堂讲授式　D. 会议　E. 其他____

2. 外训：A. 全脱产　B. 半脱产　C. 院校合作　D. 去同行单位交流　E. 其他____

七、对未来培训的建议和想法（请以数字1～6标示您所愿接受的顺序）

1. 对您来说，最喜欢、最有效、最理想的培训方式排序是：

（　　）课堂教学式　　（　　）讲座论坛式　　（　　）互动讨论式

（　　）户外拓展训练　（　　）角色扮演式　　（　　）案例启发式

（　　）潜能极限式

2. 您认为最能接受的培训时间排序是：

（　　）上班时间　（　　）休息日　（　　）下班后　（　　）无所谓

3. 您目前最想要接受的培训课题排序为：

（　　）专业技术　（　　）管理技能　（　　）沟通技巧

（　　）个人能力

4. 您认为合适的培训频率是：

（　　）每月两次　（　　）每月一次　（　　）每两个月一次

（　　）每季度一次　（　　）每半年一次　（　　）不定期

八、您认为目前急需参加的其他培训科目哪些？

（如学历教育、计算机技能、英语技能、驾驶等）

1.

2.

3.

4.

九、您迫切希望提高的技能和掌握的知识有哪些？

十、有关培训经费及培训协议

A. 企业全部承担，并签订培训协议

B. 个人全部承担

C. 个人部分承担，并签订培训协议，个人能承担的经费或比例：

________元，________%

相关补充说明：

十一、请将本调查表没有列出，但您认为有必要写明的内容写在下面：

十二、注意事项

1. 填写人应保证以上填写的内容真实、客观，并且没有故意隐瞒。

2. 该问卷内容作为个人培训需求及职业规划的重要依据。

3. 请各负责人务必将“员工培训需求分析调查表”在12日30日前交到（或传真）集团人力资源部，以便统一安排新年度培训计划等。

填写人签字：________

---

4. 关键事件法

关键事件是指那些对组织目标和绩效起关键性作用的事件，主要用以考察生产、服务过程和企业活动情况，及其暴露出来的问题，从而发现潜在的培训需求。常见的关键事件有系统故障、顾客投诉或重大事故等。

关键事件的记录为培训项目分析提供了方便而有意义的消息来源。关键事件法要求管理人员记录员工工作行为中的关键事件，包括导致事件发生的原因和背景，员工的特别有效或失败的行为，关键行为的后果，以及员工自己能否支配或控制行为后果等。关键事件记录表的示例见表4—7。

表4—7　　关键事件记录表

员工姓名：	部门：	岗位：
记录者：	记录时间：	记录地点：
记录背景陈述：		
记录内容及其描述	工作中遇到哪些重要事件	
	事件发生的情境	
	采取了怎样的应对行动	
	事件结果	
	经验教训	
分析及评价	导致事件发生的原因和背景	
	员工的特别有效或多余的行为	
	关键行为的后果	
	员工自己能否支配或控制上述后果	
	员工事件处理欠缺的方面	
备注：		
制表人：		日期：

采用关键事件法，应注意：①要制定保存重大事件记录的指导原则并建立记录媒体（如工作日志、主管笔记等）。②对记录进行定期的分析，明确员工的能力或知识方面的缺陷以确定培训需求。

5. 经验预计法

在组织中，有些培训需求具有一定的通用性或规律性，往往可以凭借丰富的实践和管理经验进行预计。一般而言，当出现下列情况时，需要进行培训：

（1）新员工的录用。一般的企业在招录新员工后，都要开展新员工入职培训，目的是让新员工尽快熟悉工作环境和工作制度，了解企业的使命、愿景、文化、发展历程、目标以及组织对员工的工作要求与期望等。

（2）新设备或新技术的引进。通过培训使员工能够有效地使用新技术、新工艺。根据管理经验，生产前期所花费的培训成本低于由于缺乏技能而造成的生产力或生产效率的下降带来的损失。

（3）工作调动或晋升。当员工调动到其他工作岗位或者获得晋升时，其工作职责也会发生相应的变动。新的职责需要新的知识和技能。因此，需要根据新岗位和新工作的要求对这些员工进行培训。

（4）组织重组和变革。在企业重组或变革的过程中，可能会遇到各种观念的碰撞和摩擦、管理机制和方法的改变，以及员工岗位的变化等情况，这对于员工来说，需要有一个适应的过程。为了使员工尽快适应变化的环境和过程，需要对员工进行必要的培训。

6. 绩效分析法

培训的最终目的是改进工作绩效，减少或消除实际绩效与期望绩效之间的差距。因此，对个人或集体的绩效进行考核可以作为分析潜在需求的一种方法。绩效分析的一般流程[①]如图4—3所示。

在运用绩效分析确定培训需求时，首先应确定期望绩效，以此作为绩效考核的依据。期望绩效是指组织所期望的绩效水平，是员工在贡献于组织战略的过程中，个人需要达成的绩效目标值。期望绩效根据战略目标、客户需求、竞争压力、公司自身需求等综合确定。

在制定期望绩效的时候要注意：期望绩效的标准不能单纯由上级制定并强制推行，而应该和下属进行充分沟通，确保上下级一致同意。

在确定了期望绩效后，接下来就是要对比员工的绩效现状与期望绩效，从而找出两者间的差距。正是这种差距才导致低效率，阻碍着组织目标的实现。只有找出存在绩效差距的地方，才能明确改进的目标，进而确定能否通过培训手段来消除差距，提高组织员工的生产率。

---

① 石金涛. 培训与开发［M］. 北京：中国人民大学出版社，2003：52.

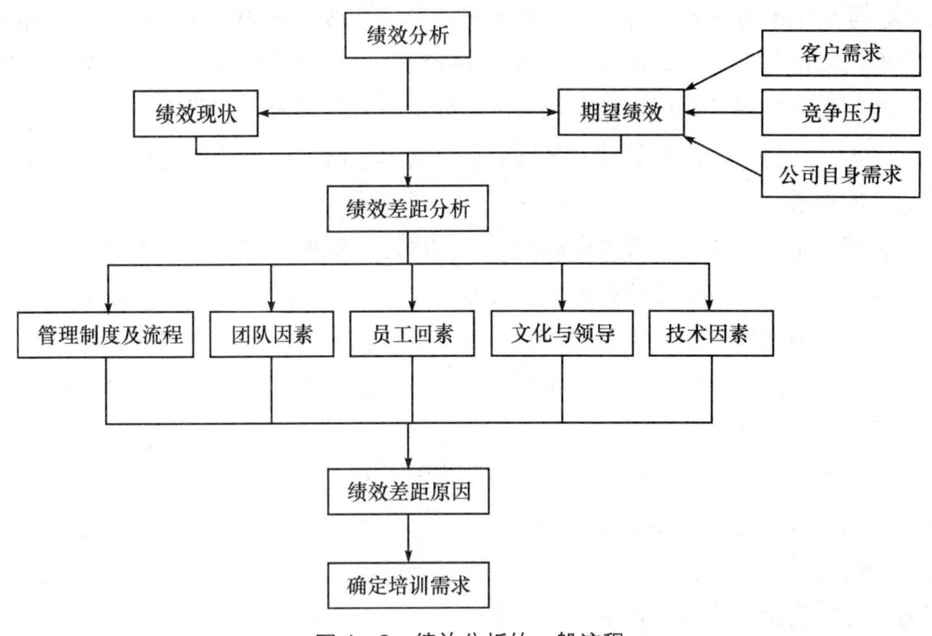

图 4—3　绩效分析的一般流程

绩效差距是培训需求分析的切入点，确定绩效差距的关键途径是要获取什么人在什么方面存在绩效差距的具体信息。我们在进行绩效差距分析时，应考虑以下几方面：①管理制度及流程。如组织的绩效考核制度设计是否合理，激励机制是否完善，管理及运营流程是否规范，工作设计或标准是否有缺陷等。②团队因素。如团队目标是否明确，成员间关系是否融洽等。③员工因素。员工是否缺少提高工作效率所需的知识、技能和态度，其个性特征是否适应目前的工作等。④文化与领导。组织文化是否提倡高绩效、高回报，沟通机制是否顺畅以及领导对下属的指导是否耐心而真诚等。⑤技术因素。组织是否缺少先进设备、工具和其他的必要生产条件等，这也将制约员工绩效的提升。

经过绩效差距分析后，需要确定产生绩效差距的原因，因为并不是所有的绩效差距都可以通过培训的方式去消除。只有员工存在知识、技能和态度等方面能力不足时，培训才是必要的。所以在分析过程中应集中主要精力发现是否存在因员工能力不够而导致的绩效差距，这才是培训需求所在。

7. 头脑风暴法

头脑风暴法（brain storming）又称智力激励法、BS 法，是由美国 BBOO 广告公司总经理 A. E. 奥斯本于 1939 年首次提出，并于 1953 年正式发表的一种激发创造性思维的方法。这种方法采取会议的形式让所有参加者在自由愉快、畅所欲言的气氛中相互陈述、提问，自由交换想法，不断地进行思想碰撞，从而激发与会者创意及灵感，以产生更多创意。一般员工、管理者、监督人员、高层领导都可以参与，目标是培养参加人员的创造性能力，激发他们的创造性思维以得到创造性的构想。

合理运用头脑风暴法可以帮助我们有效确定组织中不同层次、不同部门员工的培训需求，但其实施要把握以下核心原则：

（1）自由畅谈。参加者不应该受任何条条框框限制，放松思想，让思维自由驰骋。从不同角度、不同层次、不同方位，大胆地展开想象，尽可能标新立异，与众不同，提出独创性的想法。

（2）延迟评判。头脑风暴，必须坚持当场不对任何观点和想法做出评价的原则。一切评价和判断都要延迟到会议结束以后才能进行。这样做一方面是为了防止评判约束与会者的积极思维，破坏自由畅谈的有利气氛；另一方面是为了集中精力先开发设想，避免影响创造性设想的产生。

（3）禁止批评。绝对禁止批评是头脑风暴法应该遵循的一个重要原则。参加头脑风暴会议的每个人都不得对别人的设想提出批评意见，因为批评对创造性思维无疑会产生抑制作用。同时，发言人的自我批评也在禁止之列。有些人习惯于用一些自谦之词，这些自我批评性质的说法同样会破坏会场气氛，影响自由畅想。

（4）追求数量。头脑风暴会议的目标是获得尽可能多的设想，追求数量是它的首要任务。参加会议的每个人都要抓紧时间多思考，多提设想。至于设想的质量问题，自可留到会后的设想处理阶段去解决。在某种意义上，设想的质量和数量密切相关，产生的设想越多，其中的创造性设想就可能越多。

通过组织关于培训需求的头脑风暴畅谈会，往往能获得大量的设想。所有提出的方案都需当场记录下来，不作结论。事后，对每条需求信息的迫切程度与可培训程度提出看法，以选出当前最迫切的培训需求信息。

在上述原则的指导下，召开关于培训需求的头脑风暴会议，要注意以下几点：

第一，会前充分考察、确定参加会议的人选。一般说来，专家的选择要综合考虑专家的知识背景和实践经历，并注意邀请在企业培训或人力资源管理领域有较深造诣且有成功实践案例经验的专家。此外，还需要从组织各部门和各层次人员中挑选出一些有代表性的和组织准备重点培养的员工，这样才能有助于准确把握培训需求信息。

第二，环境的选择和配置。头脑风暴的会议环境要整洁、宽敞、光线充足、安静且没有外界的打扰。

第三，会前预热。欢迎参加者之间进行简单交流。主持人需要介绍会议成员。正式开始之前主持人概略说明会议的目的：围绕培训需求展开，希望得到尽可能多的观点。尽量排除各种干扰因素和员工的心理顾虑，使其能畅所欲言。

第四，会后对观点进行筛选。会议结束后，要对记录的会议内容和各方的观点进行精心整理和归纳，结合组织的战略目标和现实条件筛选出有价值的培训需求信息。

综上所述，观察法、访谈法、问卷调查法、关键事件法、经验预计法、绩效分析法和头脑风暴法等培训需求分析方法各有优缺点，培训需求分析方法的比较见表4—8。在实际应用中往往不会使用某种单一的方法，通常是多种方法综合使用，以提高分析的科学性和准确性。

表4—8　培训需求分析方法的比较

需求分析方法	受训者参与程度	管理层参与程度	所需时间	所费成本	可用数量指标衡量的程度
观察法	中	低	长	高	中
访谈法	高	低	长	高	中
问卷调查法	高	高	中	中	高
关键事件法	高	低	中	低	高
经验预计法	低	中	长	低	低
绩效分析法	中	高	中	低	高
头脑风暴法	高	高	中	中	中

（二）新兴的培训需求分析模型与技术

1. Goldstein三层次模型

该模型将培训需求分析看成一个系统，表明了培训需求产生的原因、培训需求分析的3个层次以及需求评估结果。它将培训需求分析分为组织分析、任务分析、人员分析3个层次，其分析重心、分析目的、分析方法各有侧重，如图4—4所示[①]。

① 诺伊．雇员培训与开发［M］．徐芳，译．北京：中国人民大学出版社，2001：43.

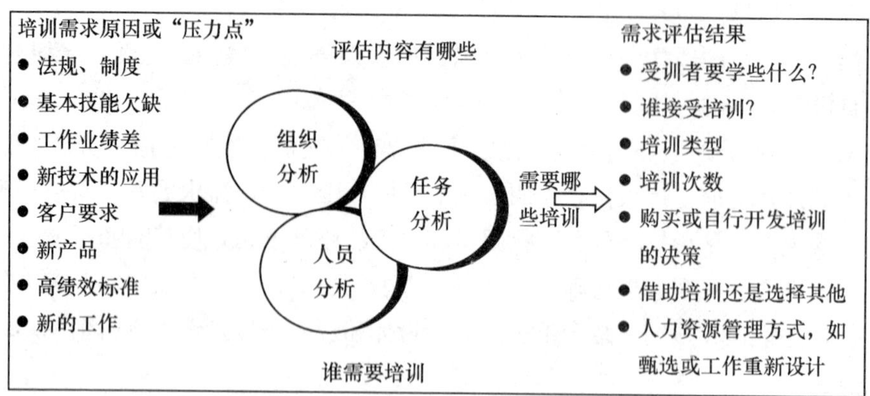

图 4—4 三层次培训需求分析模型

组织分析的目的在于判断组织中哪里需要培训。组织分析需要依据组织的远景规划，预测未来本组织在技术和组织结构上可能发生的变化，了解现有员工的能力并预测组织的发展需要，确定员工应具备哪些知识、技能和态度，以保证培训计划与组织的整体目标和战略要求相符，并确保取得管理层和同事对培训活动的支持。

任务分析的目的是确定培训的内容是什么。它通过分析完成该项任务所需要的知识、技能和态度，由此确定与任务相关的各项培训内容，并定义各项培训内容的重要性和掌握的困难程度。并非每一次培训都必须重新进行任务分析，在先前已有的岗位说明书和工作规范上通过不断改进和完善就可以完成该项工作。

人员分析的目的则在于了解谁应该接受培训以及接受什么样的培训。它是依据员工的实际状况，分析员工现有情况与理想的任务要求之间的差距，即“目标差”，以形成培训目标和内容的依据。

培训需求分析的 3 个层次因需而异，组织分析较适用于组织内部整体培训需求的调查与确定，而任务分析、人员分析较适用于主管人员实施岗位培训的需求认定。

案例4—1

某汽车销售公司年度培训需求分析[①]

首先，调查对象为该公司各部门员工；调查形式采取问卷式调查。调查内容主要有：①通用知识（共10项）的重要程度排序；②培训形式（共8项）效果排序；③培训时间调查；④员工发展意愿调查（多选）；⑤各部门专业知识需求（填写）；⑥影响公司发展的问题（填写）。

其次，基于Goldstein三层次模型的理论基础，该公司分别进行了组织、任务及人员分析。其中，通过组织分析，确定公司整体目标主要有六个：实现销售目标、提高服务质量、培养领导队伍、学习先进企业、提高管理质量、提高创新能力。据此确定与公司整体目标相适应的培训，包括销售人员培训、提高服务品质、提升领导力、加强管理与不断创新。接着，通过调查得出了关于通用知识的重要程度排序。其结果显示，员工认为产品知识、商务礼仪和汽车知识的重要程度较高，在工作中非常需要这方面的知识和技能，需要考虑加大培训力度。但是，在安全知识上的得分较低，说明员工在安全、涉外、质量等方面意识较为淡薄，需要进行广泛宣传，转变员工态度，增强员工的安全意识，并设置安全方面的相关培训课程。此外，各部门对专业知识的需求与部门工作紧密相关，员工对培训内容的选择比较理性。部门年度培训计划应将员工的专业知识需求充分考虑进去。

最后，通过员工发展意愿的调查来进行人员分析，发现有55.5%的员工希望成为岗位专家和技能特长专家。员工对本岗位的相关专业知识的需求是比较明显的，这显示了员工发展意愿和培训课程需求之间有很强的联系。因此，需要针对员工的实际情况，正确引导员工的职业生涯发展。同时，数据还显示了员工对培训形式的效果评价，员工认为外公司学习、外派培训、导师指导和轮岗培训的效果较好，认为内部培训和自学的效果最差。这反映出员工对本公司或本岗位知识更新需求增大，需要根据公司发展战略和管理革新，更新培训课程设置。

---

① 王清，徐金贤．企业培训需求分析个案探讨——以S汽车销售公司为例［J］．中国人力资源开发，2009（8）．

2. 培训需求差距分析技术

美国学者汤姆·W. 戈特将“现实状态”与“理想状态”之间的“差距”称为“缺口”，并依此确定员工知识、技能和态度等培训内容。培训需求差距分析技术表明，“理想状态”同“现实状态”总会构成一定的差距，这些差距主要包括现有知识、技能、认识、态度以及绩效水平、劳动者素质等与理想状况的差距，培训活动的宗旨在于消除或缩小这些差距。差距分析模型的环节为：

首先，应发现问题所在。理想绩效与实际绩效之间的差距就是问题，问题存在的地方，就是需要通过培训加以改善的地方。

其次，进行预先分析。一般情况下，需要对问题进行预先分析和初步判断。

最后，实施需求分析。这个环节主要是寻找绩效差距。传统上，分析的重点是员工目前的个体绩效与工作要求之间的差距，随着环境的变化，需求分析还应考虑未来的组织需求。

该技术的优点：它将培训需求分析的重点“差距分析”进行提炼，提出了培训需求分析的可行性，较好地弥补了Goldstein模型在任务分析和人员分析方面操作性不强的缺陷。

同时，该技术也存在一定的缺陷，如它没有关注企业战略对培训需求的影响，而且此技术的有效性依赖于一个假设前提，即“培训活动等于绩效提高”。进一步的分析表明，这一假设前提至少包括两个命题：一是绩效问题100%是因知识、技能与态度不足而产生；二是培训能100%转化为员工绩效。而事实上，绩效问题产生的原因不只是缺乏知识与技能，而且仅靠培训是无法解决所有问题的。现实与理想技能水平之间的“缺口”分析如图4—5[①]所示。

3. 前瞻性培训需求分析技术

伴随着技术的不断进步和员工职业生涯发展的需要，即使员工目前的工作绩效是令人满意的，但也可能会因为工作调动、职位晋升或增加新的工作内容等原因而产生培训需求。前瞻性的培训需求分析模型（见图4—6[②]）就为这种状况提供了一个比较好的分析框架。

前瞻性需求分析技术是建立在未来需求的基点上的，这样能有效结合组织的发展前景、战略目标和个人职业生涯规划，为组织与个人的发展提供一个合理的结合点，同时可以达到激励员工的目的，使培训工作由被动变为主动。但该技术

---

① ［美］汤姆·W. 戈特. 培训人才八步法［M］. 上海：上海人民出版社，1998：25.

② 吴谅谅. 人力资源开发管理技能［M］. 北京：华夏出版社，2002：317.

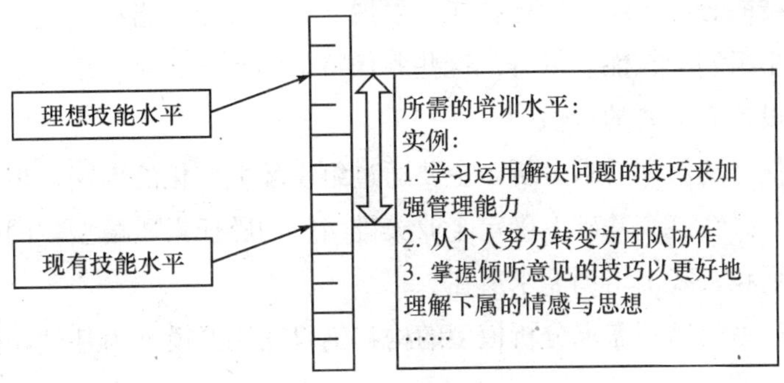

图 4—5　培训需求差距分析

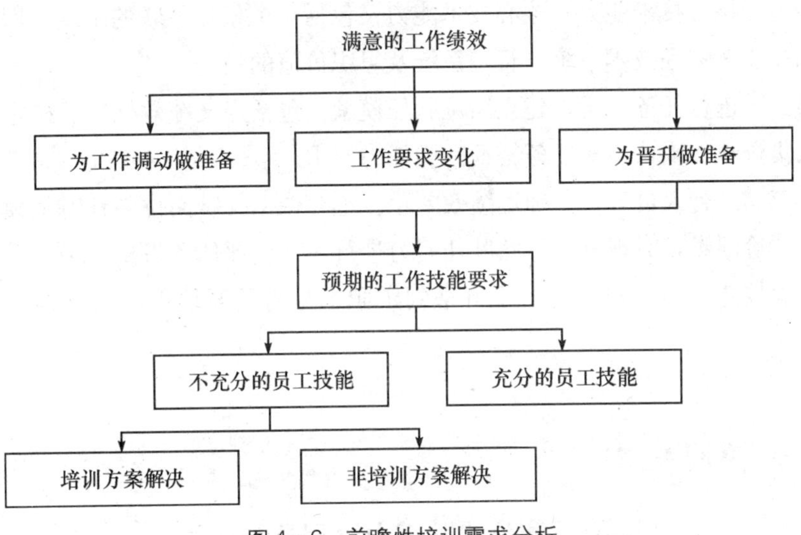

图 4—6　前瞻性培训需求分析

也具有一定的局限性，由于它是以未来需求为导向，因此预测的准确度难免出现偏差，技术的“前瞻性”未必都是与战略及业务发展要求相对应的，因此它的应用范围比较有限，无法解决企业培训工作的绝大多数问题。

4. 基于胜任力的培训需求分析技术

胜任力概念最早由 McClelland（1973）提出，他将工作的胜任力定义为“个体的潜在特征，可能是动机、特质、技能、自我形象或者社会角色的方面，或者他/她所运用的知识体”。这个定义把胜任力广泛地看作与成功相连的心理或行为特征。McClelland 特别强调对胜任能力的测量。他与同事通过多年的研究和实践，提出了 20 多种胜任特征，如获取信息的技能、分析思考的技能、概念思考的技能、策略思考的技能、人际理解和判断的技能、帮助/服务定向的技能、对他人的影响技能、对组织的知觉技能、发展下属的技能、指挥技能、小组工作和协作技能、小组领导技能，等等。这些胜任特征的提出，对于改进培训需求评估的内容结构设计有重要的价值。

基于胜任力的培训需求分析，主要通过组织环境变化的判断，识别出企业的核心胜任力，并在这个基础上确定企业关键岗位的胜任素质模型，同时对比员工的能力水平现状，找出培训需求所在。

基于胜任力的培训需求分析模型的构建仍以三层次模型为基础，具体可以分为以下几个步骤：

第一，通过组织分析，确定组织的核心胜任力。组织的核心胜任力包括核心运作能力和核心技术能力。核心技术能力又包括 4 个相互关联的维度，即员工的知识和技能、物理技术系统、管理系统及组织价值的规范。

第二，进行任务分析，建立岗位胜任模型。包括定义绩效标准、确定校标样本、收集资料、确认工作任务特征和胜任力要求。

第三，进行人员分析，确定绩效差距。主要依据关键岗位胜任特征模型，编制能力评价问卷，对现有人员的胜任能力进行 360 度评估，得出能力差距，并通过对员工技能、知识和态度的了解来判定职工是否需要培训以及培训的具体内容。

案例 4—2

国际石油公司胜任力模型及其应用①

中国 SP 集团公司是国际上著名的综合型跨国集团公司，14 次入选《财富》世界 500 强企业。SP 品牌享誉国际石油、化工等领域；公司多年致力于能源、农业投入品和化工三大核心业务，并努力向上下游和国内外延伸，为公司可持续发展提供了广阔的空间。

SIP 国际石油公司作为中国 SP 集团公司石油业务的经营单位，在未来 3 年，将继续加快推进石油业务的市场化发展战略，在海外建立石化集团的石油生产基地，参与国际竞争，促进国际化经营，早日形成自己的品牌，为巩固和强化集团公司作为中国四家国家石油公司之一的地位做出自己的贡献。国际石油公司针对

① 方少华、方泓亮. 胜任力咨询 [M]. 北京：机械工业出版社，2007：132－140.

未来3年的目标，同时为加强企业的核心竞争力，建立和应用了相应的员工素质模型。

一、企业所需能力分析

公司未来3年的战略目标以及相应的公司所需的能力见下表。

未来3年的战略目标及能力需要

时期	公司目标	主要策略	公司所需能力
第一年	开拓国际石油勘探开发市场，更多地利用海外石油资源，在海外建立石化集团的石油生产基地，尽快形成一定规模的海外份额油生产能力	•开发生产有发展潜力的老油田，尽早见到效益，拿到份额油 •在进行充分资源论证和经济评价的前提下，主要在投资目标区有选择地参与或独立承担风险勘探项目，争取较高的投资回报 •联合国外有能力的跨国石油公司，介入国外海洋石油的勘探开发市场 •发挥集团公司在天然气勘探开发和处理加工上的配套技术优势，抓住机遇，积极开拓海外天然气勘探开发市场	开发技术能力、项目管理能力、国际合作能力、计划拟定能力、勘探开发技术能力、国际合作能力、海洋石油勘探开发技术能力、天然气勘探开发技术能力
第二年	积极开发集团公司上、中、下游一体化的优势，以市场资源，带动和促进石化集团上游的技术、工程承包、劳务、设备	•提供石油工程服务，以劳带资，增加寻找勘探开发投资项目的机会；而勘探开发投资项目又反过来进一步巩固和扩大工程服务市场	计划拟订能力、鼓励发现机会的能力、项目管理能力、国际合作能力、内部协作能力
第三年	负责海外石油工程项目的市场开发和运作，把各个油企业联合起来，优势互补，组成集团，参与国际竞争	•对外统一旗帜、统一规划市场，统一协调管理；对内协调监督，提高打入国际市场的能力和素质；发挥各自优势，共闯国际市场	计划拟订能力、项目管理能力、内部协作能力

二、个人素质能力分析

根据公司所需能力，得到核心竞争力，最终落实到个人素质能力（见下图）。

每一种能力素质都可通过对其行为表现的描述来确定和区别不同层次的要求（见下表），值得注意的是，只要我们所描述的行为表现足以准确表述一个员工应

公司所需能力	开发技术能力　项目管理能力　国际合作能力　计划拟订能力 风险管理能力　勘探开发技术能力　内部协作能力

⇩

公司核心竞争力	先进的投资决策机制　有效的风险管理机制 严谨的计划和项目管理能力　良好的国际合作伙伴关系

⇩

员工核心能力	团队合作能力　沟通交往能力　计划管理能力　独立工作能力
基本能力	外语能力　中文书面表达能力
专业能力	人力资源管理能力　财务知识　法律知识　技术知识

个人素质能力分析

该如何表现该如何表现相应的能力素质，或明显说明各层级的区别即可，没有必要穷尽所有的行为表现。

沟通交往能力分级行为表现

级别	行为表现
一级	• 在沟通中显示出对人的尊敬和礼貌 • 确认和利用适当的沟通渠道表达信息，寻找帮助 • 对他人话题表示兴趣，通过提问、重复等手段理解别人的意思 • 能够与他人建立良好的关系
二级	• 能清晰地表达自己的想法 • 在问题解决过程中，维持沟通的渠道 • 建立他人对自己的信任 • 建立信息交换的人际关系网络
三级	• 能通过交谈，交流和解释各种复杂观点 • 能够把握别人没有公开表达出来或表达含义不清的意思 • 在解决方案达成共识过程中表现出灵活性 • 利用人际关系作为信息来源
四级	• 能够对不同的人产生影响和激励 • 在公司建立正式的双向沟通体系，监督其远期效果 • 在组织内部和组织之间建立联盟 • 有目的并及时地向外部利益相关者推广组织产品和服务，争取获得他们的支持

三、能力素质矩阵

员工能力素质矩阵中的每个代表着公司相应岗位上的人员要能够很好地完成自身的工作，对应着能力素质模型中相应的素质，他所应达到的级别；员工能力素质矩阵中的每行代表着相应岗位上的人员所应具备的各项能力素质的集合；员工能力素质矩阵中的每列代表着相应能力素质根据岗位的不同，对应岗位上员工所应具备的不同级别（见下表）。

各岗位能力素质要求等级

部门名称	岗位名称	计划管理能力	沟通交往能力	团队合作能力	独立工作能力	英语能力
	总经理	4	4	4	3	
	副总经理	3	3	4	4	3
	总地质师	3	2	3	4	3
总经理办公室	办公室主任	3	4	3	4	3
	行政事务项目经理	2	3	3	3	3
	行政助理	1	2	2	2	2
	外事外联项目经理	2	3	3	3	4
	外事外联项目助理	1	2	2	2	3
	翻译	1	2	2	2	4
……	……	……	……	……	……	……

一般来说，核心能力素质的要求随着岗位级别的提高而提高。但是，基本能力素质和专业能力素质与岗位级别没有如此明显的关系。如勘探开发部经理对其业务知识的掌握程度很有可能要高于总经理，而一个翻译的外文水平可能要高于副总经理。

在对员工年度绩效评价结束后，人力资源部门收集所有评价表，对每项能力的四个等级相应未达标员工数进行统计，针对每个等级中欠缺比较多的能力，确定培训需求。

（三）培训需求分析流程

确定培训需求是培训工作的起点，也是培训成功的前提条件。但是，培训需求分析又是一件有难度且需要一定技巧的工作，它的成功在于除了需要培训组织者能够掌握一定的培训需求分析的方法和技术以外，在很大程度上，还有赖于科学合理的流程设计。一个实用、有效的培训需求分析流程通常包含以下几个步骤（见图 4—7）。

第一步：收集培训需求信息。

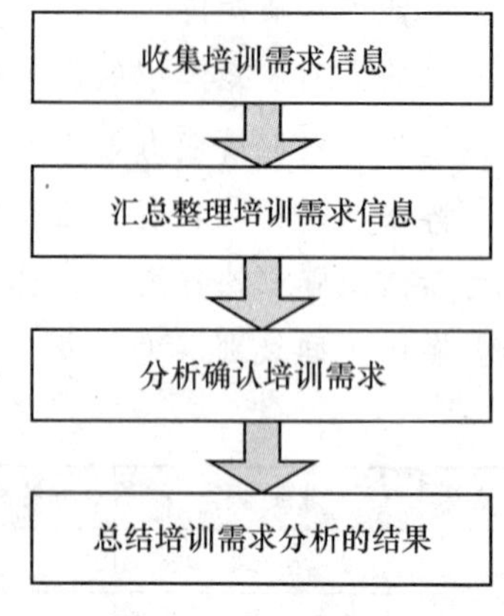

图 4—7　培训需求分析流程

培训需求信息的收集应从两个层面进行，一是部门层面，从企业的战略目标以及部门职能出发分析相关部门的培训需求；二是员工层面，根据岗位的任职资格要求、员工的职业发展规划以及绩效改进的目标，分析员工层面的培训需求。在收集需求信息时，培训部门应做好与各方的沟通和指导工作，并建立起畅通有效的信息交流通道，以确保收集的信息客观、准确。

第二步：汇总整理培训需求信息。

收集完各部门、各岗位的培训需求信息后，相关人员需要对所收集的信息进行汇总整理。在此过程中，应根据信息来源渠道的不同对其进行归类整理，并向相关主管部门汇报。

第三步：分析确认培训需求。

针对收集上来的资料和信息，应进行仔细的分析和鉴别，找出哪些是个别需求，哪些是普遍需求，同时，还要把握当前需求和未来需求之间的关系。最后，培训组织部门应与参与培训需求调查的相关部门负责人及员工进行沟通确认，并结合企业的实际情况，分析各种培训需求的重要和紧迫程度，订立各类培训需求的优先次序。

第四步：总结培训需求分析的结果。

在培训需求分析的最后阶段，是要对先前的培训需求分析工作进行总结，并汇报成果。通常以书面报告的形式呈现，其目的在于对最终确认的培训需求做出合理的解释以及评估所得的结论。培训需求分析报告是确定培训目标、拟订培训计划的重要依据和前提。

四、培训计划的拟订

（一）培训计划概述

1. 什么是培训计划

在进行完备和详尽的培训需求分析之后，要有效地实施培训，就必须拟订详细的培训计划。培训计划是指从企业的战略出发，在全面分析培训需求的基础上做出对培训时间和地点、培训对象、培训方式和培训内容等的预先系统安排。

一份完整的培训计划应包含以下“6W2H”的内容：

• Why：为什么要进行培训？要达到怎样的效果？

• What：培训内容是什么？

• Who：培训的负责人是谁？

• Whom：培训的对象是谁？

• When：什么时间进行培训，需要多长时间？

• Where：培训所在的场所和环境如何？

• How：如何实施培训？

• How much：培训的投入和预算是多少？培训的直接成本和间接成本是多少？

科学合理的培训计划需要考虑企业和员工两方面的需求，兼顾企业资源条件及员工素质基础。除此之外，培训计划还要把人才培养的超前性及培训结果的不确定性考虑在内。

培训计划作为整个培训活动的开端，其合理性、科学性对培训活动成功与否具有十分重要的影响。如果组织的培训工作没有进行合理的计划安排，缺少长远规划机制，会导致培训活动等同于岗位培训、应急培训。着眼于当前，只能产生短期效应。从企业发展的长远目标看，缺乏科学合理的培训计划将无法进行员工潜在能力开发，造成专业人才的短缺，使职工自身素质与企业发展需求不协调。

2. 培训计划的类型

依据不同的标准，培训计划可以划分为不同的类型。以培训层次为分类标准，培训计划可以分为企业培训计划、部门培训计划和员工个人培训计划；按时间跨度为分类标准，培训计划又可分为长期、中期和短期培训计划 3 种类型。然而，无论哪个层次的培训计划，都需要拟订其长期、中期和短期的计划。因此，我们主要介绍按时间跨度划分的培训计划类型。

（1）长期培训计划

长期培训计划一般指时间跨度为 3～5 年的培训计划。拟订长期培训计划的目的在于明确培训的方向性、目标与现实之间的差距和资源的配置。长期培训计划一般包含在管理工作制定的组织发展等规划之中。

长期培训计划需要明确的事项包括组织的长远目标分析、个人的长远目标分析、外部环境的发展趋势分析、目标与现实的差距、人力资源开发策略、培训策略、培训资源配置、培训支援的需求、培训内容整合、培训行动步骤、培训效益预测与培训效果预测。

(2) 中期培训计划

中期培训计划是指时间跨度为1～3年的培训计划。它起到了承上启下的作用，是长期培训计划的进一步细化，同时又为短期培训计划提供了参照物，因此它并不是可有可无的。

中期培训计划中应包括以下内容：培训中期需求、培训中期目标、培训策略、培训资源分配、培训支援的需求、培训内容整合、培训行动步骤、培训效益预测、培训效果预测。

(3) 短期培训计划

短期培训计划是指时间跨度在1年以内的培训计划。拟订短期培训计划时，需要着重考虑的两个要素是可操作性和效果。因为没有它的点滴落实，组织的中、长期培训目标就会成为空中楼阁。

短期培训计划应详细阐明：培训的目的与目标、培训时间、培训地点、培训者、培训对象、培训方式、培训内容、培训组织工作的分工和标准、培训资源的具体使用、培训资源的落实及培训效果的评价。

3. 影响培训计划拟订的因素

在拟订培训计划时，必须顾及以下因素：

(1) 员工的参与

让员工参与培训计划的拟订，不仅能加深员工对培训的了解，还能增加他们对培训计划的兴趣和承诺。此外，员工的参与可使课程设计更切合员工的真实需要。

(2) 部门主管的参与

各部门主管对部门内员工的能力及所需何种培训，通常比负责培训计划者或最高管理层更清楚，故他们的参与、支持及协助，对计划的成功有很大的帮助。

(3) 时间安排

拟订培训计划时，必须准确预测培训所需时间及该段时间内人手调动是否有可能影响组织的运作。编排课程及培训方法必须严格依照预先拟订的时间表执行。

(4) 成本约束

培训计划必须符合组织的资源限制。培训的经费与预算成本，将直接关系到培训的规模、水平及程度。

（二）培训计划拟订的依据与原则

1. 培训计划拟订的依据

（1）应结合企业经营需要

培训计划一定要与公司的经营战略结合起来，要将企业有限的资源放在对企业发展最有利的培训项目上。因此，做好培训计划首先要了解企业经营的需要。一般来说，企业希望培训首先是长期战略，能够满足企业长期经营对人力资源的需要。对一个想要发展或正在发展的企业来说，长期战略至关重要，有时甚至能决定企业的生死存亡。其次是中期战略，主要是为了满足企业年度经营对人力资源的需要而采取的培训活动。因而，几乎所有培训的最终目的都是提高员工工作效率、改善组织绩效，以达成企业战略目标。

（2）应考虑企业存在的问题

为了顺利实现企业目标，防止从前的问题重复出现，人力资源管理部门必须清楚在以前工作中存在的问题，并分析及确认问题的来源是管理层面还是员工层面，到底是人的能力问题还是态度问题，根据分析结果，设计培训内容，纳入相应的培训计划之中。

（3）应满足员工的发展需求

企业应给员工设计合理的职业发展规划，掌握员工的个性能力特征，并通过与其沟通了解员工的发展方向与培训需求。大部分员工由于长期从事一种工作，容易产生职业倦怠感，没有创新愿望，失去了过去的工作热情。在如今加速变革的时代，他们也有着强烈的学习和改变意愿，需要通过学习提高认识，对自己职业和人生重新定位。人力资源管理部门可采用需求问卷、访谈等的方式进行需求信息收集，分析筛选后拟订培训计划。

（4）应依据可利用的资源

拟订培训计划的目的是希望该培训计划最终能得到落实。因此，为了获得组织高层领导的资金支持以及员工的认同，拟订培训计划时要考虑组织所拥有的资源条件，控制培训预算成本。同时，也要与该培训计划的参与者深入地沟通，为培训计划的有效实施提供人力、物力和财力等资源保障。

2. 培训计划拟订的原则

（1）系统性原则

培训计划的拟订是一个复杂的系统工程，拟订时要着眼于整体，要将培训看作全员参与的、全方位的和贯穿员工职业生涯始终的工程。其中，全员性是指企业全体员工既是受训者，也是培训者，将其培训中所学习的知识和技能有效地指导、分享给同事。全方位性则主要体现在设计的培训内容要有足够的广度和深度，以满足不同层次员工的需要。

（2）分类与分层原则

培训计划是多层次、多方面的。按计划层次划分，可分为整体培训计划、培训支援计划及部门培训计划；按计划的时间来划分，则有长期培训规划、年度培训计划及单项培训计划。

此外，企业不同岗位、不同层级又有不同的工作要求，因此，要拟订分类、分层培训计划。分类培训诸如专业技能培训、领导力培训、企业文化培训等，但要注意以下口诀：技能培训需要分类，管理培训要统一，观念培训要一致。组织中的分层培训主要针对管理人员，对不同层级所设计的培训内容和侧重点有所差异，但要把握好管理理念的一致性。

（3）理论与实践相结合原则

首先，培训计划要符合企业要求的培训目的。培训的根本目的是为了提高广大员工在生产中解决具体问题的能力，从而提高企业的效益。其次，发挥学员学习的主动性，理论与实践相结合的原则决定培训时要积极发挥学员的主动性，强调学员的参与和合作。

（4）培训考核的原则

组织培训必须有一定的效果，效果是培训工作的结果。培训中除要求学员必须重视以外，在培训内容和师资的选择上更要把关，更重要的是在培训结束后要对学员学习情况进行必要的考核，建立培训档案。

（三）培训计划拟订的程序

培训计划的拟订主要包括确立培训目标，选定培训对象，确定培训内容，选择培训讲师，确定培训时间、地点，选择培训方法，编制培训预算等 7 个步骤。

1. 确立培训目标

首先，要确定培训的总体目标，其制定的主要依据有：组织的总体战略目标、人力资源的总体规划，以及组织的培训需求分析。其次，根据总体目标确定培训的具体目标，主要包括以下内容：

①通过培训使员工了解企业的方针、政策以及各项规章制度，规范员工的工作行为。

②通过培训让员工准确理解工作意图，掌握工作要领、工作程序和方法，达

到上岗要求。

③通过培训减少工作失误的次数，提高工作质量与效率，增加企业效益。

④通过培训转变员工的工作态度，提高积极性、参与性和服务意识等。

⑤通过培训提高员工的创新能力，掌握新技术、新工艺，熟练使用新设备。

⑥通过培训建立良好的工作氛围，提高员工的工作满意感和成就感。

2. 选定培训对象

确立了培训目标之后，我们就要根据目标来选定参加此项培训的对象。因为每项培训的侧重点不同，所以选择培训对象的标准也不同。同时，考虑到培训资源的有限性，培训的重点对象应该是处于关键岗位的管理人员和员工，这也有助于控制培训成本，强化培训的目的，以及提高培训的效果。

3. 确定培训内容

培训内容应与培训所要达到的目标相一致。培训的内容既要科学先进，又要考虑培训的系统性、适用性，同时，还要保持一定的弹性，能根据变化有所调整。

一般而言，培训内容包含5个层次，即知识、技能、思维、观念和心理培训（见图4—8），培训的目的分别是“知”“会”“创”“适”“悟”。

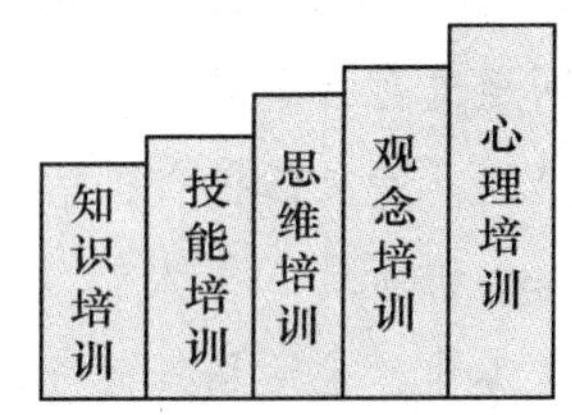

图4—8　培训内容的“五层次”

第一层次：知识培训。知识培训的主要任务是对参训者所拥有的知识进行更新。其主要目标是解决“知”的问题。这类培训任务既是最基本的，也是最多的。

第二层次：技能培训。技能培训的主要任务是对参训者所具有的能力加以补充。其主要目标是解决“会”的问题。

第三层次：思维培训。思维培训的主要任务是使参训者固有的思维定式得以创新。其主要目标是解决“创”的问题。

第四层次：观念培训。观念培训的主要任务是使参训者持有的与外界环境不相适应的观念得到改变。其主要目标是解决“适”的问题。

第五层次：心理培训。心理培训的主要任务是开发参训者的潜能。其主要目的是通过心理的调整，引导他们利用自己的“显能”去开发自己的“潜能”。其主要目标是解决“悟”的问题。

案例4—3

海尔新员工培训四部曲①

海尔作为一个世界级的名牌企业，每年招录上千名大学生，但是离职率一直很低，离开的大部分是被淘汰的（海尔实行10/10原则，奖励前10%的员工，淘汰后10%的人员），真正优秀的员工多半会留在最后。那么海尔是怎样进行新员工培训的呢？

第一，使员工把心态端平放稳

在海尔，公司首先会肯定待遇和条件，让新人把“心”放下，做到心里有“底”。接下来会举行新老大学生见面会，让师兄师姐用自己的亲身经历讲述对海尔的感受，使新员工尽快客观地了解海尔。同时人力中心、文化中心等部门的主管领导与新员工面对面沟通，解决他们心中的疑问，正确看待海尔的问题，让员工真正把心态端平放稳，并与员工就如何进行职业发展规划、升迁机制、生活方面等问题进行沟通。

第二，使员工把心里话说出来

海尔给新员工每人都发了“合理化建议卡”，员工有什么想法，无论制度、管理、工作、生活等任何方面都可以提出来。对合理化的建议，海尔会立即采纳实行，并给予物质和精神奖励；而对不适用的建议也给予积极回应，因为这会让员工知道自己的想法已经被考虑过，他们会有被尊重的感觉，更敢于说出自己心里的话。在新员工提的建议与问题中，有的居然把“蚊帐的网眼太大”的问题都反映出来了，这也从一个侧面表现出海尔的工作相当到位。

第三，使员工把归属感“养”起来

“海尔人就是要创造感动”，在海尔每时每刻都在产生感动。领导对新员工的关心真正到了无微不至的地步。新员工军训时，人力中心的领导亲自把盛满酸梅汤的水杯递到员工手上；首席执行官张瑞敏特意抽出半天时间和700多名大学生共聚一堂，沟通交流；集团的副总专门从外地赶回来和新员工共度中秋。海尔所做的一切让大学毕业生找回了“家”的感觉！

第四，使员工把职业心“树”起来

---

① 王跃军．海尔新员工培训四部曲［J］．中小企业管理与科技，2005（1）．

海尔对新员工的培训除了开始的导入培训，还有拆机实习、部门实习、市场实习等一系列的培训，海尔花费近一年的时间来全面培训新员工，目的就是让员工真正成为海尔躯体上的一个健康的细胞，与海尔同呼吸、共命运。

4. 选择培训讲师

培训讲师的选择，是达到目标培训效果的关键之一。培训讲师必须具备一定的能力素质要求，如良好的品行、全面扎实的理论知识、丰富的实践经验、较强的沟通能力等。一般来说，培训讲师的来源渠道有两种：一是内部聘请，二是外部聘请。从这两个渠道选择的培训讲师各有利弊，这两种渠道的利弊比较见表4—9①。

表4—9　内外部培训讲师的利弊比较

渠道	优点	缺点
外部聘请	•培训者比较专业，具有丰富的培训经验 •可以带来新的观点和理念 •与企业没有直接的关系，员工比较容易接受	•费用比较高 •对企业的情况不了解，培训的内容可能不实用，针对性不强 •责任心可能不强
内部聘请	•对企业的情况比较了解，培训更有针对性 •责任心比较强 •费用相对较低 •可以和受训人员进行更好的交流	•可能缺乏培训经验 •受企业现有状况的影响比较大，思路可能没有创新 •员工对培训者的接受程度可能比较低

5. 确定培训时间和地点

培训时间的安排受培训的对象、内容、方式等因素影响。培训时间分配要依据培训内容的难易程度和培训所需总时间而定。一方面，如果培训内容简单，则用时短，可采用集中培训的方式；另一方面，如果培训内容较为复杂，则用时较长，宜采用分散培训的形式。

培训地点即学员接受培训所在的位置和培训场所。地点的选择要综合考虑：交通便利程度。培训环境状况，包括场地设施是否完备，如教室大小、多媒体设备、餐饮娱乐服务是否齐全等。评价培训场所时应考虑的一些细节见表4—10②。

① 董克用，叶向峰. 人力资源管理概论［M］. 北京：中国人民大学出版社，2004：217.

② ［美］雷蒙德. 雇员培训与开发［M］. 徐芳，译. 北京：中国人民大学出版社，2007：123.

表4—10　　评价培训场所应考虑的细节

噪声	检查空调系统噪声，临近房间和走廊及建筑物之外的噪声
色彩	轻淡柔和的色彩如橙色、绿色、蓝色和黄色属于暖色。白色属于冷色。黑色和棕色会使人心理产生排斥而变得疲倦
房间结构	使用近于方形的房间。过长或过窄的房间会使受训者彼此难以看见、听见和参与讨论
照明	光源应该是日光灯。白炽灯应分布于房间四周，并且在需投影时用作微弱光源
墙与地面	会议室应铺地毯，使用相同色调，避免分散注意力。只有与会议有关的资料才可以贴在墙上
会议室的椅子	椅子应有轮子、可旋转，并有靠背可支撑腰部
反光	检查并消除金属表面、电视屏幕和镜子的反光
天花板	天花板最好3米高
电源插座	房间里间隔1.8米设置一个电源插座。方便培训者使用
音响	检查墙面、天花板、地面和家具反射或吸音情况，与三四个人共同调试音响，调节其清晰度和音量

6. 选择培训方法

培训的方法选择应综合考虑培训对象的数量、质量、层次和培训内容等，同时，还应注意可行性与可操作性，是否易于取得较佳的培训效果等。具体的培训方法将在下一章节中进行详细的介绍。

7. 编制培训预算

培训活动的顺利开展，需要一定的经费作为支撑，因此，拟订培训计划时，还需要编制培训预算。这里的培训预算一般只计算直接发生的费用，如培训场地的租用费、培训师的授课费、培训的教材费和培训的设备费等。编制培训费用预算，可以获取充足的资金支持，也是培训评估的一个依据。

深度阅读

1. ［美］雷蒙德·A. 诺伊著，徐芳译. 雇员培训与开发（第三版）［M］. 北京：中国人民大学出版社，2007.

该书探讨了培训与开发领域的前沿发展动态以及一些新的研究主题，如培训的战略角色、基于网络的培训、企业办大学、培训课程的有效设计、E-learning、虚拟组织的学习、素质模型、知识管理以及工作与生活的平衡等。每一章都增加了最新的研究成果和企业的最佳实践，并向读者推介了一系列权威的与培训开发相关的研究网站。该书理论基础深厚，把握了培训与开发理论研究的前沿，思想观点深刻，对于培训工作的开展具有较强的指导作用。

2. 徐芳. 培训与开发理论及技术［M］. 上海：复旦大学出版社，2005.

该书详细介绍了人力资源培训与开发基本原理，以及当今培训与开发方面最新的理念和技术方法，并用许多形象化的图表加以表述，所采用的案例实用性强，富有启发意义。全书有三部分：第一部分讲述了人力资源开发的理论及历史发展；第二部分详细阐述了培训与开发的技术方法，包括培训与开发的需求分析、项目设计与实施、培训技术媒介和项目评估等；第三部分则重点探讨职业开发与组织发展，并指出了人力资源培训与开发的未来趋势。该书理论性和实用性较强，对于人力资源培训从业者及管理类的学生都有较高的参考价值。

3. 王淑珍，王铜安. 现代人力资源培训与开发［M］. 北京：清华大学出版社，2010.

该书通过整合人力资源培训与开发及相关领域比较成熟的新近研究成果，阐述了人力资本理论是人力资源培训与开发的动力源泉，解决了培训产生的机制问题；介绍了人力资源培训与开发的学习范式与绩效范式，以及两个范式下相应的学习理论与绩效理论；在基本理论的基础上，对培训需求分析、培训设计、培训实施及培训评估 4 个流程进行了充分的分析，并对员工辅导与咨询、职业开发与组织开发的基本概念、理论与技术等进行了介绍、分析与综合。该书逻辑思路清晰，为人力资源培训与开发提供了系统性的理论框架，具有一定的理论价值和实用价值。

延伸思考

1. 为什么要分析培训需求？
2. 应从哪些层面进行培训需求分析？
3. 培训需求分析的流程是什么？
4. 传统的培训需求分析方法有哪些？它们各有什么优缺点？
5. 新兴的培训需求分析方法相比传统方法有哪些优点？
6. 在拟订培训计划时应考虑哪些因素？如何让培训计划更有效？

第五章　如何培训：方法设计

引导案例：麦当劳的人才训练阶梯①

麦当劳是全球知名的餐饮服务零售商，成立于 1955 年。目前，麦当劳在全球 150 个国家和地区拥有 28 000 余家连锁餐厅，主要售卖汉堡包、薯条、炸鸡、汽水、沙拉等。每天有 4 700 万顾客光临世界各地的麦当劳餐厅，160 多万员工为顾客提供服务。麦当劳的年销售额已逾 100 亿美元，资产总额达到 10 多亿美元，它的迅猛发展已成为美国企业的典范。

麦当劳能够在短短的 50 多年内取得如此辉煌的成就，与其独具特色的培训方式是分不开的。员工在培训过程中不仅获得了工作技能的提升，更重要的是公司为员工制定的职业发展规划，为员工的成长奠定了坚实的基础。

麦当劳的人才阶梯训练主要分为以下 5 个步骤：

1. 新员工入职训练

新员工一经录用，即成为麦当劳戴白色船帽的水手（取名“水手”，象征每一家麦当劳餐厅都是一艘船，员工是船员，在激烈的市场竞争大海中，全体员工须同舟共济）。新员工训练的第一天是“水手指导”项目的训练，内容包括认识新环境、了解“麦当劳文化”、作业状况及工作准则、员工各项权利义务等。训练方式是资深指导员利用“水手手册”、录像带等进行亲切、和善的说明、讲解，以及参观现场等，主要目的是通过了解麦当劳，消除新员工初到新环境可能产生的紧张和不安。

第二天进行初级课程训练。男生跟随一名指导员学习厨房事务，包括认识厨

① 贾宏毅．知名企业人力资源管理战略与实务［M］．北京：人民邮电出版社，2007：62；晓光，倪宁．员工培训［M］．北京：经济管理出版社，2004：26．

房设备、器具用法、学习厨房礼仪、产品制造、如何清洁环境等，时间约 3 小时。女生则分配到柜台招呼客人、接受客人点餐、收账及收拾整理环境等。

经过 5 天新员工训练后，第六天进行成果检验，通过检验的新员工发给蓝色船帽，晋升为正式水手，钟点费同时加级。

2. 晋升指导员的训练

新水手戴上蓝色帽子后，即加入生产、销售行列。在指导员带领下，经过一两个月的学习和锻炼，如果已经熟练掌握分内工作，新水手可以自己申请，或通过主管推荐，参加一项员工高级训练项目。这项训练和考核非常严格，时间也较长，因此，参加这项高级训练的员工被称为“挑战者”。

通过这项训练，男生必须掌握柜台销售工作，女生则必须懂得厨房生产作业，而且要利用上班时间，努力改善一对一训练时所指出的店中业务缺陷。最后经过严格的考核，合格者从“蓝帽水手”升格为指导员，优秀者更可成为“明星”(比指导员高一级)。

3. 晋升副经理的训练

晋升副经理的条件，必须是指导员中成绩优秀者，必须在一家分店担任指导员 3 个月以上，经由店长和副店长推荐，方可有资格参加为期一到两个月的“副经理训练程序”训练。

“副经理训练程序”课程内容包括生产管理、客席管理、商品管理、基本的营运管理、接待和安全管理等。最后通过考核，合格者成为副经理。副经理是兼职人员中的最高级别。

4. 晋升第二副店长训练

第二副店长属于正式员工，麦当劳的正式员工来源有两个：一是从优秀的兼职人员中内部提拔，二是对外招聘。无论哪种途径，候选人都必须在店中实习两个月，同时接受店长的“管理训练程序”在职训练，然后进入麦当劳公司的汉堡大学受训九天，学习商品制作法、销售管理、原料和商品品质库存管理、店铺卫生安全管理、劳务、顾客、利润、保养和情报管理等专门为该职位设计的课程。修完全部课程，成绩合格，可取得汉堡大学学士学位，同时晋升为第二副店长。

5. 晋升店长训练

员工晋升到第二副店长后，回到分店参与实际作业，同时再研修“管理发展程序”。约 6 个月后，第二副店长又进入汉堡大学接受 10 天密集训练，学习专为培养店长而设立的课程。

店长训练课程内容包括劳务、机器制造原理、全套经营管理、普及技术革新及新产品的指导等课程。学员考核合格后取得汉堡大学硕士学位。但是要晋升店长，还须时常复习，反复演练在训练中学到的知识，经过推荐和审查合格后方可晋升。由于店长是一家分店的首脑，其才干及领导能力攸关全店业务与管理成长，所以在店长人选的考虑和审核上，麦当劳公司特别慎重和严谨。

通过麦当劳的人才训练体系，公司培养了一支训练有素、工作高效、忠诚度高的员工队伍，推动着麦当劳和其员工的快速成长与发展。

一、传授指导式培训法

（一）讲授法

1. 讲授法的内涵

讲授法是一种适用程度最高、使用范围最广的培训方法之一，它是指培训师借助口头语言及其他辅助性教具等向受训者呈现教材内容，阐明知识结构和内在逻辑，从而促进受训者理解知识和发展技能的培训方法。

讲授法的优点主要有：信息量大，有利于受训者在短时间内系统地接受新知识，提高教学效率和效果；经济有效，可以同时对许多人进行培训，节省培训成本和时间；快速直接，有利于充分发挥培训师的主导作用，激发受训者的学习兴趣，促进学员综合能力的提升。同时，这种方法的缺点也比较明显：由于讲授法本质上是一种单向性的思想交流或信息传输方式，容易形成注入式教学，缺乏培训师与受训者之间必要的交流和反馈，受训人员比较被动；讲授内容与方法一般采用统一的要求和标准，不利于因人而异、因材施教；学习效果易受培训师知识结构和讲授水平的影响。

2. 实施要点

为了使讲授法充分发挥效果，在实施过程中应把握以下几个要点：

（1）选择合适的培训讲师。讲师是讲授法的关键人物，教学质量的优劣与其息息相关。讲师应仪表、谈吐俱佳，不仅要具备与培训内容相关的丰富的理论知识与实践经验，对讲授的内容了如指掌，而且也应掌握一定的培训方法和技巧，授课时条理清晰，语言简洁精练，形象生动，能充分调动学员的积极性，形成良性互动。

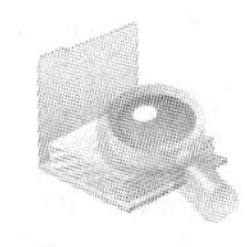

知识链接 5—1

培训师授课技巧①

1. 可以给予学员适当的暗示，使其思维能遵循着培训者所表达的思路发展。

2. 授课内容应提纲挈领、力求简要，一般来说不要求长篇大论，以利于学员接受。

3. 眼睛须随时与学员保持接触，观察其反应，并借以控制气氛。

4. 妥善控制自己的音量，以在场每一个学员均能听清楚为标准，太小或太大的音量均不太合适。

5. 讲授时应配合一些自然而适宜的手势或姿势，偶尔亦可鼓励学员问些小问题，既可使授课形式有所变化，也可使学员更为认真。

6. 讲授切忌连续不停，使学员过于疲劳，压力过大，最好能善用短暂停顿，使学员有时间调整自己。

7. 讲授时切勿带着讲稿照本宣科，否则学员会对培训者失去信心。

8. 事前做必要的准备和练习，从而让自己上课时不会有什么疏漏。

9. 学会使用学员的名字。

10. 及时获取和提供信息反馈。

11. 注意观察表现好的小组或个人，表扬会让他们更为投入。

12. 要熟练地操作培训工具，不要显得手忙脚乱。

13. 规定并遵守作息时间表，切勿令人反感地拖延。

14. 切勿说话含糊不清、使用废词或者施以太多的说教，会招来不满，甚至招致让培训者尴尬万分的抗议。

(2) 合理安排授课内容。在实施讲授前，要充分调查受训人员的基本情况，包括知识背景、学历、职位等，进而设计出切合实际情况的授课计划，尽量避免学员因接受能力不同而导致学习效果的差异。同时要注意讲授内容的科学性和系统性，在讲授时条理清晰，重点突出。

(3) 充分贯彻启发式教学原则。讲授内容须是教材内容的重点、难点和关键，讲中有导，讲中有练。受训者主体作用突出，表现为愿学、愿想，才能使讲

① 向春. 实效培训［M］. 广州：广东经济出版社，2005：201.

授法进行得生动活泼，而不是注入式。此外，培训师与受训者要相互配合，用问答方式获取员工对讲授内容的反馈。这是取得良好的讲授效果的重要保证。

(4) 优化培训场所的环境与设施。授课的教室应挑选隔音效果好、远离办公区域的地方，以避免机器、电话的干扰。此外，教室应配备必要的多媒体设备，如投影仪、电子显示屏、音响设备等，以加强培训的效果。

(5) 准备辅助性材料①。为使培训真正有效，必须让学员能够看、听，同时让他们参与到课程中。告诉他们需要知道的；尽可能多地演示给他们看；在培训过程中创造让他们能够参与的机会。对辅助性材料的具体要求有：①阅读材料。材料要与幻灯片保持一致；提供给学员可以帮助他们做笔记的材料；相应的参考材料以供课后阅读。②视觉材料。包括幻灯片、场景、图形、标语、图表、照片、录像片等。一个好的视觉材料需要具备三个基本原则，即 3B 原则：字体足够大（big）、醒目（bold）、美观（beautiful）。③听觉材料。包括令人感兴趣的词汇、音乐、声音、幽默、重音、故事、对话等。准备听觉材料时要注意：保持一定的节奏、变化的音调、足够大的音量、清楚的发音等。④感觉材料。包括情绪、可以实践的活动、可以闻的、可以品尝的、可以触摸的、痛苦的、舒适的。

（二）研讨法

1. 研讨法的内涵

研讨法是指指导教师有效地组织受训者以团体的方式就某一专题或工作中的问题进行讨论，并得出共同的结论，由此让受训人员在讨论过程中互相交流、启发，从而掌握有关知识和技能的一种培训方法。

在运用研讨法时要注意这样几点：第一，研讨的题目和内容应具有代表性、启发性，同时还要有一定的深度。第二，研讨主持人既可以由指导教师来担任，也可以由受训者担任。第三，拟订研讨计划，准备讨论的资料，明确研讨要解决的问题，以及提供解决问题的可能方案。第四，确定合适的研讨形式。按研讨的组织形式，可将研讨分为小组讨论式、沙龙式、集体讨论式、委员会研讨式等。

2. 研讨法的形式

(1) 小组讨论式。小组讨论是指将受训人员分成若干小组，每个小组成员集中在一起就某个话题展开讨论，相互发言，提出解决问题的方案。小组讨论的形式可分两种：一种是竞争性的，即不同小组讨论同一题目；另一种是补充性的，即不同的小组讨论不同的题目，具体采用哪种形式应视研讨的目的和要求而定。

---

① 徐芳. 培训与开发理论及技术［M］. 上海：复旦大学出版社，2005：158.

（2）沙龙式。沙龙式研讨，类似小组讨论的方式，只是话题较为自由，属非正式研讨。没有听众，也没有主持人，但有一个召集人。沙龙式研讨，并不指望解决问题，但可彼此交流信息，互相启发。

（3）集体讨论式。它一般由5～20人组成，在一个训练有素的主持人的带领下，就某一相互感兴趣的话题进行专门探讨。参加讨论会的每个人都有发言机会，以便参与者更为广泛地交流彼此的思想和经验。

（4）委员会研讨式。这里的委员会由任命或选举的一小群人组成，由他们合作完成一项工作。委员会的首长由委员会或较大集体选任。委员会就某一特殊问题进行研究，在此基础上得出结论，并在被授权的情况下选择如何开展工作。

3. 优点和缺点

研讨法的优点在于：有利于多项信息的交流和传递，学员间可以相互启发，取长补短；有利于学员开阔思路，加深对知识的理解，促进能力的提高；要求学员积极参与，主动思考，有利于激发学习兴趣和培养学员的综合能力；形式多样，适用范围广，使用频率较高。

其缺点在于：对题目、内容的准备及培训指导教师的要求较高；讨论课题选择的好坏将直接影响培训的效果。因此，题目应具有代表性、难度要适当，受训人员自身的水平也会影响培训的效果。

二、实践参与式培训法

（一）“师带徒”培训法

“师带徒”的培训方法，强调的是一对一的现场个别指导，受训人员在有经验的老员工的指导下，一边看，一边问，一边做帮手，来学习工作程序。简单地说，就是通过资历较深的员工的指导，使新员工迅速掌握岗位技能。其基本任务是师傅向徒弟传授高超的岗位技能和良好的思想作风，通过传帮带培养出一批高技能员工。

1. 实施程序

第一，示范，即“师傅做给徒弟看”。这是“师带徒”培训法的第一个环节。首先，经验丰富的师傅通过询问或要求演示的方式来了解徒弟是否掌握某一技能，如果发现受训员工不太了解，师傅就先以口述的方式告诉徒弟应该做什么以及怎么做。然后，师傅按照操作标准给徒弟亲自示范，在操作的同时详细地讲解标准动作和操作要领。

第二，协同，即“师傅徒弟一起做”。师傅按照规定的工作标准示范给徒弟看之后，亲自和徒弟按照所示范的标准流程共同完成各项工作，一方面，使徒弟理解师傅所传授的技能和工作内容；另一方面，可以帮助徒弟解决初次工作遇到的困难和障碍。

第三，观察，即“师傅看着徒弟做”。师傅通过对徒弟工作的全过程进行观察，了解徒弟是否准确领会其所传授的内容。师傅应选取不影响徒弟工作的位置进行观察，并进行详细记录和适当批注。

第四，纠正，即“师傅指导徒弟做”。师傅根据观察徒弟的工作结果，指出做得好和做得不足的地方，然后对不足的地方进行指正，耐心讲解，重复示范。

第五，强化，即“师傅逼着徒弟做”。强化是一个长期的过程，师傅必须逼着徒弟按照操作标准不断坚持去做，而且要制定严格的考核标准，定期对徒弟的工作情况进行考核，奖罚分明。

2. 优点和缺点

实施“师带徒”培训法，其优点是传授直接、易懂、易上手；增进新老员工之间的交流沟通；充分利用现有人员的知识和经验，少走弯路；新员工在师傅指导下工作，可以避免盲目摸索，能很快适应岗位要求，掌握工作要领，必要时能及时填补岗位空缺，从而不影响工作效率。

该方法的不足则在于：受训者只是接受某一方面的培训，受训技术比较单一，不利于个人全面发展；师傅某些不良的工作习惯和其本身水平的高低会影响学员的培训效果；此外，师傅可能会因为担心新进员工对其地位和利益的威胁，从而对自身所掌握的技术和经验有所保留，不愿意指导学员。

3. 注意事项

首先，师傅符合相应条件。师傅应掌握过硬的技术或方法；具备较强的语言表达能力、监督和指导能力；胸怀宽广、为人谦和、严格要求，乐于助人，善于传帮带。

其次，徒弟满足基本要求。徒弟必须有学艺的愿望和相应的文化基础，肯学上进；尊师重道、谦虚好学、勤学好问，服从师傅教导；善于观察、认真实践、刻苦钻研；主动和师傅沟通并建立友好的师徒关系。

最后，组织有明确的考核、奖励机制。一方面，及时对教学情况进行考核，将徒弟的工作表现与成果和师傅的绩效挂钩，能有效保证此法的实施效果；另一方面，有相应的奖励机制，对师傅的培训工作给予充分的肯定和必要的奖励。

（二）工作轮换法

工作轮换又称为轮岗，是组织内部有组织、有计划、定期进行的人员职位调整，通常是根据工作要求安排新员工在不同的工作部门工作一段时间，以丰富新员工的工作经验。目的在于避免员工长期从事同一工作所带来的厌倦感和发展的停滞，在一定程度上提高人员的工作积极性。这种培训方法期望员工更多的是观察学习和“干中学”。

工作轮换通过横向的交换，让受训者从事另一岗位工作，使他们在掌握多种工作技能的同时，增强其对工作间、部门间相互依赖关系的认识。

1. 采用工作轮换法的意义

一方面，有助于员工的职业发展。企业根据员工的发展愿望和发展可能性进行有序轮换，能让员工在工作轮换的过程中不断认识自己，清楚个人在工作方面的长处和不足，积极接受他人的反馈，不断完善自己，发掘自身的潜能，并积极规划自己的职业目标。

另一方面，有利于组织储备人才。管理人员在不同部门间横向移动，有利于拓宽眼界，与企业内各部门同事建立更广泛的交往和联系，提升管理人员的全局观念，为企业未来发展培养的后备人才。

2. 注意事项

第一，工作轮换要“以岗为基，以人为本”，切忌“一刀切”。工作轮换应当根据岗位的特点及员工的个人需求、兴趣、能力和职业倾向来定制职位轮换计划，而不是让所有员工遵循一个标准步骤。首先，有些工作性质差异较大的职位是无法轮换的，如人事、财务人员和技术开发部门的人员之间很难进行轮换。其次，有的职位过于敏感或有高度机密性，也不适合经常调动。最后，由于员工的能力各有差异，并非所有的员工都适合用工作轮换法来培训，有的员工能力比较有限，只宜从事比较单一的工作，如果对其进行工作轮换，会使其混淆各种任务的不同要求，影响工作效果。

第二，应注意把握轮换的时间间隔。工作轮换时间长短取决于培训对象的学习能力和学习效果，不能机械地规定某一受训者在某一部门工作的时间长短，应视其学习能力和学习效果而定。岗位轮换要合理把握轮换的时间间隔，如果在过短时间内员工频繁地变换工作岗位，对员工心理带来的冲击远远大于工作新鲜感所带来的工作热情。

第三，配备有经验的指导者。受训者在每一岗位工作时，应由具有较强的沟通能力、指导能力和富有经验的指导者进行指导，最好经过专门训练，负责为受训者安排任务，并对其工作进行总结、评价。

3. **优点和缺点**

采用工作轮换法的好处在于：有利于丰富受训者的工作经验，扩展他们的知识和技能，使其了解其他职位的工作内容，从而能够胜任多方面的工作；同时，通过工作轮换，还能改善部门间的合作，使管理者更好地理解部门之间的问题，有助于提高部门运作效率。

当然，这种方法也有缺点，如员工在各个岗位上工作时间较短，所学不精，不利于掌握某些复杂专利技术；员工频繁更换工作岗位，很可能使其在工作上敷衍了事，责任感不强，降低工作效率和工作质量；部门原有的工作关系可能被打乱，易产生新的矛盾，不利于员工关系的和谐。

（三）案例研究法

案例研究法是指围绕一定的培训目的，提供一个描绘组织经营过程中实际或可能存在的问题和情景的案例，让受训者以独立或相互讨论的方式来分析和评价案例，从而提高受训者分析问题和解决问题的能力的培训方法。目前，该方法被广泛应用于企业管理人员和其他专业人员的培训之中。

1. **基本要求**

（1）案例尽可能真实。案例研究法需要培训师事先对案例充分准备，经过对受训群体情况的深入了解，确定培训目标，针对目标收集具有客观性与实用性的资料，根据预定的主题编写案例或选用现成的案例。为了保密起见，有关的人名、单位名、地名可以改用化名，但基本情节不得虚假，有关数字可以乘以某掩饰系数加以放大或缩小，但相互间比例不能改变。

（2）案例以问题为导向。案例通常应包含一定的管理问题，否则就没有学习与研究的价值。因此，需要向受训者提供大量背景材料，描述组织经营中的现实问题，由受训者根据这些背景材料来分析问题，并提出解决问题的方法，从而培养受训者分析和解决实际问题的能力。

（3）受训者事先充分准备。在正式培训中，先安排受训人员有足够的时间去研读案例，引导他们产生“身临其境”“感同身受”的感觉，使自己如同当事人一样去思考和解决问题。

（4）鼓励受训者积极参与讨论。案例研究法应以全体学员为主体，教师的责任是选择案例，组织和指导课堂讨论，让全体学员都参与进来，在案例所描述的特定环境中，对案例所提问题进行讨论、争辩，并在此过程中相互学习，激发思维，促使学员找到最佳对策。

2. 实施步骤

从受训者学习的角度看，案例法的实施包括4个步骤：

第一步，受训者各自准备。这个步骤是必不可少而且是非常重要的，这个阶段受训者如果准备不充分，会直接影响案例的培训效果。一般在正式开始集中讨论前一到两周，就把案例材料发给受训者。让受训者阅读案例材料，查阅指定的资料和读物，搜集必要的信息，并积极地思索，初步形成关于案例中的问题的原因分析和解决方案。培训师可以在这个阶段给受训者列出一些思考题，让受训者有针对性地开展准备工作。

第二步，小组讨论准备。培训师根据受训者的年龄、学历、工作经历、职位等因素，将受训者划分为一个个由3～7人组成的小组。小组成员要多样化，这样他们在准备和讨论时，表达不同意见的机会就多些，受训者对案例的理解也就更深刻。各小组的讨论地点应彼此分开，让他们以各自有效的方式组织活动。

第三步，小组集中讨论。各个小组派出自己的代表，发表本小组对于案例的分析和处理意见。发言完毕之后发言人要接受其他小组成员的提问并做出解释，此时的发言和讨论是用来扩展和深化受训者对案例的理解程度的。在小组讨论过程中，培训师可以提出几个意见比较集中的问题和处理方式，组织各个小组对这些问题和处理方式进行重点讨论。

第四步，总结阶段。在小组集中讨论完成之后，培训师留出一定的时间让受训者自己进行思考和总结，这种总结可以是总结规律和经验，也可以是获取这种知识和经验的方式。培训师还可让受训者以书面的形式做出总结，这样受训者的体会可能更深，对案例以及案例所反映出来的各种问题有一个更加深入的认识。

值得注意的是，在案例研究中，许多问题是没有固定答案的。因为看问题的视角不同，所做出的评价也不同，给出的答案自然也会有所差异。所以，案例研究的结果往往会产生不同的解决问题的方式和途径，这是正常现象，但同时也为案例研究法的实施带来一定的难度。

3. 优点和缺点

实施案例法的优点主要有：能有效调动培训对象的参与积极性，变被动接受为主动参与，可以开发受训者有效沟通、制定决策等方面的能力；将受训者解决问题能力的提高融入知识传授中，有利于员工参与企业实际问题的解决；教学方式生动具体、直观易学；增进人际交流，培养受训者向他人学习的习惯。

但是，这种方法也有不足之处：每一个案例都是为既定的教学目的服务的，缺乏普遍适用性，不一定能与培训目的很好地吻合；对案例质量的要求较高，很难选择合适的案例，案例的来源往往不能满足培训的需要；案例的准备需要时间较长，且对培训师和员工的要求都比较高；案例所提供的情景毕竟不是真实的场景，受训者不能像当事人那样承受种种压力，因而不可避免地存在失真性。

案例5—1

西门子的内部训练计划[①]

很多公司在碰到难题时，会花重金到外面寻求管理顾问的帮助，西门子却不这样，它相信“员工是公司内的企业家”，有问题让员工自己解决。在这样理念的指导下，西门子设计了一项企业内部的训练计划。

企业的内部训练计划很像MBA的训练课程，让学员分析和讨论案例。不同的是，学员均是西门子的分析人员和工程师，而案例都是西门子碰到的实际问题。这个计划首先让几个不同部门的经理人组成团队，针对一个发生在其他部门的问题进行案例分析。这个团队必须设计一个解决方案，并且要论证这个方案有利于解决问题，组员间还会为自己的观点而激烈辩论。新方案一旦通过，团队成员在完成本职工作的同时，还有责任和义务无偿援助解决这个问题。他们既是方案的制定者，又是实施方案的协助者。

西门子的这个训练计划不但能解决实际问题，而且能有效地培养人才。这些学员原先并不具备解决这些问题的专长，在接受任务后不得不学习自己并不熟悉的各类知识，并在整个过程中培养了解决相关问题的能力。企业的内部训练计划之所以成功，最重要的一点是打破了部门界限，每个人必须与来自其他部门的人员交流，甚至与国外的人员交流，在分享、碰撞的过程中相互学习、激发思维，最终解决实际问题。

三、体验式培训法

体验式培训，是指个人首先通过充分参与到某些活动中获得个人的体验，然后在培训师的指导下，与团队成员共同交流，分享个人体验，提升认识的培训方

① 宋联可，杨东涛．高效人力资源管理案例［M］．北京：中国经济出版社，2009：29－30．

式。体验式培训强调“从做中学”。

具体来说，体验式培训是这样一个过程：学习者通过在真实或模拟环境中的具体活动，获得亲身体验和感受，并通过与团队成员之间的交流实现共享，然后通过反思、总结提升为理论或成果，最后将理论或成果应用到实践中，培训师在培训过程中起着指导作用①。体验式培训由既独立又密切关联的 5 个环节组成，这 5 个环节依次是体验、分享、交流、整合与应用（见图 5—1）。

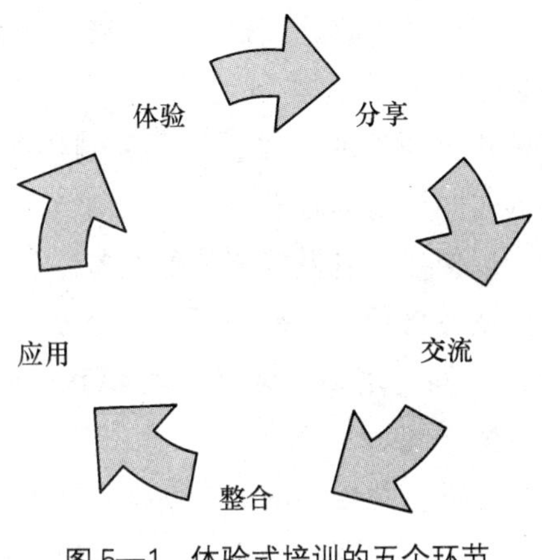

图 5—1　体验式培训的五个环节

（1）体验。这是整个体验过程的开端。参加者投入一项活动，并以观察、表达和行动的形式进行。

（2）分享。体验过程结束后，参加者要与其他体验过或观察过相同活动的人分享他们的感受或观察结果。

（3）交流。分享个人的感受只是第一步，关键是把这些分享的东西结合起来，与其他参加者探讨、交流。

（4）整合。按逻辑的程序，下一步是要从经历中总结出原则或归纳提取出精华，并用某种方式去整合，以帮助参加者进一步定义和认清体验中得出的结果。

（5）应用。最后是将这些体验应用在工作及生活中。而应用本身也成为一种体验，有了新的体验，循环又开始了，而参与者正是在这个循环往复的过程中不断进步。

体验式培训法主要包括角色扮演法、游戏法和公文处理法等类型。

① ［英］柯林·比尔德，约翰·威尔逊. 体验式学习的力量［M］. 广州：中山大学出版社，2003：7.

（一）角色扮演法

角色扮演法是指为受训者提供一种模拟真实场景的具体情境，然后指派受训者扮演情境中的某一角色，借助扮演者的演练来增强其对角色的感受，进而培养和训练其解决问题、处理矛盾的能力的培训方法。

1. 实施步骤

第一，向受训者介绍角色扮演的内容和意义。在角色扮演之前，培训者必须向受训者阐明活动的目的与大致内容，以调动参与者的积极性，使受训者感到活动是非常有意义的，而且乐意去学习。

第二，详细说明各种角色所处的情景、特点和制约条件。活动正式开始前，培训者还必须花费一定的时间让扮演者理解自己的角色，并向其讲清活动的时间限制、要求等制约条件，以便参与者做好充分的准备。

第三，观察受训者扮演各自角色的表现。这一阶段培训者安排受训者按照事先设定的情境开始表演。期间，培训者要认真观察并及时记录扮演者的行为表现，记录时要客观，内容要详细。

第四，实行动态评估并进行总结。培训者根据受训者的表现，依据事先拟订的标准，对其表现做出客观中肯的评价。此外，还可以组织扮演者和观察者讨论在演示过程中什么才是适当的行为和策略。对角色扮演的结果评估之后，应该将取得的经验和教训以书面形式记录下来，以便在下一次角色扮演培训中加以利用。

2. 注意事项

首先，要明确培训的目的，所表演的角色和内容应紧扣培训目的来设计，应是受训员工实际工作中可能遇到的情景，既要求易于表现，也要求易于接受。

其次，脚本应短小精练，故事情节真实可信，语言通俗易懂，避免长篇说教。一般表演应控制在5分钟左右，最长不要超过10分钟，以免引起表演者的倦怠和观察者的厌倦，反而淡化了重点内容，影响培训效果。

再次，扮演者应熟悉台词，不要边想边说。这样既容易偏离规定的情景，还容易造成语言、行动的不连贯，影响表演效果。

最后，应强调角色扮演过程中学习有关的知识、态度和技能，不要片面追求表演本身的艺术性，有时可以设计正反两面的角色，通过对比，增强说服力，加深印象。此外，还可以对表演进行录像，讨论时可结合录像来做总结分析。

3. 优点和缺点

角色扮演法的优点有：

（1）能充分调动受训者参与的积极性，促进受训者之间以及受训者与培训者之间的互动交流，增进人们之间的感情和合作精神。

（2）能提升受训者解决问题的能力，受训者在模拟的情境中扮演各种角色，针对出现的问题进行认真思考，各抒己见，提供解决各种及时性问题的方法和建议。

（3）角色扮演的形式和内容是丰富多样的，具有高度的灵活性，可增强学习的效果和趣味性。

（4）通过扮演和观察其他成员的行为，受训者能广泛地获取多种工作生活经验和锻炼的机会，还可以相互学习对方的优点，明白自身能力的不足之处，使各方面能力得到提高。

角色扮演法也存在一些缺点：

（1）如果缺乏精湛的角色设计能力，可能会导致所设计的角色过于简单化、虚假人工化，或者所设计的场景不符合培训的目的，这无疑会对培训效果产生直接的影响，使受训者得不到真正的角色锻炼和能力提高的机会。

（2）角色扮演的效果容易受到受训者自身特点和态度的影响，如有的受训者过度羞怯或参与积极性不高，不能很好地进入角色，从而不能充分展示自己，最终无法取得较好的培训效果。

（3）角色扮演中的问题分析可能局限于某一个小的领域或范围，不具有普遍性。

案例 5—2

角色扮演实例

下面是一个10分钟的角色扮演实例：

指导语：你将与其他两个人共同合作，而且你们三个角色的行为是相互影响的。请快速阅读关于你所扮演的角色的描述，然后认真考虑你怎样扮演那个角色。进入角色前，请不要和其他两个被试者讨论即席表演的事情。请运用想象使表演持续10分钟。

1. 图书直销员（角色一）

你是个大三的学生，你想多赚点钱自己养活自己，一直不让家里寄钱，这个月内你要尽可能多地卖出手头的图书，否则你将入不敷出。你刚在党委办公室推销，办公室主任任凭你怎样介绍书的内容，他都不肯买，现在你恰好走进了人事科。

2. 人事科主管（角色二）

你是人事科的主管，刚才你已注意到一位年轻人似乎正在隔壁的党委办公室推销书，你现在正急于拟订人事考核计划，需要参考有关资料。你想买一些参考资料，但又怕上当受骗，你知道党委办公室主任会过来的，而你一直非常忌讳别人觉得你没有主见。

3. 党委办公室主任（角色三）

你认为推销书的大学生不安心读书，想利用推销书的办法多赚到一点钱，以使自己的生活过得好一点。推销书的人总是想说服别人买他的书，而根本不考虑买书人的意愿与实际用途，因此你对大学生的推销行为感到恼火。你现在注意到这位大学生马上会利用你的同事想买书的心理。你决定去人事科阻挠那个推销员，但你又意识到你的行为过于明显会使人事科长不高兴，认为你的好意是多余的，并产生他无能的感觉。

角色扮演要点参考（仅供评分人参考）：

角色一注意事项：

• 避免党委办公室情形的再度发生，注意强求意识不要太浓。

• 对人事科主管尽量诚恳有礼貌。

• 防止党委办公室主任的不良干扰。

角色二注意事项：

• 尽量检查、鉴别书的内容与适合性。

• 尽量在党委办公室主任说话劝阻前做出决定。

• 党委办公室主任一旦开口，你又想买则应表明你的观点，说该书不适合党委办公室是正确的，但对你还是有用的。

角色三注意事项：

• 装着不是故意来为难大学生的。

• 委婉表明你的意见。

• 注意不要惹恼大学生与人事科主管。

（二）游戏法

1. 什么是游戏法？

游戏法是一种极富趣味性，同时也是比较先进的训练法，它是指通过让员工参与到小游戏的过程中来进行培训。游戏法具有生动、具体的特点，游戏的设计使员工在决策过程中面临很多真实存在的管理矛盾，决策成功或失败的可能性都同时存在，需要受训人员积极地参与训练，运用有关的管理理论与原则、决策力与判断力对游戏中所设置的种种遭遇进行分析研究，采取必要的措施去解决问题，以争取游戏的胜利。

2. 游戏法的要求

（1）制定明确完善的游戏规则。如果没有游戏规则的约束和限制，游戏则无章可循，无法判定个人表现的好坏、胜负，也达不到培训目的。因此，只有制定游戏参与者的约束制度，使游戏有章可循，才能顺利进行。

（2）游戏结束后要有结果。游戏的目的是使参与者通过游戏活动的结果，加深对知识的认识和理解，有的游戏最后要在竞争中出现胜负结果，这对胜者是一种鼓励，对败者也是一种激励。宣布游戏活动结果有利于接下来的分析和评述，游戏的结果也能促使受训者深入思考。

（3）游戏要倡导竞争意识。培训中引入竞争意识并贯彻在游戏中，这是游戏所要遵循的一条重要原则，培养竞争意识是游戏法的目的之一。

游戏法的主要优点在于：把游戏加入培训中，可以改变培训现场气氛，并且由于游戏本身有趣味性，还能提高员工的好奇心、兴趣及参与意识。此外，在游戏过程中，通过参加者的互相配合，团结合作，达到改善人际关系，增加团体凝聚力的目的。游戏法的不足则在于：一方面游戏法培训对事先准备（即游戏设计、胜负评判等）都有相当的难度要求；另一方面，游戏的实施过程比较浪费时间。

案例 5—3

游戏法实例

实例一：习惯的力量[①]

游戏由讲师带领所有学员进行。

1. 在所有学员都穿有外衣的情况下要求将外衣脱下。

2. 再将外衣穿上，并确认先伸的是哪一只手。

---

① 赵楠，施晨越. 企业员工培训手册［M］. 北京：经济管理出版社，2004：106.

3. 再要求脱下外衣，并用先伸另外一只手的方法重新穿上。

4. 请所有或部分学员谈一下先伸另一只手穿外衣的体会。

解析：由习惯形成的能力往往就是人们正常水平的发挥，人们往往不会有意识地去强迫自己做不习惯的事情。但值得提出的是，不习惯的事情往往是自己的潜力所在，一个人突破心理障碍去做不习惯或不喜欢的事情，这一过程也正验证了自己的潜力。每个人都有潜在的能力，潜能的发挥不在于天分，而在于做与不做，愿不愿做。

实例二：巧妙沟通

人员安排：3人一组，2名执行者，1名裁判。

道具：2组拼插玩具，玩具块数、规格、形状、质地、颜色等各项指数均完全相同。

游戏规则：

1. 两名执行者背向坐好，每人面前的方桌上放有1组相同规格的拼插玩具。

2. 两人不准回头观望，不得使用身体接触，只能通过语言交流沟通的方式完成任务。

3. 要求在规定时间内拼插出相同形状、同样规格的物品。

4. 裁判负责监督游戏进行的全过程。

解析：学员在游戏过程中无法用眼睛去看，身体也不能相互接触，剩下的就只有语言的沟通了。然而仅仅用语言一种交流方式是不够的，它或多或少存在片面性，往往会引导人走入误区，从而蒙蔽了事实，在现实生活或工作中也是如此。单一的沟通方式难免会有误会的产生，只有认清了这一事实，才能正确地看待和处理问题。

通过该游戏，一方面使参与者了解在与别人交往时，单一的沟通方式所带来的局限性，以及可能造成的误会；另一方面引导参与者主动思考，寻找更有效的沟通方式。

实例三：瓶子与气球①

材料：气球1～2个；系气球的带子一个；开口很小的瓶子和开口大的瓶子各一个。

步骤一规则：

培训师从包中拿出一只开口很小的瓶子放在桌上，然后指着气球说："谁能

---

① 向春．培训，就这么做［M］．广州：广州出版社，2003：296.

告诉我怎样把这只气球装到瓶子里去？——当然，不能使气球爆炸。”

启示：改变一下方法，问题就解决了。然后，在黑板上写下一个“变”字，并说“当你遇到一个难题，解决它很困难，那么，你可以改变你的方法”。指着自己的脑袋，“思想的改变，现在你们知道它有多么重要了，这就是我今天要说明的”。

步骤二规则：

做第二个游戏时，请一位学员配合完成这个游戏。请这位学员用这只瓶子做出 5 个动作，什么动作都可以，但不能重复。然后再做 5 个动作，但不要与刚才做过的重复。接着请再做 5 个动作，也不能与刚才做过的重复。发出五六次同样的指令。

启示：“变”有多难！可是发疯也要选择“变”。因为不变比发疯还要糟，那意味着死亡。

步骤三规则：

培训师从包里拿出一只开口很大的瓶子放到台上，指着那只装气球的瓶子说：“谁能把它放到这只新瓶子里去？”（谁都明白：直接装进去是根本不可能的。）

启示：这个问题很简单，只要改变瓶子的状态就能完成。一项改变最大的权限是什么？是完全改变旧有状态。彻底改变需要很大的决心，如果有一点点留恋，就不能真正完成。

（三）公文处理法

公文处理法，又称篮中训练法，指让培训对象在规定的时间内，对给定的各类公文材料进行处理，形成处理报告的一种培训方法。通常为培训对象设计一个情景和角色，让培训对象坐在堆满各种文件，如备忘录、报告和电话记录等的办公桌前，快速处理这些日常文件和事务。这些文件和事务没有什么条理，但有些需要紧急处理，有些需要常规处理，培训对象要研究这些文件，分清轻重缓急，合理安排时间去处理。公文处理培训主要侧重于培训学员的计划、组织、分析、判断、决策、书面沟通等能力，因此，它一般用于中高层管理人员的培训，并与其他培训方法结合应用①。

处理公文应当把握的 5 个原则：

---

① 石金涛. 培训与开发. 北京：中国人民大学出版社，2003：88.

第一，全面掌握与事件相关的各种信息。

第二，弄清事件所发生的时间和地点，以及人与人、人与事、人与物之间的相互关系。

第三，对存在的问题做出正确判断，抓住事件的主线。

第四，能提出解决问题的基本思路，分清轻重缓急，做出正确决策。

第五，能恰当授权，提出解决问题的方法。

专栏 5—1

公文处理实例①

【情境】

某公司是一家以经营建筑材料为主，集科研、生产、营销、工程建造于一体的大型企业。经过近 20 年的发展，已成为拥有 200 亿元净资产的股份制公司。到 2006 年，公司员工达到 2 500 人，在全国各地设立了多家分支机构以及 5 个生产基地。公司实行董事会下的总经理负责制，下设生产副总、营销副总和人事总监 3 个副总经理级别的高级职位，分管相关职能部门，财务部和办公室直属总经理领导。

现在，您的身份是该公司刚上任的人事总监王晓东。由于前任人事总监张旭华 11 月 20 日突然辞职另谋高就，11 月 22 日您被公司确定接任其工作，您目前的直接上级是总经理汤利华。在此之前，您是社会事务部主管经理。人事总监分管人力资源部和社会事务部，并兼任人力资源部部长。人力资源部下设招聘、薪酬、绩效、培训和劳动关系 5 位主管，共有 12 位工作人员。您被任命后，一直忙于新旧部门的交接工作，直至今天（11 月 25 日），才开始处理积压的公文。您上午 8 时已经到达办公室，放在您办公桌上的有一些书面请示、便函等，还有一些电话录音和电子邮件需要回复。上午 11 时您务必参加一个公司高层的办公会议，所以，您处理公文的时间仅有 3 小时。

【任务】

在接下来的 3 小时中，请您查阅文件筐中的各种信函、电话录音以及电子邮件等，并用如下回复表作为样例，给出您对每个文件的处理意见。

---

① 百度文库. 公文筐测验试题［DB/OL］. http://wenku.baidu.com/view/7d93cf3d87c24028915fc318.html.

具体答题要求是：

（1）确定您所选择的回复方式，并在相应选项前的“□”里画“√”；

（2）请给出你的处理意见，并准确、详细地写出你将要采取的措施及意图；

（3）在处理文件的过程中，请注意文件之间的相互联系。

【回复表示例】关于文件的回复表

回复方式：（请在相应选项前的“□”里画“√”）

□ 信件/便函　□ 电子邮件　□ 电话

□ 面谈　　□ 不予处理

□ 其他处理方式，请注明：

回复内容：（请做出准确、详细的回答）

【文件一】

类　别：电话录音

来电人：王胜车 综合办公室主任

接受人：张旭华 人事总监

日　期：11 月 20 日

张总监：您好！

我是办公室老王，给您反映的老田那件事又拖一段时间了，您一直没有答复我。老田从上次机构调整之后来办公室当副主任，我必须承认他确实是一个非常能吃苦的人。前段时间我因公出差，总经理将一项大型会议准备接待工作交给了他，他接到任务后，四处奔波，从联系开会地点、车辆、食宿到回程车票等，工作非常辛苦，但还是因为开会地点安排不当，使会议推迟了半天开幕。这类事情已经发生多次了，部门内部很多下属对他的工作能力都很有看法，希望您能和汤总沟通一下，对综合办公室的人事安排重新做出调整，否则综合办公室的工作会受很大影响。能否安排一个时间我们好好谈谈？

【文件二】

类　别：电话录音

来电人：张青　××培训公司销售主管

接受人：张旭华 人事总监

日　期：11 月 22 日

张总监：您好！

我是××培训公司张青，我们为贵公司员工的团队合作训练制定了一套拓展培训方案，总共三期，第一期培训已经完成。按照协议规定，在完成第一期后将支付当期的全部费用，但贵公司的培训主管李小红以员工对培训课程的满意度未达到90%为由，拒绝支付剩余款项。虽然合同对培训满意度和费用支付有详细的规定，但由于培训课程的满意度是贵公司单方面进行调查的，我们对调查结果存有很大疑虑。我们希望能尽快与您见面，以解决费用支付问题，否则我们将按照合同规定中止后两期的培训，并按规定不再返还合同签订时支付的保证金。

【文件三】

类　别：书面请示

发件人：刘小波 劳动关系主管

接受人：王晓东 人事总监

日　期：11月23日

王总监：

最近，我在医疗管理上遇到一件麻烦事，不知怎么处理。事情是这样的：我们在徐州的生产基地最近频频出现工伤事故，事故数量占到今年集团工伤事故总数的68%。从事故的具体情况来看，多数为十级伤残，且绝大多数受伤员工是来自同一个职业中介机构，很多人还是同乡，工伤事故多发生在正式合同签订后的两三个月内，事故发生后，单位都按规定为受伤的员工支付了全部医疗费用，但多数员工伤愈后都立刻提出解除劳动合同，并要求单位支付一次性工伤医疗补助金和伤残就业补助金。从我的角度看，这一系列事故可能不单纯是工伤事故问题，您看我该如何处理这个问题？

刘小波

【文件四】

类　别：电子邮件

发件人；胡文强 社会事务部经理

接受人：王晓东 人事总监

日　期：11月24日

老王：

你好！

首先祝贺你的高升。有一件事要麻烦你，你在社会服务部也工作了多年，部里事情多，人手少，大家经常像消防员一样。你在时我们就有招聘计划，但张总监一直以我们部门人员定额已满为由，拖延招聘进程。你调走后工作更加繁忙，问题也更加严重。现在应该好办了，咱们能否找时间聊一下？

你的老下级：文强

【文件五】

类　别：便函

发件人：刘文福 财务部经理

接受人：王晓东 人事总监

日　期：11 月 23 日

王总监：

您好！关于人力资源部的部门费用使用情况，需要和您通报一下。下半年划拨的费用近 20 万元，现在还未到年底，但费用已超支 2 万余元，一些报销的项目并未列在年初的费用预算中，还有一些项目的花费超出了预算，但报销单上都有张总监的签字。我知道您刚刚上任，事务繁忙，但请关注此事。由于人力资源部的费用已经超过预警线，按照规定，财务部最近会暂停人力资源部的报销申请，请和汤总协商此事，不获得总经理的许可，财务部将不能接受人力资源部的报销申请，请见谅。

刘文福

【文件六】

类　别：公函

发件人：王居文 某高校毕业生分配办公室主任

接受人：张旭华 人事总监

日　期：11 月 23 日

张总监：

您好！感谢您对我校毕业生分配工作的一贯支持。上次在人力资源管理论坛上听了您有关大学生社会适应能力的发言，很受启发。一周之前，我曾邀请您给我们学校“大学生职业生涯发展”的讨论主题写一个 300 字的简要评述，从企业需求的角度给大家提一些建议。我们马上就要印制材料了，希望您能在明天下班之前将稿件传给我。另外，我们定于 12 月 9 日举办用人单位与学生见面会，希望您能亲自到场对贵公司进行简单的介绍，以增进学生们对贵公司的了解。

王居文

【文件七】

类　别：电子邮件

发件人：李小红 培训主管

接受人：王晓东 人事总监

日　期：11 月 24 日

王总监：

您好！最近我的工作压力很大，9月份我刚休完产假，回到公司后发现自己的精力和体力跟不上工作要求，10月上旬我们去各分公司集中培训营销人员时，我几乎每天都休息不好。此外，我的小孩还不到半岁，自从重回岗位，孩子的身体就不太好，我觉得目前很难兼顾工作和家庭。我的两个直接下属在这一年中进步很快，对业务已比较熟悉，可以独当一面，因此，我想向您提出辞职申请，不知可否？

李小红

【文件八】

类　别：便函

发件人：汤利华 总经理

接受人：王晓东 人事总监

日　期：11月25日

晓东：

技术开发部最近提出了明年的部门人力资源规划，该部门经理赵昭辉刚从国外归来，对技术趋势把握能力很强，在行业内也有一定的影响。赵经理在部门的人力资源规划方案中提出，目前公司总体技术能力不强和技术开发部员工的素质不高有很大关系，该部门计划裁减2/3的员工，然后再面向国内外招聘高素质的技术人员。由于这一决定事关重大，请提出你的意见。

汤利华

【文件九】

类　别：书面请示

发件人：蒋伊凡 绩效主管

接受人：王晓东 人事总监

日　期：11月24日

王总监：

最近我对公司总体的绩效考核进行了分析，发现营销部和其他部门的考核结果有很大差异，主要问题在于员工的业绩考核结果和行为考核结果的相关性很低，很多业绩排名靠前的员工，其行为考核结果都处于部门靠后的位置，而行为考核结果优秀的员工业绩表现却很一般。营销部今年以360度评估替代原来的上级考评方式，我在思考这种新的方式是否适合营销部的员工。我已将分析报告整理完毕，请过目。如有时间，我想和您讨论一下360度评估这种考核方式是否还应继续在营销部实施。

蒋伊凡

【文件十】

类　别：电子邮件

发件人：陈 进 市场策划部经理

接受人：王晓东 人事总监

日　期：11 月 24 日

王总监：

您好！有一个问题需要向您反映。最近我们部门的员工工作积极性突然明显下降，据我私下了解，最近公司内部网流传一份公司的薪资表，表格上同级别营销部员工的薪水远高于我们部门。很多员工都看到了这份表格，无论其真实性如何，已明显影响了本部门员工的工作积极性，有的核心骨干甚至已经考虑辞职。为了防止事态进一步发展，希望人事部门尽快做出澄清。

谢谢！

陈进

(四）企业教练技术

1. 内涵

企业教练是由体育教练发展而来。1975 年，添・高威（Timothy Gallwey）通过《网球的内心游戏》展示了独特的体验式教学，帮助人们在短时间内学会打网球。后来，一些有远见卓识的管理者们从中看到了其效果显著的管理功能，并将其应用到企业培训中来，由此企业教练技术应运而生。

目前，业界有关“教练”的含义还没有达成一致意见，但是对其核心的定义都离不开“学习”“发展”和“绩效”这三个概念。可以说，企业教练是一种一对一持续进行的、有针对性的互动干预过程；通过关注和倾听等技巧，企业教练会及时反馈和帮助被教练者看到问题、开发潜能，以促使其自觉优化意识、态度和行为，最终弥补现实状态与理想状态之间的差距，实现绩效提升与自我发展。

2. 教练的必备技能

（1）聆听。教练必须认真聆听受训者说话，从受训者的叙述中了解背后的真实情况。聆听要求全神贯注，不能掺杂个人主观想法和判断，纯粹是对方的本意、感受、情绪。

（2）发问。教练通过发问发掘受训者的心态，搜集资料，理清事实真相，帮助对方挖掘自我盲点，认清自己的目标与障碍，明确应该如何去选择行动。发问的态度应是中立的、有方向的和建设性的。同时，教练必须基于受训者的水平发问，否则，发问内容超越了他的理解力和接受力就会偏离方向，徒劳无功。

（3）区分。教练要对所听到的内容进行清理分类、判断，区分出真情和假象，了解对方的动机、态度，帮助对方还原成一个真实的自己。例如，教练要会区分受训者设定的目标是否合理，只有区分准确，才能让受训者更深层次地了解他的目标和他目标背后的原因，而不仅仅是目标本身。

（4）回应。通过回应及时指出对方存在的问题。教练通过聆听、发问和区分等做法，了解到被教练者真实态度和动机后，就要把他的真实状态反馈给他，让他清楚地看到自己的长处和弱点。回应应该是负责任的、明确的、及时的。

3. 实施步骤

第一，理清目标。目标是教练存在的基础。首先，教练要明确他的目标是帮助受训者清晰和达成目标，而不是将自己的目标强加在对方的身上。其次，教练应帮助对方去挖掘内在的需求，激励对方把这种需求转化为奋斗的目标。

第二，反映真相。教练就是对方的一面镜子，把对方的行为、心态和情绪等真实地反映出来，使受训者从中了解自己的盲点所在，发现自己存在的问题，找到现状与目标之间的差距。教练应保持客观和中立的态度，与受训者建立平等、互信的关系，这样才能反映真相。

第三，调适心态。教练要引导受训者采取正确的行为去达成预先设定的目标，首先应从帮助其改变信念和态度入手，心态调适好了，行为也就有所不同，进而创造令人惊喜的成果。

第四，行动计划。行动计划是受训者为实现自己的目标而制定的行动方案，是创造成果的保障。一份有效的计划需要包括“目标、行动、成果”三个最基本的元素。目标是一个方向，是行动的指南针；行动是有效达到目标的行为，是目标和成果之间的转换器；成果是行动所产生的结果，是检视目标的一个标志。

专栏 5—2

企业教练技术与传统培训的比较[①]

1. 培训效果

① 教练技术和其他培训有什么不同？[DB/OL].（2007-7-6）http://manage.org.cn/article/200707/48837.html

传统培训：有关培训的研究结果表明，一般的培训仅产生10%～20%的转化率，即80%～90%的培训资源被浪费了，这是任何一个高绩效企业都无法容忍的浪费。

教练技术培训：1997年欧洲《公众人事管理》发表关于参与企业教练技术培训后的报告显示：通过企业教练技术培训后能增加22.4%的生产力；通过培训并加“教练”的能增加88%的生产力。创意领袖中心（The Center of Creative Leadership）1997年的报告：美国一项调查显示，在所有实行“教练”制度的公司，其中77%认为，采取有系统的教练技术培训能够降低员工的流失率及改善整体表现。

2. 培训方式

传统培训：顾问式，为具体的问题提供咨询、解答和解决途径，教师是问题解决者。

教练技术培训：教练式，从拓宽人的信念入手，着眼于“激发人的潜能”。教练不是帮学员解决具体问题，而是利用教练技术反映学员的心态，提供一面镜子，使学员洞悉自己——理清自己的状态和情绪，及时调整心态、认清目标，以最佳状态去创造成果。

教练不是顾问，不提供解决方案，而让你自己去发现；教练不是老师，不会告诉你问题的答案；教练不是心理医生，不会去平复你的情绪，而是让你自己管理情绪；教练不针对你的过去，而关心你的未来；教练“对人不对事”，反对“对事不对人”。

3. 培训老师与学员关系

传统培训：教师或咨询人员的关系。

教练技术培训：合作伙伴关系。在信任及建立合作关系的基础上，通过一系列的教练技巧带你去看你自己的思维模式、行为模式，以及他们在什么地方限制了你取得成果。教练不会教你解决问题的具体方法，更不会代你去完成你的工作。

4. 培训方法

传统培训：填鸭式。

教练技术培训：“教练指导”绝对不是为了让对方“知道”一些事情，而是为了让被指导对象真正会做一些事情，并且必须深刻理解背后的“究竟”，具备分析、调整和处理的能力，从而在复杂的现实环境中能够灵活运用。能力无法教授，因此，“教练指导”的本质是：塑造能够让被指导对象有所发现的环境，通过帮助被指导对象加工处理自己的经验，从而形成在现实中可以灵活运用的能力。

（五）头脑风暴法

头脑风暴法是由美国创造学家 A. F. 奥斯本于 1939 年首次提出，1953 年正式发表的一种激发创造性思维的方法。它是一种通过小型会议的组织形式，让所有参加者在自由愉快、畅所欲言的气氛中，自由交换想法或点子，并以此激发与会者创意及灵感，使各种设想在相互碰撞中激起脑海的创造性“风暴”。简言之，头脑风暴，就是最大限度地发挥大家的想象力，利用集体的智慧，通过创造性的思考，分析问题原因并最终找到解决问题的方法。

头脑风暴法经各国创造学研究者的实践和发展，至今已经形成了一个发明技法群，如默写式智力激励法就是其中一种。

知识链接 5—2

默写式智力激励法①

默写式智力激励法，又称“635”法。它是由德国学者荷立根据德意志民族善于沉思的性格，以及由于数人争着发言易使点子遗漏的缺点，对奥斯本智力激励法进行改造而创立的。

具体操作方法：召开由 6 个人参加的会议，主持人在会上阐明议题。与会者每人发 3 张卡片，在第一个五分钟内，每人针对议题在 3 张卡片上各写上一个点子，然后传给右邻；在第二个五分钟内，每人从传来的卡片上得到启发，再在三张卡片上各写一个点子，之后再传给右邻。这样继续下去，经过半小时可传递 6 次，共得 6×3×6=108 个点子。由于这种方法是 6 个人参加，每人 3 张卡片，每次 5 分钟，因此得名“635”法。

“635”法的注意事项：

- 不能说话，思维活动可自由奔放。
- 由 6 个人同时进行作业，可产生更高密度的设想。
- 可以参考他人写在传送到自己面前的卡片上的设想，也可改进或加以利用。

① 默写式智力激励法［J］. 北京体育学院学报，1987.

• 不因参加者地位上的差异，以及懦弱的性格而影响意见的提出。

• 卡片的尺寸相当于 A4 纸张，上面画有横线，每个方案有 3 行，分别加上 1～3 的序号。

1. 实施原则

（1）延迟评判原则。对各种意见、方案的评判必须放到最后阶段，此前不能对别人的意见提出批评和评价。认真对待任何一种设想，而不管其是否适当和可行。

（2）欢迎各抒己见，自由鸣放。创造一种自由的气氛，激发参加者提出各种奇思妙想。

（3）追求数量。意见越多，产生好意见的可能性越大。

（4）探索取长补短和改进办法。除提出自己的意见外，鼓励参加者对他人已经提出的设想进行补充、改进和综合。

为提供一个良好的创造性思维环境，应确定专家会议的最佳人数和会议进行的时间。经验证明，专家小组规模以 10～15 人为宜，会议时间一般以 20～60 分钟效果最佳。

2. 操作步骤

首先，头脑风暴法开始实施时，先把实行这种方法应当遵循的原则及所要讨论的题目、目的告诉大家；其次，鼓励大家自由发言，主持者同时记下发言者的创意；再次，将这些创意进行分类、归纳、评价；最后，把其中最具代表性的创意作为问题的答案。

（六）拓展训练法

拓展训练，又称外展训练，是一种户外体验式训练，它让参加者在不同于平常的户外环境下，直接参与一些精心设计的程序和活动，继而自我发现、自我激励，达到自我突破、自我升华的目的。它运用独特的情景设计，通过创意独特的专业户外项目体验，帮助组织激发成员的潜力，增强团队活力、创造力和凝聚力，以达到提升团队生产力的目的。

1. 拓展训练的特点

（1）活动多样性。拓展训练的所有项目都以体能活动为引导，引发出认知活动、情感活动、意志活动和交往活动，有明确的操作过程，要求学员全身心地投入。

（2）挑战极限。拓展训练的项目都具有一定的难度，特别是高空拓展训练项目，主要表现在心理考验上，需要学员向自己的能力极限挑战，跨越极限。

（3）集体中凸显个性。拓展训练实行分组活动，强调集体合作，力图使每一名学员竭尽全力为集体争取荣誉，同时从集体中吸取巨大的力量和信心，在集体中显示个性。

（4）高峰体验。在克服困难、顺利完成课程要求以后，学员能够体会到发自内心的胜利感和自豪感，获得人生难得的高峰体验。

（5）自我教育。教练只是在课前把课程的内容、目的、要求以及必要的安全注意事项向学员讲清楚，活动中一般不进行讲述，也不参与讨论，充分尊重学员的主体地位和主观能动性。即使在课后的总结中，教练也只是点到为止，主要让学员自己来讲，达到了自我教育的目的。

（6）能力提高。通过拓展训练，参训者在如下方面有显著的提高：学习欣赏、关注和爱护大自然；克服心理惰性，磨炼战胜困难的毅力；认识自身潜能，增强自信心，改善自身形象；启发想象力与创造力，提高解决问题的能力；认识群体的作用，增进对集体的参与意识与责任心；改善人际关系，学会关心，更加融洽地与群体合作。

2. 拓展训练的环节

一次拓展训练常由团队热身、个人项目、团队项目和回顾总结 4 个环节组成。

（1）团队热身——在培训开始时，团队热身活动将有助于加深学员之间的相互了解，消除紧张，建立团队，以便轻松愉悦地投入各项培训活动中去。

（2）个人项目——本着心理挑战最大、体能冒险最小的设计原则，每项活动对受训者的心理承受力都是一次极大的考验。

（3）团队项目——以改善受训者的合作意识和受训集体的团队精神为目标，通过复杂而艰巨的活动项目，促进学员之间的相互信任、理解、默契和配合。

（4）回顾总结——回顾将帮助学员消化、整理、提升训练中的体验，以便达到活动的具体目的。总结使学员能将培训的收获迁移到工作中去，实现整体培训目标。

专栏 5—3

拓展训练项目实例①

破　冰

项目介绍：

---

① 赵楠、施晨越. 企业员工培训手册. 北京：经济管理出版社，2004：241.

当一个团队刚刚组建的时候，缺乏组织纪律性和团队凝聚力是最突出的问题，很难完成接下来的团队项目，这时就需要通过一些活动来营造和谐氛围，确立基本期望，建立团队关系，清除彼此间的隔阂。这就是破冰项目的主要意义。

操作步骤：

(1) 自我介绍：2～16 人组成一队，以独特的方式进行。可以将个性特征贴在白板纸上。团队成员之间要相互认识，这里的认识是指每个人要将自己的优点及缺点告诉大家，以便在今后的活动中相互取长补短，完成任务。

(2) 制定队名、队歌、队训、队徽，选出队长。通常教练会要求不选领导，因为这样将严重影响团队整体的决策能力。

(3) 各组展示：通过分组讨论的形式迅速建立沟通环境，初步形成团队气氛。

学员体会：确立团队培训目标；打破新团队成员之间的隔阂；加强相互了解和信任；初步形成团队认同。

雷 阵

项目介绍：学员在规定的时间内，顺利通过面前一个布满地雷的雷阵图，有严格的计分方法控制培训的每个环节。目的是让学员突破思维定式，提高工作效率。

准备：在一片正方形区域内画出 120 个方格，每个方格内按顺序标注数字。学员在正方形区域的一侧站成一排。

完成结果：在 40 分钟内学员依次从区域内穿过到达另一边。

说明：120 个方格内有的假设埋有地雷，每个人每次只能走一个相邻的格子，第一次踩雷被告知后要按原路返回换下一个人进入，基础为 100 分，如有以下错误将扣分：①每次超过一人进入雷区。②踩线、跨格、踩两个格。③重复踩雷。④不能按原路返回。

学员体会：突破思维定式，创造性地解决问题；角色的合理分配与运用，避免“熟练工”对团队造成的负面影响；团队学习：保证工具的随手可得，体会创新思维对团队决策的重要影响。

四、基于 E-learning 的培训方法

（一）什么是 E-learning?

E-learning 的英文全称为 electronic learning，中文译作“数字（化）学习”“电子（化）学习”“网络（化）学习”等。不同的译法代表了不同的观点：一是强调基于因特网的学习；二是强调电子化；三是强调在 E-learning 中要把数字化内容与网络资源结合起来。三者强调的都是数字技术，强调用技术来改造和引导教育。在网络学习环境中，汇集了大量数据、档案资料、程序、教学软件、兴趣讨论组、新闻组等学习资源，形成了一个高度综合集成的资源库。

E-learning 这个词汇源自美国，对其具体的解释却有多种版本。目前一般的理解是：运用多媒体技术，通过因特网等形式，为企业和个人提供丰富、实用、高效的在线培训。也有人将 E-learning 界定为用因特网技术来实施一系列的解决方案，用以传播知识、提高效率。按照美国培训和发展协会的定义，E-learning 是指由网络电子技术支撑或主导实施的教学内容或学习体验。

1. E-learning 的三大基准

美国 E-learning 专家罗森伯格认为 E-learning 是利用网络技术传送强化知识和工作绩效的一系列解决方案。他指出 E-learning 要基于三大基本标准：

第一，E-learning 互联成网，能即时更新、储存、利用、分配和分享教学内容或信息。

第二，E-learning 利用标准的网络技术，通过电脑传送给终端学员。

第三，E-learning 注重的是宏观的学习，是超越传统培训典范的学习解决方案。

2. E-learning 的特点

（1）知识的网络化。学习的知识不再是一本书，也不再是几本参考书，而是将有关的专业知识和数据库连接起来。在数据库的支持下，知识体系将被重新划分，学习内容将重新组合，学习与研究方法也将发生新的变化。

（2）学习的随意性。分布在各地的员工比以往更为忙碌，他们企盼适合于他们需要的学习时间表和解决方案。学习必须能全年无休地进行，无论是在办公室、家或旅馆房间。时间逐渐成为学习的关键因素，员工也需要依他们的行程表学习，而不是培训机构的日程。

（3）学习内容保持及时、持续的更新。长期来说，包括学习教材在内的各种

学习资源的更新能与业务相关技术更新同步，会让资源对员工更具价值。

（4）培训的即时性。传统的培训人员要制定培训教材、安排培训场地，并组织考试、后勤，宣布培训结束之后又投入下一个培训的准备工作。采用 E-learning 解决方案可以将周期缩短到几乎让我们可以在即时模式中工作。这并不表示严谨的现场培训方案不再适用——它可能还是最佳的解决方案，只是在工作节奏越来越快的今天，学习本身所需的时间已经超过个人和企业所能支出的时间，如果我们要跟上发生在周围的变化，就必须使用技术和更先进的教学和信息设计技术。

（二）E-learning 的竞争优势

1. 低成本

据国外权威资料（Training Magazine）介绍，实施 E-learning 的公司可节约 40%～50%的培训费，职工用于学习的时间可以压缩到 40%～60%，培训完成率是从前的 3 倍，员工培训总数增加 325%，学习效果比传统教室培训有明显提高。其中培训成本的降低主要是员工的差旅费、讲师的课酬费、课室租用费的减少等。如 Cisco 公司采用 E-learning 系统已为其节约了 40%～60%的直接培训成本。

2. 高效性

E-learning 彻底打破了时空限制，学员可以随时随地通过网络参加学习。尤其对于需要经常出差的员工，可以通过网络及时了解企业最新的培训资讯，并按照公司既定的培训计划完成学习任务。研究表明，E-learning 可以使人们学习效率提高 25%～40%，正是从“要我学”到“我要学”的转变激发了人们的学习兴趣，从而提升了效率。

3. 个性化

与传统的课堂培训相比，E-learning 是能够真正实现个性化的培训方式。对企业而言，个性化培训就是培训部门可以根据企业实际的情况量身定制培训课程，包括自己开发和外部购买，可以根据企业的需要设置配套的培训管理工具，如需求调查或培训评估等；对个人而言，每位员工也可以根据实际情况，去选择合适的课程进行学习。

4. 可跟踪

E-learning 的学习管理系统（learning management system）可以对整个培训过程进行全面的管理和掌控，包括学员管理、课程管理、课程分配、学习跟踪、学习效果的评估和测试以及与学员学习相关的各类统计报告等，对全球各地学员的学习状况了如指掌。

5. **可量化**

电子学习使培训管理的量化不再是空中楼阁。学习管理系统以学员的学习时间、学习进度、学习状况、学习成绩和效果以及相应的反馈等为基础，可以及时产生各类报告、报表和数据，为培训效果的评估提供了科学的凭据。

可以说，E-learning 是一种更节约、更高效、更全面的现代培训工具。

（三）E-learning 的实施

1. E-learning 培训的准备阶段

（1）根据学员规模、课程特点，分析数据流量，选择购买合适的服务器；根据稳定性、可靠性、性价比要求，选择不同档次的计算机硬件设备，并考虑数据存储、备份的必要性。

（2）搭建网络学习平台、购买网络通信设施，联系网络运营商。

（3）选择购买合适的应用软件，需要考虑软件的兼容性。

（4）充分利用现有的课件资源。

（5）上述软硬件条件具备之后，就需要聘用专业的网络技术人员，只有他们才能保证 E-learning 系统的顺利运转。

2. E-learning 培训方案的实施

（1）学员提交培训申请。学员提出相关项目的培训申请，由服务器接收并处理收到的信息，再通过显示器向讲师、学员提供所需的培训内容。

（2）选择 E-learning 培训模式。目前，经常采用的 E-learning 培训模式主要有两种，即直接交互授课与网上自主学习。两种模式的优缺点见表 5—1。

表 5—1　直接交互授课与网上自主学习的比较

E-learning 培训模式	简介	优点	缺点
直接交互授课	授课、学习异地同步进行	现场感强，师生可以通过网络进行交流；可在当时解决学习过程中的问题	成本高，对设备、通信线路的稳定性及技术服务要求很高
网上自主学习	通过 Internet 或企业专网点播网上课程，实现异地异时培训	非常灵活，企业网络学习的主要方式	解决问题具有滞后性

(3) 生成试卷、自动评分及网上评估。能够对学员的培训效果进行即时评价，这也是 E-learning 系统的功能之一。

(4) 建立学员的培训成绩档案及培训历史记录。学员答完题后，若合格，方可进行下一步的进阶培训；若不合格，需要重新接受相同课程的培训，直到合格为止。同时，E-learning 系统对每一位学员的培训成绩、培训历史都有记录。

(四) 影响 E-learning 实施的因素

E-learning 作为一种新兴的培训学习方式，也并非完美无缺，它的实施仍存在着制约因素。

1. 网络运行环境及技术支持

对 E-learning 这种培训方式而言，网络这个最大的优势往往成为其最大的弱点——如果网络发生故障、服务器无法响应，或者学员的电脑发生故障，那么 E-learning 将会失去它的优势。所以，E-learning 的实施受计算机硬件、软件水平及网络支持技术的制约。

2. 企业资金实力及决策人员的支持

网络制约因素需要“钱”来解决，企业资金实力及决策人员对 E-learning 的认识和态度，决定了企业用于 E-learning 方面的经费多少，这也会影响 E-learning 实施的效果。

3. 员工素质的高低

企业员工使用 E-learning 开展培训的能力、管理 E-learning 整个项目的能力，以及学员对网络操作知识的掌握、多媒体应用软件的运用水平，都会影响 E-learning 实施的效果。

4. 员工的态度和认识

在员工看来，某种培训方法是否奏效的关键在于是否能够让其获得或提高某项技能。而由于事前沟通不足，员工对 E-learning 的认识不够或存在误解：认为企业为节约成本，原本可以出差培训兼观光的机会被 E-learning 替代了，从而使 E-learning 实施的效果大打折扣。

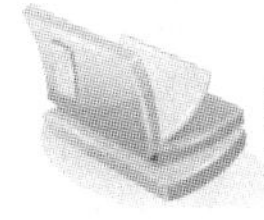

专栏 5—4

E-learning 的七张面孔

E-learning 不是简单地将面授课程搬到线上，而是专门经过教学设计的，符合在线学习规律的学习模式。好的E-learning在企业学习中扮演着不同的几种角色，为企业贡献着不同方面的价值。

1. 快速推广渠道

E-learning最简单有效的应用是作为快速推广渠道，将一些简单的、知识性的内容通过电子平台快速传递到企业的各个角落。特别适用于跨地域性的大企业将需要广大员工了解的内容传递到全国各地。例如，丰田汽车用E-learning学习，将新产品的基础知识、销售卖点等内容快速传递给全国4S店的销售人员，既提高了效率，又节省了成本。

2. 即时教练

E-learning较高级的应用价值在于其即时可用性。当今企业的各级管理者和员工普遍比较繁忙，很难花整块时间完整、系统、自发地学习一门E-learning课程。因此，像大片一样的影像制作式E-learning，使用价值极其有限。相反，好的E-learning应当反其道而行之，将课程主题的知识点碎片化，并以逻辑结构化的方式组合，便于随时查找。而每个碎片化的知识点，都简洁易懂，便于快速理解，减少学习者的学习障碍和学习投入成本。这样设计的目标，不是让学习者从头到尾地整体看课程，而是在工作中随着不同问题的出现，随时便捷地在E-learning课程中找到针对问题的知识点，快速启发和提示自己，快速解决问题并得以自我提升。这样，学员虽然不需要花大块时间坐在电脑旁学习，但却能够随时解决实际问题，这样的E-learning起到了即时教练的作用，是企业所真正需要的，也是面授课程无法企及的。

3. 学习资源库

E-learning可以整合大量的学习资源，通过合理的网络地图架构，为学员提供丰富的、相互联系和支撑的学习素材，帮助学员多方面吸收和延伸学习。如国际著名的E-learning课程“哈佛管理导师”，里面聚集了全球顶级专家学者的真知，全球顶级企业高管的灼见，全球最权威，最经典的专业文章，海量的实践案例等。E-learning还具有持续化的特点，学员可以在较长的时间里，随需要查阅学习。

4. 应用工具箱

E-learning还能够聚集多主题、多技能的应用工具，可供学员依工作需要随时调用。这些应用工具能够有效帮助学员将学习所得转化为改善的行为，如“哈佛管理导师”中具备了各项管理工作的应用步骤、应用技巧和应用工具表单，使用者可以在工作中直接引用这些工具，帮助开展管理工作。很多使用者还能够结合 E-learning 课程中的各种工具，二次开发成适合自身情况特点的工具，满足不同情况的个性化需求。

5. 个人学习管理系统

E-learning 还可为学员提供个人学习管理系统。有些 E-learning 学习系统能够为学员提供知识点即时推送、学习记录、跟踪提醒、在线考试等多方面的学习服务。学员利用 E-learning 学习方式，系统性地管理自己的长期学习。

6. 企业整合学习系统

E-learning 可以进一步拓展延伸，与企业员工发展的各个系统对接。对企业来讲，可以方便地管理员工学习的整体情况，可以分人群管理其学习发展情况。同时，可以通过系统平台在 E-learning 学习中整合需求调研、能力测评、在线答疑、学习成果沉淀及知识管理，从而打通整个学习链条，并形成对员工能力发展的整体管理。

7. 云学习社区

在 web2.0 时代，E-learning 将逐步向在线互动社区方向发展。人际学习的范围可以从面授课堂拓展到网上，在网上针对某个主题，广大在线学员可以自由讨论，以微博文字、图片、视频等方式，相互学习。沿着 web2.0 的思路，E-learning 为线上学员提供了一个即时互动、交换资源、持续叠加和积累的学习平台。在平台上，每个人都是学习的贡献者和获益者，每个人都是学习社区圈子的所有者。在一些国际化领先企业，E-learning 已经开始了云学习社区的尝试，开拓了在线即时分享、即时问答、即时搜索等应用，并取得了以往无法取得的效果。

深度阅读

1. 赵楠，施晨越. 企业员工培训手册［M］. 北京：经济管理出版社，2005.

该书以大量案例作为根据，按照培训的流程进行编排，向读者展示培训的各种类型和方法，并对企业培训的概念进行了较为清晰的阐释，对企业培训的种类进行了细致的划分，令读者在读书的过程中强化其对培训相关环节的了解，是一本实用价值较强的培训工具书。

2. 晓光，倪宁. 员工培训［M］. 北京：经济管理出版社，2004.

该书案例材料丰富，通过对世界知名企业的育人观、育人体系、员工训练课程设计、新员工训练、企业的育人环境、特色育人策略等的全方位透视来启发读者重新思考和定位培训的重要性和实施策略。

3. 孙宗虎，姚小凤. 员工培训管理实务手册（第三版）[M]. 北京：人民邮电出版社，2012.

该书从企业的培训需求分析出发，按照不同级别、不同岗位以及不同的培训方式详细叙述了企业应该如何开展自己的培训工作，是一本关于培训方案设计和培训实施管理的实用工具书。作者在书中介绍了新员工培训方案设计，销售人员、技术人员、企业生产人员、企业管理人员培训方案设计，脱岗与外派培训方案设计和三种特殊培训方式的应用等内容，是一本适合人力资源管理人员、咨询师以及高校相关专业的师生阅读、使用的实用书籍。

4. 杨毅宏，李淼. 员工培训实务手册 [M]. 北京：电子工业出版社，2012.

该书站在企业培训工作者的角度，从培训的组织入手，详细介绍了培训需求分析、培训设计开发、培训实施管理、培训效果强化与评估以及实务工具，同时介绍了企业大学、在线学习、在职培训、脱岗培训、外派培训、拓展训练等多元化的培训方式及应用，并针对不同类别和层次的员工，如高层管理人员、新入职员工、销售人员、高技术人员、生产人员等设计了培训指南。该书实战性强，知识系统、全面、新颖，是人力资源管理从业人员的案头宝典。

5. 王少华，姚望春. 员工培训实务（第 2 版）[M]. 北京：机械工业出版社，2011.

该书从培训需求的分析、培训计划的拟订、培训计划的实施、培训效果的评估和培训的延伸等培训的各个环节和层面展开，以流程和表单为主要形式，系统地介绍了培训的相关内容和具体操作方法，对提升员工培训效果有较强的指导性和可操作性。

延伸思考

1. 如何提高讲授法的培训效果？
2. 在培训中，如何激励师傅使其愿意带徒弟？
3. 工作轮换法的注意事项有哪些？
4. 拓展训练有哪些优点？
5. 什么是体验式培训法？具体有哪些方法？
6. 头脑风暴法的实施原则是什么？
7. 什么是 E-learning 培训？如何提高 E-learning 的培训效果？

第六章　效果怎样：培训评估

引导案例：西北航空公司的培训评估①

美国西北航空公司技术运作部门，通过培训评估，展示他们的服务对航空公司的经营所做出的贡献，从而显示部门的价值所在。例如，技术运作部门使每位技术人员的培训成本减少了16%；通过培训提高了客户满意度和培训产出率；促使高层管理者提高培训投入。

为了获得这些成果，技术运作培训部门开发了培训质量指标（training quality index，TQI），TQI运用计算机操作来收集关于培训部门的绩效、生产率、资金预算和课程方面的数据，并且对这些数据进行详细分析。

TQI将所有部门的培训数据归为五个方面：有效性、数量、学员感知、财务影响力及运营影响力。系统还提供关于预算、每个学员每天的培训费用以及培训的其他成本的绩效报告。这些指标都与部门的目标和战略相联系，并且最终与西北航空公司的整体战略挂钩。

在TQI未被开发出来之前，管理者对组织的培训存在很多疑问，例如，培训成本是如何确定的？培训对业务运营究竟有什么影响？技术人员究竟获得了多少培训？但是，现在这些问题都可以通过TQI系统来解答。组织可以通过TQI将培训需求与乘客的数量和航线的数量相比较，继而确定培训者的数量和培训地点，以此来满足经营需要。这种方法提高了客户满意度，并且能使管理者更加积极地看待培训。

① 雷蒙德·A. 诺伊. 徐芳译. 雇员培训与开发［M］. 北京：中国人民大学出版社，2007：163.

一、培训评估概述

（一）培训评估的内涵

“评估”（evaluate）有“评价、估计”的意思，评估活动最早可以追溯到科学的初创期。现代评估已经发展成为一门专业性的学科，涉及政治、经济、文化及自然科学等诸多领域。在培训领域，国内外学者对评估有不同的定义[①]（见表6—1）。

表6—1　　培训评估的内涵

学者	时间	内涵
泰勒（Tyler）	1953年	将学员的表现与行为目标相比较的过程，即评价受训者改变的情况
凯利（Kelly）	1958年	可以判断一个人工作贡献的价值、工作的品质和数量、未来发展的趋势以及为达到目标所需要的帮助
斯达夫彼姆（Stufflebeam）	1966年	对教育培训方案的确定、获取以及提供资料，作为决策参考的过程，最重要的目的在于改善现状
海布林（Hamblin）	1974年	指对教育方案评估资料收集的过程，并分析归纳影响的培训各种因素，反馈到有关部门人员
斯德（Snyder）	1980年	对组织而言，培训方案评估是一组程序，经过系统化设计，收集有关方案，改变组织的过程和判断资料，使评估的结果可以获得组织在方案实行前、中、后所有相关的行为资料
戈尔斯坦（Goldstein）	1986年	培训评估是指系统地收集必要的描述性和判断性信息，以帮助做出选择、使用和修改培训项目的决策
克里格尔（Clegg）	1987年	培训评估可以确定培训是否值得，指出需要改进的地方，审核目标达成的情况，决定培训是否继续存在，找出更好的训练方法并建立未来的培训指导方针
Buckley and Caple	1990年	评估是一个试图评价培训整体价值的过程，包括评价培训的成本利润和培训的成果，评价培训公司是否获利，接受培训的学员是否提高了成绩
菲利普斯（Phillips）	1991年	培训评估是一种系统性的过程，用以决定培训方案的意义及价值，并对该培训方案的未来使用情况做出决策

① 徐芳. 培训开发理论及技术［M］. 上海：复旦大学出版社，2005：263.

续表

学者	时间	内涵
雷蒙德（Raymond A. Noe）	2007 年	培训评估指收集培训成果，以衡量培训是否有效的过程
徐芳	2004 年	培训评估是指组织系统地搜集有关人力资源开发项目的描述性和评判性信息的过程，通过运用不同测量工具来评价培训目标的达成度，以此判断培训的有效性并为未来举办类似的培训活动提供参考
向春	2005 年	培训评估是依据目标和需要，运用科学的理论、方法和程序，从培训项目中收集数据，以确定培训的价值和质量的过程。这个过程会涉及四个关键性的问题：有没有发生变化？这种变化是不是由培训引起的？这种变化与组织目标的实现是否有积极的关系？下一批受训者完成同样的培训后，是否能发生类似的变化？
王淑珍	2010 年	培训评估指系统地收集必要的描述性和判断性的信息，对培训在员工、组织和社会三个层次上的收益进行评价，以帮助做出选择，使用和修改培训项目的决策

综上可知，培训评估是指系统地收集相关信息，运用不同的测量工具，对培训项目、培训过程和培训效果进行评价，以此作为组织后期培训决策依据的过程。

根据培训的进度，培训评估可分为培训前评估、培训中评估和培训后评估三个阶段。

培训前评估是指对组织的经营战略、岗位的素质要求以及员工的知识和技能等进行综合评定，据此拟订培训计划，确定培训目标。

培训中评估是指通过评价培训实际进展与培训目标的差距，分析导致差距的原因以及可补救的措施，从而改进培训过程，保障培训工作的有效推进。

培训后评估主要通过比较培训前后员工绩效和组织业绩的变化，来衡量培训的价值和培训目标达成度。比如，评估培训后员工是否掌握了新的知识和技能，是否能在工作中运用新的知识和技能，员工的工作积极性是否提高，工作效率是否得到改善等；比如，评价培训后组织的经营业绩的变化情况，组织利润的变动率，组织培训的投资回报率等。

（二）培训评估的意义

1. 发现培训的价值

培训是人力资本投资的一种方式，有效的培训能使员工和组织从中受益。对员工而言，培训能使他们学到新知识和新技能，改善工作态度，改进工作方式，提升工作绩效；对组织而言，培训能促进产量的增加，提高顾客满意度，改善经营业绩。培训是否真正产生了这些价值，需要通过培训评估来验证。通过培训评估，能判定培训是否给员工和组织带来了新变化，并据此证明培训部门在组织中的价值。

2. 检验培训目标是否达成

培训评估是组织获得有关培训项目信息的最好手段。培训前评估确定了组织的培训目标，培训后评估则对培训效果做出判断。通过比较培训效果与预先设定的培训目标之间的差距，能够判断组织的培训目标是否达成，从而为下一轮的培训工作开展提供信息参考和经验借鉴。组织也可以据此确定哪些培训项目需要终止，哪些培训项目需要调整，哪些培训项目需要进一步优化等。

3. 识别培训中的问题

对培训部门而言，通过培训评估能够识别培训中所存在的不足。例如，组织的培训需求分析是否准确，培训目标设置是否合理，培训计划的拟订是否周全，培训时间安排是否恰当，培训内容是否充实，培训地点和设施如何，培训教师是否令员工满意等，从而对培训项目进行有针对性的调整和完善。

对员工而言，通过培训评估，员工可以清楚地认识到自身在知识、能力和态度等方面存在哪些不足，该如何改进，从而为下一阶段培训以及今后的工作开展做好准备，促进自身素质的提升。

4. 为组织决策提供依据

培训评估能为组织决策如人才流动与配置、绩效考核等提供依据。在新员工招聘中，新员工的培训评估结果是检验招聘质量的重要参考；在人才提拔中，受训人员的培训成绩是晋升的主要依据之一；在绩效考核中，培训评估的结果可作为考核培训部门及相关培训人员的绩效指标。例如，在联想集团，培训师的考核制度中规定，受训人员的满意率是培训师的绩效指标之一。

专栏 6—1

企业内部讲师评估流程[①]

内部讲师评估流程见下表。

<table>
<tr><th>流程名称</th><th colspan="2">内部讲师评估流程</th></tr>
<tr><td>流程目的</td><td colspan="2">1. 帮助内部讲师找出培训中存在的不足及需要改进的地方
2. 提高内部讲师的培训水平</td></tr>
<tr><td>知识准备</td><td colspan="2">1. 了解评估工具的使用方法
2. 掌握内部讲师的评估方法</td></tr>
<tr><td>流程步骤</td><td>细化执行</td><td>关键点说明</td></tr>
<tr><td>1. 确定评估目的和评估方案</td><td>内部讲师评估方案</td><td rowspan="7">1. 每次培训结束后，培训部组织学员对内部讲师的培训效果进行评估，并将评估结果与讲师级别挂钩
2. 通过调查问卷、相关资料的收集和观察、面谈等方式获取评估信息
3. 根据信息分析结果，培训部撰写内部讲师评估报告，内容包括培训项目概况、评估目的和性质、评估实施程序、评估结果、相关建议和意见等
4. 内部讲师按评估结果确定级别，一般分为优良中差 4 个等级；培训部每年在 1 月份对内部讲师进行一次年终评估</td></tr>
<tr><td>2. 收集内部讲师评估信息</td><td>内部讲师评估表</td></tr>
<tr><td>3. 整理、分析评估信息</td><td>有关评估的各种资料、文件</td></tr>
<tr><td>4. 进行内部讲师培训评估</td><td>选用合适的评估方法对内部讲师的培训效果进行评估</td></tr>
<tr><td>5. 撰写内部讲师评估报告</td><td>内部讲师评估报告</td></tr>
<tr><td>6. 评定内部讲师级别</td><td>内部讲师等级表</td></tr>
<tr><td>7. 资料整理、归档</td><td>内部讲师评估表、内部讲师评估方案、内部讲师评估报告</td></tr>
</table>

内部讲师评估控制程序如下：

一、目的

为有效激励内部讲师的工作积极性和主动性，营造公平有效的环境，提高内部讲师的授课水平，特制定本控制程序。

① 李作学. 培训管理工作细化执行与模板［M］. 北京：人民邮电出版社，2011：127－130.

二、适用范围

本控制程序适用于公司内部讲师评估工作。

三、权责分配

公司培训部负责组织内部讲师的评估工作，受训部门及受训人员应协助配合。

四、评估原则

公司培训部评估内部讲师时应遵循“公正、公平、公开”的原则。

五、评估方法

内部讲师的评估方法见下表。

评估形式	评估内容	评估者	所用工具	评估时间
培训项目评估	课程内容的熟练程度、授课技巧、课堂控制等	受训人员、培训部	内部讲师评估表	课程结束后一周内进行
年终评估	授课质量、授课效果、工作态度、授课技巧、课程内容开发等	培训部	内部讲师年度评估表、每次培训结束后的内部讲师评估表	每年1月份

六、评估工具应用

1. 每次培训结束后，培训部应组织受训人员对内部讲师的现场培训效果进行评估。受训人员根据内部讲师的实际授课情况，填写内部讲师授课现场效果评估表（见下表）。

培训项目		培训时间		内部讲师				
序号	培训评估项目			0	1	2	3	4	5
1	培训课程整体满意度							
2	培训课程内容的实用性							
3	培训课程内容的充实性							
4	培训教材讲义的编制情况							
5	课程规划与进行方式							
6	内部讲师的专业程度							
7	内部讲师的解说能力							
8	内部讲师的教学热情							
9	内部讲师的时间掌握							
10	内部讲师的课堂控制力							

续表

序号	培训评估项目	0	1	2	3	4	5
11	内部讲师的授课方法与形式						
12	内部讲师表达方式的生动性						
13	内部讲师引导学员进入角色的能力						
14	内部讲师能否充分调动学员的积极性						
15	内部讲师能否回答学员问题						
16	内部讲师对培训内容的掌握程度						
17	内部讲师对培训内容感兴趣的程度						
18	本次培训对工作起指导作用的程度						
19	课程对学员的工作及成长的帮助程度						
20	本次培训的成功程度						
备注	1. 本次评估满分为100分，共评估20项，每项5分 2. 在相应选项下的表格内画“√”						

2. 培训部对内部讲师的年度授课情况进行年终综合评估，并填写内部讲师年度评估表（见下表）。

基本情况（讲师填写）					
姓名		学历		专业	
所在部门		岗位		职称	
讲师资格			评聘时间		
教授课程	目前				
	意向				
年度总结					

培训绩效记录				
序号	培训项目	培训时间	培训对象	平均成绩
	（内部讲师填写）			（培训部填写）
1				
2				
3				
4				
5				

续表

6				
年度总体评估	评语			
	奖励			
培训部经理意见			培训总监意见	

七、评估结果应用

（一）培训项目评估结果应用

1. 每次培训结束后，培训部负责对内部讲师进行等级划分，具体见下表。

等级	优	良	中	差
评估成绩	91～100	81～90	61～80	60 以下

2. 每次培训结束后的评估结果将作为内部讲师年度评估的重要依据之一。

（二）年度评估结果应用

1. 内部讲师年度评估结果将作为内部讲师晋级的重要部分。

2. 内部讲师年度评估结果不合格者降一级，保留内部讲师资格一年，连续两年不达标者取消其资格。

3. 内部讲师年度评估结果将作为年度绩效考核和公司内部晋升的重要参考资料之一。

编制日期		审核日期		批准日期	
修改标记		修改处数		修改日期	

二、培训成果信息

（一）培训成果分类①

1. 认知成果

认知成果（cognitive outcomes）用来衡量受训者对培训项目中强调的原理、事实、技术、程序或流程的熟悉程度。认知成果一般通过笔试来评价。有关衡量受训者决策能力的试题举例见表 6—2。

① 改编自：雷蒙德·A. 诺伊，徐芳译. 雇员培训与开发［M］. 北京：中国人民大学出版社，2007：168－171.

表 6—2 有关衡量受训者决策能力的试题举例

1. 如果老板把一份工作返还给我并要求我作修改，我将：
A. 向老板说明工作不需要改动。
B. 按照老板说的去做，但指出需要在哪里改动。
C. 不与老板争辩就直接进行修改。
D. 要求调离该部门。
2. 如果我打算在工作上建立一个新的程序，我将：
A. 自己动手不寻求任何帮助。
B. 向老板征询建议。
C. 向与我一起工作的人征求建议。
D. 与公司外的朋友讨论这个问题。
3. 如果老板让我去实施没有反对意见的决策，我将：
A. 立刻去实施，大家一致赞同的意见肯定没有问题。
B. 多数情况下会马上实施，但有时会想一想。
C. 不会马上做，这里可能存在着风险。
4. 如果我提出的某项拓展市场、提高利润的建议遭到老板的否决，我将：
A. 不再关心这件事。
B. 暂时搁置不提，找机会通过其他方法继续说服老板。
C. 直接向上级领导汇报。
5. 如果我辛辛苦苦地坐车几个小时去见一位重要的客户，结果发现由于他的秘书忘记把这件事记在工作日志上，他已经出去见其他客户了，我将：
A. 第二天给他打电话抱怨。
B. 接受秘书的道歉，重新安排会见。
C. 请秘书向他的老板解释并重新安排会谈时间。

2. 技能成果

技能成果（skill-based outcomes）用来评价技术性或运动技能以及行为方式的水平，它包括技能的获得与学习（技能学习）及技能在工作中的应用（技能转换）两个方面。技能成果可以通过观察法来衡量。例如，校长可以通过对校长助理的观察和接触，对校长助理的管理技能高低进行评估（见表 6—3）。

表 6—3 校长助理的管理技能评价举例

请阅读以下各个技能的定义以及有关的行为方式，根据过去 3 个月内你对校长助理的观察，在下列范围内打分：

总是	通常	有时	很少	从不
1	2	3	4	5

1. 敏感性。能够意识到需求、关注点和他人的私人问题；善于与不同背景的人打交道；具有解决冲突的能力；能够有效关注他人的情感需要；知道与什么样的人交流什么样的信息。
(1) 校长助理能让别人表达他们的意愿、感觉以及他们关心的问题。
(2) 校长助理能通过语言或非语言的方式表达他对别人的感觉、需要及认可。

续表

(3) 校长助理能预测特定行为的情感影响并采取行动。
(4) 校长助理能通过重新陈述、应用或鼓励反馈等方式正确理解别人的观点。
(5) 校长助理会告诉他人执行工作所需要的信息。
(6) 校长助理能在出现问题时化解不必要的冲突。
2. 决断性。判断何时需要做出决策且马上采取行动的能力。
(1) 校长助理在判断制定决策或不制定决策的结果后，会明确何时需要决策。
(2) 在学校遇到各种情况时，校长助理能决定采取长期还是短期的解决办法最适合。
(3) 校长助理考虑了可替代的决策方案。
(4) 校长助理能根据所获得的数据制定具有时效性的决策。
(5) 校长助理一旦制定决策就能坚持下去，排除外来压力。

3. 情感成果

情感成果（affective outcomes）用来反映受训人员对培训项目所持有的态度和动机。情感成果的一个重要内容是关于受训者对培训项目的感性认识，即反应成果（reaction outcomes），例如受训者对培训讲师、培训教材、培训课程设置等方面的满意度以及培训者对培训内容有用性的感知。情感成果还包括受训者的学习动机、对多元化的容忍度和对顾客服务导向的态度等。

反应衡量尺度举例见表 6—4。

表 6—4　　反应衡量尺度举例

阅读下面各种情况，根据所给的评分标准表示你认同的程度。

非常不同意	不同意	中立	同意	非常同意
1	2	3	4	5

1. 我已经掌握了学习这门课程所必需的知识和技能。
2. 这些设备和设施有助于学习。
3. 课程达到了所有列举目标的要求。
4. 我明确地知道课程目标。
5. 传授课程的方法是有助于学习的有效方法。
6. 培训课程中涉及的内容是有效的。
7. 课程内容的组织具有逻辑性。
8. 我有足够的时间去学习培训的内容。
9. 我觉得指导者希望我们学习。
10. 我可以轻松地向指导者提问。
11. 指导者是做了准备的。
12. 在课程内容方面，指导者学识渊博。
13. 我从课程中学到了很多。
14. 从培训课程中学到的知识对我的工作是有用的。
15. 我获得的关于培训课程的信息是准确的。

续表

16. 总而言之，我对指导者是满意的。
17. 总而言之，我对培训课程是满意的。

4. 绩效成果

绩效成果（results）包括由于雇员流动率或事故发生率的下降导致的成本降低、产量的提高及产品质量或顾客服务水平的改善。例如，三星公司为了对生产线上班组长的“现场管理”培训项目（TWI，Training Within Industry of Supervise）进行评价，三星公司将班组长培训前后的学习效果和工作行为，在三个不同时段进行了问卷调查和对比分析：

（1）培训之前一周；

（2）培训结束后立刻进行；

（3）培训结束三个月后，并将评价结果用七点量表呈现出来。

首先，通过比较培训前和培训刚刚结束后的问卷结果发现，班组长参加培训后在各项管理技能上都有了提升，其中在“现场工作改善”“安全作业管理”和“班组会议运营”三个方面，班组长的表现在培训前后变化幅度很大，部门员工的满意度有了明显提高。其次，通过比较三个月后的问卷调查结果和培训刚刚结束后的问卷调查结果发现，班组长在“现场安全管理”和“班组会议运营”两个部分掌握情况很好；在“班组沟通”和“冲突处理”两部分的掌握程度比刚刚培训时有所下降，由于学员的素质、性格、经验积累等具有个体差异性，因此，培训效果不如相对简单的“现场安全管理”和“班组会议运营”。[①]

5. 投资回报率

投资回报率（return on investment，ROI）指组织从一项投资活动中得到的经济回报与付出的成本之间的比值。培训的收益是指公司从培训计划中获得的价值。培训成本包括直接成本和间接成本。直接成本指参与培训的所有雇员包括受训者、培训教师、咨询人员和项目设计人员的工资和福利；培训使用的材料和设施费用；设备或教室的租金或购买费用；交通费用。间接成本与培训的设计、开发或讲授并不直接相关。它主要包括一般的办公用品、设施、设备及相关费用；与培训没有直接关系的交通费用和各种支出；与培训没有直接关系的培训部管理人员和一般人员的工资及行政人员的工资。

① 张正顺. 三星：培训评估要“因课而异”[J]. http://www.chinahrd.net/talent-development/training-management/2006/0815/134722.html.

评估培训项目所使用的成果见表6—5。

表6—5　评估培训项目所使用的成果①

成果	举例	如何测量	测量什么
认知成果	•安全规则 •电子学原理 •评估面谈的步骤	•笔试 •工作样本测试	•获取的知识
技能成果	•使用拼图 •倾听技能 •指导技能 •飞机着陆	•观察 •工作样本测试 •等级评定	•行为方式 •技能
情感成果	•对培训的满意度 •对其他文化的信仰	•访谈 •焦点小组 •态度调查	•动机 •对培训项目的反应 •态度
绩效成果	•缺勤率 •事故发生率 •专利	•观察 •从信息系统或绩效记录中收集数据	•公司收益
投资回报率	•收益值	•确认并比较项目的成本和收益	•培训的经济价值

（二）培训成果的评价标准

1. **标准相关度**

标准相关度（criteria relevance）指收集的培训成果与培训计划所强调的应该学习的能力之间的相关性，相关性越高，说明收集的培训成果越有效。使所收集的成果具有相关性的方法之一是根据培训计划的目标来选择成果。标准相关度会受到以下两个因素的影响。

第一，培训成果的真实性。培训成果的真实性指收集的培训成果能客观真实地反映受训者在培训项目中学习到的成果。培训成果的真实性会受到收集培训成果时所处环境的影响。例如，培训结束后对受训学员Excel制表技能进行评价，由于评价时使用的Excel软件比培训中使用的版本更新，即收集培训成果所处的环境与学员的学习环境有差异，此时收集的培训成果就不能真实地反映学员在培训中掌握的Excel制表技能，结果可能显示学员的Excel制表技能与培训前没有

① 雷蒙德·A. 诺伊，徐芳译. 雇员培训与开发［M］. 北京：中国人民大学出版社，2007：168.

多大差别。

第二，培训目标设立的合理性。培训目标是培训计划的核心内容，培训目标反映了培训计划中所强调的学员应该学习的能力。例如，Excel 制表技能培训项目的目标要求学员了解 Excel 制表程序上的指令，并能通过给出的数据计算统计结果，但在根据培训目标设定的培训测试中没有包括如何用 Excel 软件来计算一组数据的均值和方差的内容，这将导致培训项目中强调的培训成果无法衡量。因此，培训目标设立应该明确、具体，尽可能量化，具有可评价性。

2. 信度

信度（reliability）指培训成果测度的一致性、稳定性及可靠性。信度系数越高，说明培训成果的测试结果一致性、稳定性与可靠性程度越高。信度分为内部一致性信度和评分者信度，内部一致性信度反映的是测验内部题目之间的关系，考察测验的各个题目是否测量了相同的内容或特质。评分者信度是指不同评分者对同样对象进行评定时的一致性。

信度高的测试是指每次测试结果的差异性不大，受训者对测试题目的理解和解答在经过一段时间后并没有发生改变。信度高的测试使受训者相信测试分数的提高是由培训内容的学习决定的，而不是由测试特点或测试环境等因素决定的。

3. 区分度

区分度（discrimination）指经过测评，受训者的培训效果呈现差异性，组织能够依此甄别出培训效果好的员工和培训效果差的员工。例如，组织要通过笔试来评价电工掌握的电子学原理的情况，就可以通过测试分数发现不同受训者电子学知识水平的差异，一般情况下，分数高的人比分数低的人所掌握的电子学原理情况更好，这样组织就能区分受训者的电子学知识水平。

4. 可行性

可行性（practicality）指收集培训成果的难易程度。培训成果可以通过访谈法、问卷调查、直接观察法、测验等方法收集的数据来体现。反映培训成果的数据包括硬性数据和软性数据两大类。硬性数据，如产量、质量、成本和时间类数据；软性数据，如反映组织氛围、员工满意度、员工工作习惯、员工的发展和创造性类数据。一般软性数据比硬性数据的收集难度大。

三、培训评估模型

（一）柯克帕特里克的四级评估模型

最著名的培训评估模型是柯克帕特里克（Donald L. Kirkpatrick）的四层次

评估模型。柯克帕特里克是威斯康星大学教授，他于 1967 年提出四层次评估模型，简称柯式评估模型，他认为应该从反应、学习、行为和结果四个层面对培训项目的效果进行评价。这四个层次的评估内容见表 6—6。

表 6—6　柯式评估模型①

评估层次	结果标准	评估重点
1	反应	学员满意度
2	学习	学到的知识、技能、态度、行为等
3	行为	工作行为的改进
4	结果	工作中导致的结果

1. 第一层次：反应（他们喜欢它吗？）

反应是指学员对培训项目的感受、态度或看法，反应层面位于柯氏评估模型中评估层次最上端。柯克帕特里克认为，只有学员对培训项目有积极的反应，对培训课程、培训教师和培训安排等很满意，培训才可能有成效。否则，学员就没有动力参加培训，对组织再有用的培训内容也难以转化为学员的知识和技能，更难以转化为员工有效的实际行动。通过反应评估，能让学员感到组织对他们意见的尊重，并提出改进培训的建议，从而增强培训效果。

对反应层面信息的收集通常采取问卷调查、课后会谈、电话跟踪、课后讨论会以及课堂讨论等形式进行。组织通常以“学员意见反馈表”的形式来收集这方面的信息。收集信息的时间可以在：每一部分内容结束时，每天结束时，每一课程结束时或几周之后。

对培训者的反应进行评估时，需要注意②：

（1）确定你需要调查什么。

（2）设计可以作为量化反应的条件。

（3）确保这一评估表能在 5～10 分钟中完成，过长会不利于真实反馈。

（4）鼓励学员诚实地填写评估表。

（5）鼓励写出意见或建议。

（6）发展可以接受的标准。

（7）切实地沟通反馈。

（8）根据学员的意见或建议采取积极的行动。

---

① 石金涛．培训与开发［M］．北京：中国人民大学出版社，2003：139．

② 徐芳．培训开发理论及技术［M］．上海：复旦大学出版社，2005：267．

专栏 6—2

某公司培训满意度调查表①

某公司培训满意度调查表见下表。

课程名称		授课讲师	
培训时间		培训地点	
填表人		岗位名称	

请根据您对本次培训的感受就以下问题作答，您的意见将成为我们改进的依据，非常感谢！

LL 公司员工教育中心

1. 您对本次培训内容的针对性看法如何？

A. 非常有针对性 B. 比较有针对性 C. 基本有针对性 D. 没有针对性

E. 根本没用

原因：____________________

2. 您认为此次培训的效果如何？

A. 非常满意 B. 满意 C. 基本满意 D. 不满意

E. 极不满意

原因：____________________

3. 对本次培训讲师是否满意？

A. 非常满意 B. 满意 C. 基本满意 D. 不满意

E. 极不满意

原因：____________________

4. 您对本次培训的形式（讨论、讲解、互动等）是否满意？

A. 非常满意 B. 满意 C. 基本满意 D. 不满意

E. 极不满意

原因：____________________

5. 您对本次培训的组织（时间安排、课堂纪律等）是否满意？

A. 非常满意 B. 满意 C. 基本满意 D. 不满意

① 水藏玺. 培训促进成长［M］. 北京：中国经济出版社，2005：79.

E. 极不满意

原因：____

6. 您觉得本次培训对自己能力提升的作用如何？

A. 非常有作用　　B. 比较有作用　　C. 基本可以　　D. 没作用

E. 根本没作用

原因：____

7. 您觉得本次培训还有哪些需要改进的地方？

8. 您觉得我们如何才能更好地为员工提供培训服务？

9. 您还需要哪些方面的培训？

2. 第二层次：学习（他们学到了什么吗?）

学习层面的评估是对学员培训后的学习效果进行评价，其核心任务是衡量学员培训后对原理、事实、技能和技术的掌握程度。在评估学习层面时，组织通常会采用前后比较或设置控制组的方式来进行，运用口试、笔试、现场操作、角色扮演和工作模拟等方法综合地对受训人员的学习效果进行评价。

专栏 6—3

公司规章制度培训测试题①

本次测试的题目是根据新员工入职培训“公司规章制度”内容设计的，涉及员工录用、劳动纪律、离职、薪酬及福利和休假的有关规定等内容。题目分为填空、判断、选择、问答四类，满分为 100 分。希望大家仔细读题、认真填写答卷。本次测试时间为 40 分钟。

一、填空题（本题共 8 题，每空 1 分，总计 20 分）

1. 公司在公正的前提下挑选、录用、________、________、晋升与调动员工。

① 赵楠，施晨越. 企业员工培训手册［M］. 北京：经济管理出版社，2005：214－218.

2. 新员工到岗前，应填写________________登记表。

3. 在日常工作中，所有的员工应以公司的价值观为行为指导，相互尊重，体现________、________、________的企业精神。

4. 对员工进行奖励，应首先由其所在部门经理提出，并填写________，经公司行政人事部审批，报公司总办批准后方可执行。

5. 员工在试用期满后提出辞职，应提前30天以________通知行政人事部。

6. 按公司和劳动法有关规定，员工全年享有____天法定节假日：元旦____天，春节____天，国庆节____天，女员工享有国际劳动妇女节半天假日（3月8日上午照常上班）。

7. 员工办理婚检、结婚登记手续可请假____天，工资照发。法定婚假为____天，符合晚婚条件的（男____周岁，女____周岁）享受婚假____天。

8. 已婚女员工生育，产前休息____天，产后休息____天。产前假不得放到产后使用。多胞胎生育的，每多生育一个婴儿，增加产假____天。

二、判断题（根据培训内容，在每题后面的括号内打“√”或打“×”。共10题，每题1分，总计10分）

1. 员工在试用期满后与公司签订正式的劳动合同，并可以继续持有与原有单位的劳动合同。（　　）

2. 员工上班可以不佩戴或不按要求佩戴胸卡。（　　）

3. 员工在试用期内想辞职，可不通知用人单位。（　　）

4. 至年末即12月31日止，试用期仍未满的员工无资格获年终双薪。（　　）

5. 公司根据有关法规规定，为已办理正式用工手续的员工缴纳各项社会保险。（　　）

6. 凡在本公司连续工作满一年（不含培训试用期）的员工，包括公司顾问人员和其他单位的借调人员，可享受带薪年假。（　　）

7. 在非常特殊的情况下，因工作原因未能休年假的员工，被视为自动放弃。（　　）

8. 男员工配偶生育的不可享受产假。（　　）

9. 享受探亲假的未婚员工，利用探亲假结婚的，不享受婚假。（　　）

10. 探亲假可以累计，将两年内的假期合并使用。（　　）

三、选择题（本题为不定项选择，共5题，每题4分，总计20分）

1. 下面哪些行为属于严重违纪？（　　）

A. 应聘过程中有任何欺诈行为

B. 弄虚作假，包括提供伪造证件以骗取公司财务、假期、加班费等

C. 泄露公司机密或关键的商业情报

D. 利用公司的名义或职权在外谋取私利，私自收取佣金

2. 正式员工被辞退的，若无重大过失者，工作每满一年，多发几个月的工资：(　　)

A. 0　　B. 1 个月　　C. 2 个月　　D. 3 个月

3. 在本公司，员工可享受以下福利：(　　)

A. 所有员工均享有免费工作午餐，兼职员工按实际出勤情况享用免费工作午餐

B. 员工享有综合补贴和住房公积金

C. 企业为达到一定工作年限或一定职务的员工安排定期体检

D. 为鼓励员工与企业共同发展，公司将积极筹备股票上市，合格员工将得到公司的内部股份

4. 随着员工服务年限的增长，其享有的年假天数会有相应增加，下列哪项属于服务年限满 5 年的员工所增加的年假天数？(　　)

A. 增加 3 个工作日　　B. 增加 5 个工作日

C. 增加 7 个工作日　　D. 增加 10 个工作日

5. 通常公司不允许以未休完的年假天数抵减离职通知期。员工离职时如尚有未休完的年假，则：(　　)

A. 不做补偿　　B. 获得相应天数 50%的补偿

C. 获得相应天数的补偿　　D. 推迟离职时间

四、问答题（本题共 5 题，每题 10 分，总计 50 分）

1. 对于表现出色的员工，公司将视情况予以通报表扬、记功、记大功、奖金、提升工资级档等奖励方式。试回答：有何种表现的员工可享受奖励制度的有关条款？

____

____

____

____

2. 员工在工作中必须严格遵守劳动纪律。试回答：在哪些情况下公司会对违纪员工进行经济处罚？

____

____

____

____

3. 试述公司培训申请的过程及相关条件。

____

____

____

____

4. 请对女员工产假期间的待遇问题作简要描述。

____

____

____

____

5. 简要列出员工享受探亲假的条件。

____

____

____

____

3. 第三层次：行为（他们会运用所学的知识吗?）

（1）行为评估的内涵

行为层面的评估主要评价学员培训结束回到工作岗位后，他们的实际工作行为发生了多大程度的变化，是否将所学的知识和技能转化成了实际行动。行为评估指标可以采用诸如工作态度、工作积极性、生产率、出勤率、废品率和事故率等指标。这些信息可以通过对受训者的上级、下属、同事和客户进行问卷调查或访谈等方法获得。

（2）行为评估的特点[①]

第一，学员行为的改变是有一定条件的。如果他们在培训后没有机会应用所学到的知识和技能，就很难体现行为的改变。

第二，很难预计何时会有变化的产生。即使学员有机会应用所学的东西，他

① 石金涛. 培训与开发［M］. 北京：中国人民大学出版社，2003：144.

们的行为也不会立竿见影地产生变化。根据柯克帕特里克的研究，行为上的变化可能在学员第一次应用后的任何时间发生，也可能根本没有行为上的变化。有的学者采用“睡眠效应”（sleep effect）来形容这种从培训到行为迁移时间上的滞后。培训后评估的时间应该在受训者回到工作岗位的3～6个月后进行。

第三，学员行为的改变往往受到组织内部环境的影响。当组织对员工新知识和新技能的运用进行赞赏、鼓励或者物质激励时，员工往往会在培训结束后的实际工作中表现得更加积极，这将有利于员工行为的转变。

4. 第四层次：结果（这引起什么变化了吗？）

结果层面的评估主要评价培训对于组织业绩改进的情况，是柯氏评估模型中最重要也最困难的部分。结果层面的评估通常要考虑以下问题[①]：

（1）主管和经理参加全面质量管理培训后，产品质量改善了多少？

（2）主管和经理参加多元化管理后，生产力提高了多少？

（3）一线主管参加“培训员工”培训后，员工的差错率下降了多少？

（4）经理人员参加“走动管理”培训后，员工的工作和生活质量有何变化？

（5）实施“员工自主管理”培训后，生产力提高了多少？成本下降了多少？

（6）实施的领导力培训、时间管理培训、决策培训能否实现企业经济上的收益？

（7）销售人员接受市场研究、签单培训后，销售业绩提高了吗？

（8）公司投入在所有培训项目上的投资回报是多少？

（二）考夫曼和菲利普斯五级评估模型

考夫曼和凯勒（Kaufman，Killer，1994）的“五级评估模型”与柯克帕特里克的“四级评估模型”不同之处在于，一是考夫曼和凯勒的“五级评估模型”比柯克帕特里克的“四级评估模型”反应层面的内涵更加丰富，二是考夫曼和凯勒的“五级评估模型”比柯克帕特里克的“四级评估模型”多了一个评估层面——“社会效益”层面。

考夫曼认为，评估的第一层次除了包括学员的“反应”内容外，还应包括培训的“可行性”，即培训项目开展的可能性。组织应该对培训所需的各种资源，如人力、财力和物力的可用性、可靠性和有效性等问题做出综合考量。

另外，考夫曼指出，组织不是孤立存在的，它与组织所处的社会紧密关联在一起。因此培训评估不仅要评价培训对组织所产生的价值，还应当评价培训对

① 石金涛．培训与开发［M］．北京：中国人民大学出版社，2003：146．

社会所产生的价值。培训项目对社会产生的价值就是培训评估第五个层面——“社会效益”层面所要解决的问题。培训的社会效益表现为培训使组织的社会责任感增加，社会公平感提高，顾客满意度增加等内容。考夫曼的五层次评估模型超越了单个组织的范畴，重视培训的正外部性，体现了企业对社会责任的关注。

考夫曼的五层次评估模型见表6—7。

表6—7　考夫曼的五层次评估模型①

评估层次	评估内容
5. 社会效益	社会和顾客的反映、结果和回报情况
4. 组织效益	对组织的贡献情况
3. 应用	组织中个人与小组应用的情况
2. 掌握	个人与小组的掌握情况
1b 反应 1a 培训可行性	方法、手段和程序的可接受情况和效用情况 人力、财力、物力的有效性、可用性和质量

与考夫曼一样，菲利普斯（Phillips，1996）认为，培训评估模型由五个层级构成。菲利普斯提出了组织在开展培训评估时忽略的一个关键点——培训的“投资回报率（ROI）”。菲利普斯认为“投资回报率”评估也许确是一项非常困难、复杂且需要精心策划的工作。但是，只有当这一层级的评估结束以后，整个培训评估过程才算真正完成。“投资回报率”将培训项目的净收益与其成本加以比较，其计算公式为：培训的净收益/培训的成本。

此外，菲利普斯还对每个层级评估所需注意的问题进行了提示。他指出：在反应层级评估中，学员对培训积极的反应并不一定完全表明学员掌握了新的知识和技能；在学习层级评估中，学习层面的积极结果并不一定都能保证学员在实际工作中会应用学到的知识和技能；在工作应用层级的评估中，组织应用客观的标准对培训项目进行评价，因为培训项目不一定会对组织产生百分之百的积极影响；在结果层级评估中，需要同时考虑培训项目和培训成本投入的大小对组织业绩的影响；培训项目的效果会对组织业绩产生积极的影响，同时，组织的业绩也会受到培训成本大小的影响，因此，组织要关注培训的投资回报率。菲利普斯的五级评估模型见表6—8。

---

① 徐庆文，裴春霞. 培训与开发［M］. 济南：山东人民出版社，2004：233.

表 6—8　　菲利普斯的五级评估模型

评估层次	评估内容
5. 投资回报率	培训项目的成本与货币价值
4. 结果	培训对组织业绩的影响
3. 工作应用	工作行为的变化以及培训内容的应用情况
2. 学习	知识、技能或观念的变化
1. 反应	参训学员对培训的反应

（三）CIRO 和 CIPP 评估模型

培训评估的基本流程为首先进行培训需求分析，确定培训目标，进而拟订培训计划，然后开始实施培训活动，接着对培训结果进行评价，最后对培训项目进行调整和沟通。无论是柯克帕特里克的四级评估模型，还是考夫曼和菲利普斯的五级评估模型基本上都是立足于评价培训的结果，因此，这些评估模型被称为“终极性评价”性质的评估模型。它们共同的缺陷在于忽视了培训活动的本身，培训结果的评价只是培训评估活动中的一部分。柯克帕特里克、考夫曼和菲利普斯的评估模型既没有强调组织应对培训过程实施监控，也没有强调组织应该对培训项目进行持续的调整和改进。于是，便有了主张将评估活动贯穿整个培训过程，具有明显“过程性评价和形成性评价”特征的“CIRO”培训评估模型和“CIPP”培训评估模型。

1. CIRO 评估模型

CIRO 培训评估模型的设计者是奥尔白德和莱克哈姆。CIRO 由四项评估活动的首字母组成：背景评估（Context Evaluation）、输入评估（Input Evaluation）、反应评估（Reaction Evaluation）及输出评估（Output Evaluation）。

背景评估指搜集和分析有关培训信息来确定培训需求和培训目标。背景评估的主旨是确认培训的必要性。这种评估的最终目的是在进行组织、团队和个人三个层面的培训需求分析的过程中，确定组织开展培训的三个层面的目标：最终目标、中间目标和直接目标。最终目标指通过培训克服或消除组织特别薄弱的地方；中间目标指通过培训促进员工素质的提高，改善工作行为；直接目标指通过培训使员工获得的新知识、技能和态度。

输入评估指搜集和汇总可利用的培训资源来确定培训项目的实施战略和方法。培训资源既包括组织的内部资源，也包括组织可利用的外部资源。在所能获取资源的基础上，组织应该选择最优的培训实施战略和方法。输入评估的主旨就是确定培训的可能性。

反应评估指搜集和分析学员的反应信息来促进培训过程的改进和完善。反应评估的主旨是提高培训的有效性。奥尔白德和莱克哈姆强调必须使用客观、系统的方法来搜集学员的反馈信息，学员的主观评价将会对培训项目的改进产生非常大的影响。

输出评估指搜集、分析和评价培训结果的信息。输出评估的主旨是检验培训的结果。该评估被认为是评估过程中最重要的部分。培训结果评估可以通过背景评估环节确定的培训目标（最终目标、中间目标和直接目标）来检验培训结果的有效性。

2. CIPP 评估模型

CIPP 评估模型同样由四项评估活动的首字母组成：背景评估（Context Evaluation）、输入评估（Input Evaluation）、过程评估（Process Evaluation）以及成果评估（Product Evaluation）。

背景评估的任务是通过界定相关的环境来确定培训需求和设立培训目标。

输入评估的任务是确定怎样通过有效使用资源来成功实施培训。输入评估需要搜集有关培训资源的信息。输入评估的信息有助于拟订培训项目计划和培训设计的一般策略，通常输入评估的结果有关制度、预算、时间安排、建议书和程序等方面的内容，形成培训方案。

过程评估为培训项目实施负责人提供信息反馈，过程评估指的是及时修正或改进培训项目的执行过程。过程评估可以通过以下的方式实现：分析培训执行过程中导致失败的原因和潜在的不利因素，提出排除潜在的失败原因和克服不利因素的方案；分析培训执行过程中实际发生的事情和状况并与培训目标相比较，找出差距。

成果评估的任务是对达到培训目标的程度进行测量和解释。成果评估既包括对达到的预定目标的衡量和解释，也包括对非预定目标的衡量和解释。

案例 6—1

摩托罗拉培训评估的“四个水平”①

摩托罗拉非常重视员工培训工作及其系统的建立，并将其作为企业发展战略中重要的一部分。公司每年为员工培训投入了大量人力、物力和财力，并规定每年每位员工至少要接受 40 个小时与工作有关的学习。通过长期实践和探索，公司建立了一套完整、先进的员工培训与培养系统，包括培训需求分析、培训设计与采购、实行培训和培训评估四部分。下面简要介绍摩托罗拉公司的培训评估的开展情况。

培训结束后，学员的感受是怎样的？培训是否达到了所设定的目标？其效果如何？通过培训，学员是否掌握了所学的知识？其所学知识是否已经转化成了能力？以及培训的投资回报率如何？所有这些问题都是大家非常关系的问题。摩托罗拉依据上述问题将整个培训的评估分为四个水平，即

水平 1：考查学员对所学课程的反应如何，其目的在于考查学员对课程的满意度。例如，在摩托罗拉，每个员工参加培训后都要填写一份课程评估表，其中的问题包括学员对教师、教材、时间安排等各项问题进行评估，并提出建议。这些都将成为课程设计部改进课程的重要依据。

水平 2：考查学员对课程内容的掌握情况。为了不给学员带来不必要的负担，摩托罗拉采取许多灵活、有趣的方式对学员学习情况做出评估，如通过游戏活动。

水平 3：课程学员是否将所学的知识转化为了相应的能力。由知识转化为能力需要时间。因此对能力的评估需要一个较为先进的评估的方法。例如，为了配合摩托罗拉在华四大业务方针之一的加速管理人员本土化进程，MU 设计发展了“中国强化管理培训（CAMP，China Accelerated Management Program）”。学员在即将接受培训前，要接受多项评估以确定其培训前的能力水平。接受培训后 3～6 个月，进行再次能力评估。通过两次评估结果的对比分析，就可确定培训对学员能力发展所带来的影响和作用。

水平 4：投资回报率，即考查培训投资为各事业部及员工个人所带来的效

① 摩托罗拉的员工培训．http://www.chinahrd.net/talent－development/training－management/2004/1227/134447.html．

益。例如，摩托罗拉公司于1992年推出“六西格玛黑带”项目计划，其目的是培训一批具有丰富经验的专业技术人才，在其领域内推广、应用解决问题的技能和改进质量系统，从而取得产品在设计、制造、服务等各方面的不断进步。经过几年的发展和完善，黑带计划已显示出巨大的功效。对黑带项目第四水平评估结果表明，黑带专业人才通过带领团队解决公司内部的质量，生产率甚为可观，为摩托罗拉带来了丰硕的成果和回报率。

通过上述评估体系，一方面，验证了培训的结果是否达到了各事业部及员工个人的培训期望，另一方面，也为客户培训需求分析、课程设计、实施与管理提供了有科学价值的反馈信息，为改进培训系统与效果提供了可靠的依据。

摩托罗拉大学正致力于成为摩托罗拉全球培训教育服务的供应商。与事业部经营原则一样，客户是第一位的。长期以来，摩托罗拉大学一直不断完善这套员工培训与培养系统，并通过这套系统，基于公司各事业部的业务发展战略方针，不断加强与各事业部的伙伴合作关系，并致力于更好地满足公司各事业部业务及培训发展的需要，努力成为摩托罗拉所需人才培养的热土。

四、评估数据的收集

（一）评估数据类型①

1. 硬性数据

硬性数据是指那些客观的、定量化的、容易测量的数据，其可信度较高。硬性数据可分为产量、质量、成本和时间四大类。

硬性数据的主要类型见表6—9。

2. 软性数据

软性数据是指那些主观的、难以量化的、不容易测量的数据。培训往往不能立竿见影，有一定的滞后性，一些硬性数据往往经历一段时期才能表现出来，因此组织通常需要借助于软性数据来评估培训效果。软性数据具有难以量化，可信度较差，主观性强，行为导向的特点。软性数据通常来源于组织氛围、满意度、新技能、工作习惯、发展及创造性。

软性数据的主要类型见表6—10。

① 徐芳. 培训开发理论及技术［M］. 上海：复旦大学出版社，2005：278-279.

表 6—9 硬性数据的主要类型

产出	质量	成本	时间
• 生产的数量 • 制造的吨数 • 装配的件数 • 售出件数 • 销售额 • 窗体加工数量 • 贷款批准数量 • 存货的流动量 • 探视病人的数量 • 对申请的处理数量 • 毕业的学员数量 • 任务的完成数量 • 订货量 • 奖金 • 发货量 • 新建的账目数量	• 废品 • 次品 • 退货 • 出错比率 • 返工 • 缺货 • 产品瑕疵 • 与标准的差距 • 生产故障 • 存货的调整 • 工作顺利完成的比例 • 事故数量 • 客户投诉	• 预算的成本 • 单位成本 • 财务成本 • 流动成本 • 固定成本 • 营业间接成本 • 运营成本 • 延期成本 • 罚款 • 项目成本节约 • 事故成本 • 规划成本 • 销售费用 • 管理成本 • 平均成本节约	• 运转周期 • 对投诉的应答时间、次数 • 设备的停工时间、次数 • 加班时间 • 每日平均时间 • 完成所需时间 • 贷款的处理时间 • 管理时间 • 培训时间 • 开会时间 • 修理时间 • 效率 • 工作的中断时间 • 对订货的回应时间 • 晚报告时间 • 损失的时间天数

表 6—10 软性数据的主要类型

组织氛围	满意度	新技能
• 不满的数量 • 歧视的次数 • 员工的投诉 • 工作满意度 • 组织的承诺 • 员工的离职比率	• 赞成性反应 • 工作满意度 • 态度的变化 • 对工作职责的理解 • 可观察到的业绩变化 • 员工的忠诚程度 • 信心的增加	• 决策 • 问题的解决 • 冲突的避免 • 提供咨询的成功机会 • 倾听理解能力 • 阅读速度 • 对新技能的运用 • 对新技能的运用意图 • 对新技能的运用频率 • 新技能的重要性
工作习惯	发展	创造性

续表

组织氛围	满意度	新技能
• 矿工 • 消极怠工 • 看病次数 • 违反安全规定 • 沟通破裂的次数 • 过多的休息	• 升迁的数量 • 工资的增加数量 • 参加的培训项目数量 • 岗位轮调的请求次数 • 业绩评估的打分情况 • 工作效率的提高程度	• 新想法的实施 • 项目的成功完成 • 对建议的实施量 • 设定目标

（二）评估数据的收集方法

1. 问卷调查法

问卷调查法是运用最广泛的获取项目评估数据的方法之一。问卷调查法运用表述清楚、目标明确、设计科学的问卷量表，让评估对象根据个人情况对有关培训项目的表述和问题进行判断和回答。培训项目评估的调查对象可以是受训者、培训师以及培训相关工作人员等。培训评估问卷的调查内容可以涵盖培训的组织情况、培训环境、培训方式、培训课程、培训讲师等方面，有利于组织获得更为完整的培训信息。问卷调查可以选择三个时间段进行：培训之前（一个星期左右）、培训刚结束和培训结束后一段时间（一个月左右）。通过比较分析三个不同时间段的培训信息，可以提高问卷调查结果的有效性。

问卷调查法的优点有：调查范围广，便于进行定量分析，耗时较短，成本较低；缺点有：问卷的回收性和有效性没有保证，问卷填写内容的真实性难以辨别，难以获得较为深入的信息。

知识链接 6—1

问卷设计相关知识①

1. 问卷的问题类型

（1）开放式问题。问题下方提供可填写答案的充足的空白篇幅。

（2）复选列表。系列项目的列表，要求学员选择试用的项目。

（3）两选一问题。提供如“同意”“不同意”；“是”“否”等两选一的答案。

（4）多项选择。有若干个选择，要求学员选择最正确的选项。

---

① 徐芳．培训开发理论及技术［M］．上海：复旦大学出版社，2005：281－282．

(5) 等级评定。要求学员对一系列项目进行排序评定。

2. 问卷编制的原则

(1) 用语简洁，含义清楚。

• 好的问题：你的主管每隔多长时间对你的工作绩效进行反馈？

• 差的问题：对你这个级别的人来说，行政管理上级会在多大程度上对你们的绩效质量进行反馈？

(2) 将问题分开来问。

• 好的问题：①组织的目标是清楚的。

②你在组织中的角色是清楚的。

• 差的问题：你很清楚组织的目标和你在组织中的角色。

(3) 答案之间相互独立，每个答案都有清楚的说明。

• 好的问题：在过去的三个月中，你隔多长时间会收到关于你的工作绩效的反馈？

A. 一次都没有　B. 约每月一次　C. 约每周一次　D. 约每天一次

E. 一天有几次

• 差的问题：在过去的三个月中，你隔多长时间会收到关于你的工作绩效的反馈？

A. 非常少　B. 偶尔　C. 经常

(4) 限制答案的个数。用比例，而不用具体的数值。

• 好的问题：有多少时候你对自己的工作结果有把握？

A. 0%～20%　B. 21%～40%　C. 41%～60%　D. 61%～80%

E. 81%～100%

• 差的问题：在过去的三个月中，你隔多长时间会收到关于你的工作绩效的反馈？

A. 0～20　B. 21～40　C. 41～60　D. 61～80

E. 81～100

(5) 问题不要带有引导性。

• 好的问题：通常你对自己的工作满意程度如何？

A. 一点也不满意　B. 有点满意　C. 较满意　D. 很满意

E. 非常满意

• 差的问题：通常你对自己的工作满意吗？

A. 满意　B. 不满意

(6) 搜集所有重要的信息。

关心的问题不同，采用的数据搜集方法就不同。比如说，一个人力资源培训专业人员很想了解受训者对绩效管理论坛有什么反应，比较合适的方法是进行访谈或问卷调查，如果管理层关心这个论坛是否影响了员工对公司绩效考核的兴趣，则可以用直接观察法或业绩档案分析法跟踪员工向人力资源部门询问绩效考核问题的情况。

2. 访谈法

访谈法常用于一般性的调查结果整理之后对特定问题的调查，有利于获取更深入的评估信息，弥补问卷调查法的不足。访谈人员通过与访谈对象口头的交谈来收集与项目评估有关的信息。在访谈中，访谈人员可以了解受访对象对培训项目的主观感受、态度和情感等信息。访谈的对象通常包括培训项目的负责人、培训讲师、受训学员、受训学员的上级等。访谈之前应列好访谈提纲，访谈提纲题目的设计应该与培训项目评估目标紧密相关，访谈问题的数量宜少不宜多。

访谈法的优点在于能够挖掘出深层次的培训评估信息，比较灵活；缺点在于耗时较长，资料记录和分析的难度较大，成本较高。

3. 直接观察法

直接观察法是指评估人员在培训现场或者工作场所内部观察受训学员的反应、行为和态度的情况。通过直接观察法能够获得一些更为直观的、真实可靠的信息。直接观察法要求观察人员具备较高的观察技能。此外，观察人员也可以借助一些先进的记录工具：如录音、录像、照相等仪器设备对现场的情况进行全面的把握。使用直接观察法时需要注意以下几点①：(1) 观察者必须明确观察任务，并拟订观察计划和设计方案；(2) 在观察时尽量减少自身对被观察者的影响；(3) 在观察过程中，必须按照时间顺序作系统的现场记录，以便进一步研究和分析；(4) 对评估对象应有统一的观察标准，尽量减少情感和心理等因素对观察可靠性的影响。

4. 测验和情景模拟法

测验和情景模拟法也可用于组织对培训项目评估数据的收集。测验主要用于评价受训学员对培训项目中强调的专业知识、技术原理、与企业文化相关的知识等的掌握情况。例如，在新员工培训项目中，组织可以通过“组织规章制度的培

① 改编自教育评估测量的一般方法. http://www.docin.com/p-636841521.html.

训测试题”来测试受训学员对组织的规章制度和企业文化的掌握情况。

情景模拟法主要用于评价受训学员对专业技能以及与工作相关的其他技能的掌握情况。例如：机械制造业技术工人在接受专业技能培训后，需要在现实工作的制造车间内接受专业技能测评，考评内容包括“画线、锯削、锉削、钻削”等，由测评人员现场测试给出测评结果。例如，在“管理技能”培训项目结束后，可以通过角色扮演、无领导小组讨论、管理游戏等对受训学员的管理技能进行考评。

5. 业绩档案分析法①

每个组织都有用来衡量业绩的数据资料，通过业绩数据分析可以获得产量、成本、质量、生产率满意度等方面的数据。这部分数据是客观、无可争议的，具有较强的说服力。为了保证数据的充分有效，人力资源部门需要同相关部门合作，开发出信息保存系统，按时提供此方面的数据资料。

（三）评估数据收集方法的比较②

培训项目评估的数据收集方法见表6—11。

表6—11　　培训项目评估的数据收集方法

方法	具体的过程	优点	缺点
问卷调查法	用一系列标准化的问题去了解人们的观点和观察到的东西	•成本低 •匿名的情况下可提高可信度 •可以在匿名的情况下完成 •填写问卷的人可以自己掌握速度 •有多种答案选项	•数据的可靠性可能不高 •如果是在工作中完成问卷填写的，那么对这个过程很难进行控制 •不同的人填写问卷的速度不同 •无法保证问卷回收率
访谈法	和一个人或多个人进行交谈，以了解他们的信念、观点和观察到的东西	•灵活 •可以进行解释和澄清 •能深入了解某些信息 •私人性质的接触	•引发的反应在很大程度上是回应性的 •成本很高 •面对面的交流障碍 •需要花费很多人力 •需要对交谈者进行培训

① 徐芳．培训开发理论及技术［M］．上海：复旦大学出版社，2005：282.
② 徐芳．培训开发理论及技术［M］．上海：复旦大学出版社，2005：280.

续表

方法	具体的过程	优点	缺点
直接观察法	对一项任务或多任务的完成过程进行观察和记录	• 不会给人带来威胁 • 是用于测量行为改变极好的途径	• 可能会打扰当事人 • 可能会造成回应性的反应 • 可能不可靠 • 需要受过训练的观察者
测验和情景模拟法	在结构化的情景下分析给人的知识水平和完成某项任务的熟练程度	• 购买成本低 • 容易记分 • 可迅速批改 • 容易施测 • 可大面积采样	• 可能会带来威胁感 • 也许与工作绩效不相关 • 对常模的依赖可能会歪曲个人的绩效 • 可能有文化带来的偏差
业绩档案分析法	使用现有的信息，如档案或报告等	• 可靠 • 客观 • 与工作绩效有密切的关系	• 要花费大量的时间 • 对现实进行模拟往往很困难 • 开发成本很高

五、培训评估流程①

培训评估流程如图 6—1 所示。

（一）分析培训需求

进行培训需求分析是培训项目设计的第一步，也是培训评估的第一步。不管一个培训项目是由什么原因引起的，人力资源培训专业人员都应该通过培训需求分析来决定具体知识、技能、态度的缺陷。培训需求分析中所使用的最典型的方法有访谈法、调研法和问卷调查法。调查对象主要集中在未来的受训人员和他们的上级。同时，还要对工作效率低的管理机构及员工所在的环境进行调查，确定环境是否对工作效率有影响。

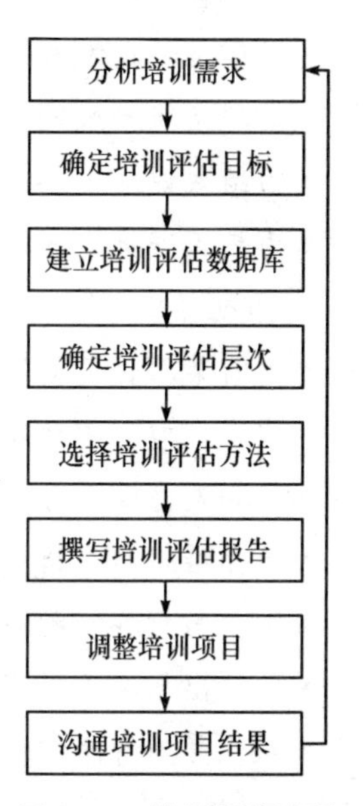

图 6—1　培训评估流程

① 改编自：徐剑. 有效培训评估的主要流程. http://www.chinahrd.net/talent-development/training-management/2003/0916/113718.html.

（二）确定评估目标

在培训项目实施之前，人力资源培训专业人员就必须把培训评估的目的明确下来。多数情况下，培训评估的实施有助于对培训项目的前景做出决定，对培训系统的某些部分进行完善，或是对培训项目进行整体调整，以使其更加符合组织的需要。例如，培训材料是否体现公司的价值观念，培训教师能否将知识和信息完整地传递给受训人员等。重要的是，培训评估的目的将影响数据收集的方法和所要收集的数据类型。

专栏 6—4

培训评估目标相关研究成果①

1. 布朗德伯格（Branderburg）的研究（1982）

- 分析培训活动成本。
- 改进培训发展方案。
- 给学员、培训方案设计者和管理者提供反馈。
- 了解员工技术水平与效率。
- 发现组织未来领导者。
- 为绩效评估提供有效信息。
- 为员工安排适当的工作，为培训机构建立地位与声誉。

2. 菲利普斯（Phillips）的研究（1983）

- 判断某项目是否实现了它的目标。
- 找出人力资源开发项目的优缺点，如果需要的话，进行一定的调整。
- 计算人力资源开发项目的成本—收益率。
- 选择谁将参加将来的培训。
- 需要衡量各种测验、案例和练习是否清楚有效。
- 区分出从某项目中收获最大或最小的受训者。
- 强化受训者所学到的主要内容。
- 为将来项目的市场推广积累有利的资料。
- 判断项目是否能够满足特殊需求。

---

① 改编自：徐芳. 培训开发理论及技术［M］. 上海：复旦大学出版社，2005：264－266.

- 协助管理者做出决策建立数据库。

3. 斯威尔克塞克等（Swierczek et al.）的研究（1985）

- 改进培训方案。
- 给学员、方案设计者和管理者提供反馈意见。
- 评价员工技术水平。

4. 克里格尔（Clegg）的研究（1987）

- 判断教育培训方案的价值。
- 证明教育培训效用的存在。
- 审核教育培训项目达成的情况。
- 帮助教育培训获得更多的利益。
- 指出教育培训需要改进的地方。
- 建立教育培训未来的指导方针。
- 高层管理者的要求。
- 有助于培训方案体系的推销。
- 让受训者了解自己的成就。
- 让受训者感受自己的重要性。
- 判断教育培训人员的成效。

5. 布什内尔（Bushnell）的研究（1990）

- 测量成本与结果是否平衡。
- 改进培训方案。
- 学员知识与技能的掌握程度。

6. 特索罗（Tesoro）的研究（1991）

- 保证培训能够达到既定目标
- 了解学员对培训教师、培训环境、设备等因素的反映。
- 发现培训方案最为出色的地方。
- 判断学员是否将学到的知识技能运用到工作中。
- 检查教材的效度。
- 确认问题，寻找可能解决问题的方案。
- 判断方案的价值。
- 向组织发布培训的效益。
- 制定有关的培训方案规划。
- 改善培训方案的内容和结构。

7. 徐芳

- 培训的成本效益分析。
- 向培训的设计者、管理者和参与者提供反馈。
- 改进培训方案。
- 判断学员实际工作中对培训中涉及的技能知识的运用情况。
- 评估培训人员的成效和强化评估机构的地位。

（三）建立培训评估数据库

进行培训评估之前，组织必须将培训前后发生的数据收集齐备，因为培训数据是培训评估的对象。培训数据按照能否用数字衡量的标准可以分为两类：硬性数据和软性数据。硬性数据是对改进情况进行衡量的主要标准，以比例的形式出现，是一些易于收集的、无可争辩的事实。硬性数据是最需要收集的理想数据。硬性数据可以分为四大类：产出、质量、成本和时间，几乎在所有的组织机构中这四类都是具有代表性的业绩衡量标准。由于培训效果具有滞后性，组织通常还需要借助于软性数据来评估培训效果。

培训数据收集的关键在于人力资源培训专业人员与直线部门人员良好的配合。例如，培训需求来自直线部门，直线部门能清楚地了解员工技能的不足，指出员工技能改善的方向和预期改善目标。人力资源培训专业人员只有与直线部门人员配合，才能更好地把握培训方向。收集的培训评估数据最好是在一个时段内，以便进行分析比较，如前 6 个月的不满意数量、去年处理的失误次数、上一个季度事故发生的次数、过去年份平均每月的销售成本等。

（四）确定培训评估的层次

有关培训评估的最著名的模型是柯克帕特里克的四层次评估模型，包括反应层、学习层、行为层和结果层四个层次。

反应层评估是指受训人员对培训项目的看法，包括对材料、教师、设施、方法和内容等的看法。反应层评估的主要方法是问卷调查法。问卷调查是在培训项目结束时，收集受训人员对于培训项目的效果和有用性的反应，受训人员的反应对于重新设计或继续培训项目至关重要。反应问卷调查易于实施，通常只需要几分钟的时间。如果设计适当的话，反应问卷调查也很容易分析、制表和总结。问卷调查的缺点是收集的数据具有主观性，建立在受训人员参加测试阶段的意见和情感之上。此外，在培训课程结束前的最后一节课，受训人员对课程的判断很容易受到经验丰富的培训协调员或培训机构的领导者富有鼓动性的总结发言的影响，从而影响评估结果的有效性。

学习层评估是目前最常见和最常用到的一种评价方式。它是测量受训人员对原理、事实、技术和技能的掌握程度。学习层评估的方法包括笔试、技能操练和工作模拟等。培训组织者可以通过笔试、现场模拟等方法来了解受训人员在培训前后，知识以及技能的掌握方面有多大程度的提高。笔试是了解知识掌握程度最直接的方法，而对一些技术性岗位，如车工、钳工等，则可以通过现场模拟来考核他们掌握技能的情况。

行为层的评估往往发生在培训结束后的一段时间。评估主体包括上级、同事或客户等。通过观察受训人员的行为在培训前后是否有差别，他们是否在工作中运用了培训中学到的知识等方面，来评价员工培训的效果。这个层次的评估包括受训人员的主观感觉、下属和同事对其培训前后行为变化的对比，以及受训人员本人的自评等内容。这种评价方法要求人力资源部门与职能部门建立良好的沟通机制，以便不断获得员工的行为信息。

结果层的评估上升到组织的高度，即组织是否因为培训而使经营业绩有所改善。这可以通过一些指标来衡量，如销售收入增长率、事故发生率、生产率、员工流动率等。通过对类似指标的分析，组织能够了解培训带来的收益。例如，人力资源培训专业人员可以通过比较事故率指标的变化情况，以及事故率的下降多大程度归因于培训，从而确定培训对组织的贡献。

（五）选择培训评估方法

在决定对培训项目进行评估后，评估工作就可以开始实施。培训评估采取的方法主要是培训主管部门或有关部门管理人员亲临课堂听课，现场观察学员的反应、培训场所的气氛和培训师的讲解组织水平。虽然这种方法比较容易获得培训的相关信息，但因为培训还未结束，为获得完整数据，组织一般在培训结束后才开始进行评估。

培训评估的内容主要包括对培训课程本身的评估和对培训效果的评估。按评估的时间分为培训结束时进行的评估和受训者回到工作后一段时间的评估。评估的方式有评估调查表填写，评估访谈和案例研究等。

需要说明的是，评估是为了改进培训质量、增强培训效果、降低培训成本。针对评估结果，重要的是采取相应的纠偏措施并不断跟踪。

（六）撰写培训评估报告

培训主管对前期的培训评估调查表和培训结果调查表进行统计和分析，再结合学员的结业考核成绩，对培训项目给出公正合理的评估报告。培训主管还可以要求此次的培训机构基于培训项目的评估提交报告书，对培训项目提出有针对性地调整建议。在认真地对评估数据和评估问卷进行了考查之后，如果培训项目得到了学员的认可，收效很好，则这一项目继续进行。如果培训项目没有什么效果或是存在问题，培训机构就要对该项目进行调整或考虑取消该项目。如果评估结果表明，培训项目的某些部分不够有效，如内容不适当、授课方式不适当、受训人员本身缺乏积极性等，培训机构就可有针对性地考虑对这些部分进行重新设计或调整。

专栏 6—5

评估报告的撰写要点①

评估报告应该便于人们阅读，能解决问题，并且可以成为有关人员采取行动的依据。最起码，评估报告要清晰、简洁、易懂。简单易懂、公正的写法要比堆砌辞藻或卖弄术语更可取。关于报告讲了什么以及那些结论的含义是什么应该明确无疑。应该把事实和观点区分出来并如实表达。

关于评估报告的结构建议如下：

1. 首先是目录，接着是一般性的介绍性序言（例如一名高层经理的批文）。

2. 主要结论和建议的一个概括总结。

3. 项目核心组成部分的总结说明——顾客（评估报告的使用者）是谁，评估的是哪些项目，顾客（评估报告的使用者）最想了解评估的哪些方面，评估使用了什么方法，评估实施的主体有哪些。

4. 报告的正文，包括：

（1）对每一项调查结果的总结。

（2）对每一项调查结果的解释。

（3）对每一项调查结果建议采取的行动。

5. 结束语：总结该评估，评价该评估的价值，建议。

6. 附录。是否要将评估方法简介和原始资料包括在报告主体中，取决于你希望向你的读者传达信息的详细程度（也取决于你希望产生影响力的大小）。附

① 托尼·纽拜著，戴晓娟译. 培训评估手册［M］. 北京：中国劳动社会保障出版社，2003：76－78.

录资料可包括如下内容：

（1）对搜集资料所使用方法的描述，包括使用的评估工具、样本规模和类似技术问题的细节。

（2）分析和总结所依据的原始资料（但这里要注意到匿名的重要性，即在搜集资料时一定要向调查对象保证调查时匿名的）。

（3）在合适的情况下还可以包括从资料中得出的扩展案例研究。

完成这个报告后还有一个任务，就是要获得对研究结果所建议的改革行动的支持。可以问的有用问题是：

- 谁可能从建议中获益？
- 该提议会带来什么经济效益？
- 该建议应该由谁负责实施？
- 预计有什么障碍？
- 为克服这些障碍可以做些什么？

通过评估推动组织变革与从其他角度促变没有根本区别。尽管评估资料会使变革有一个合理的基础，但具体操作过程仍然不可避免地要摄入组织政治，牵扯常见的一些问题——既得利益、寻求资源、游说以及利用非正式的沟通和影响。

（七）调整培训项目

基于对收集到的信息进行认真分析，人力资源培训部门就可以有针对性地调整培训项目。如果培训项目没有什么效果或是存在问题，人力资源培训专业人员就要对该项目进行调整或考虑取消该项目。如果评估结果表明，培训项目的某些部分不够有效，例如，内容不适当、授课方式不适当、对员工工作改善没有帮助或受训人员本身缺乏积极性等，人力资源培训专业人员就可以有针对性地考虑对这些部分进行重新设计或调整。

（八）沟通培训项目结果

在培训评估过程中，人们往往忽视对培训评估结果的沟通。尽管经过分析和解释后的评估数据将转给某个人，但是，应该得到这些信息的人没有得到时，就会出现问题。在沟通有关培训评估信息时，培训部门一定要做到不存偏见和有效率。

一般来说，组织中有四种群体必须知晓培训评估结果。最重要的群体是人力资源培训专业人员，他们需要这些信息来改进培训项目。只有在得到反馈意见的基础上精益求精，培训项目才能得到提高。管理层是第二个群体，因为他们当中有一些是决策者，决定着培训项目的未来。评估的基本目的之一就是为决策提供信息。组织应该继续向这个培训项目投入更多的资金吗？这个项目值得做吗？培训部门应该和管理层沟通这类问题。第三个群体是受训人员，他们应该知道自己的培训效果怎么样，并且将自己的业绩表现与其他人的业绩表现进行比较。这种意见反馈有助于他们继续努力。第四个群体就是受训人员的直接经理，他们需要了解部门员工的培训效果，区分在培训项目中受益最大和最小的员工，为组织以后的培训挑选合适的人选。

专栏 6—6

培训评估调查问卷[①]

您好，我们是人力资源部培训项目评估调查小组的成员，希望您能帮助我们完成此份调查问卷，您的评价对于我们改进培训工作来说非常重要。本次调查问卷采用匿名方式，所有数据用于统计分析，请您放心填写。

问卷填写说明：A、B、C、D、E 部分的问卷题目采用五级量表的形式，“1”代表“非常同意”；“3”代表“中立”；“5”代表“非常不同意”；“2”代表您对题目表述的同意程度介于“非常同意”和“中立”之间；“4”代表您对题目表述的不同意程度介于“中立”和“非常不同意”之间。请在您认为相对应的数字选项上打“√”（只能选一个）。F 部分的问卷题目采用问答形式，请您如实回答填写。谢谢您的配合。

1	2	3	4	5

非常同意　　　　　　中立　　　　　　非常不同意

A 部分：培训组织情况	1	2	3	4	5
A1：在参加本次培训之前我的培训需求受关注程度高					
A2：在举行本次培训活动前培训计划的安排对我的意见的关注程度高					
A3：在参加培训之前我能得到及时的通知					
A4：在参加培训之前我得到的通知有利于我了解本次培训的各项安排					

① 改编自：向春．实效培训［M］．广州：广东经济出版社，2005：461－477．

续表

A部分：培训组织情况	1	2	3	4	5
A5：我对本次培训就餐的安排情况很满意					
A6：我对本次培训交通的安排情况很满意					
A7：我对本次培训住宿的安排情况很满意					
A8：在本次培训正式开始之前我对本次培训的组织安排工作很满意					
A9：在本次培训结束后我对本次培训的组织安排情况很满意					
B部分：培训环境					
B1：我觉得本次培训运用的试听器材对于帮助我听清授课内容帮助很大					
B2：我觉得本次培训运用的试听器材对于帮助我看清授课内容帮助很大					
B3：我对本次培训课室的温度调控情况很满意					
B4：我对本次培训听课场所的光线控制很满意					
B5：我认为本次培训所用的桌椅等设施的适用情况很好					
B6：我认为本次培训讨论会场、活动场所安排很好					
B7：我认为本次培训设施运用现代化程度很高					
C部分：培训方式					
C1：我认为本次培训的课程编排顺序很合理					
C2：我认为本次培训中课时安排的长短情况很好					
C3：我认为本次培训的参与性很高					
C4：我认为本次培训中安排活动时间的长短合适					
C5：我认为此次培训中安排的相关活动数量合适					
C6：我认为在本次培训活动实践环节中，学员们表现积极					
C7：我认为本次培训中的实践活动的安排对于增强培训效果的影响程度很大					
C8：我认为本次培训中安排的讨论环节时间长短合适					
C9：我认为在本次培训中，安排的讨论环节的数量合适					
C10：我认为在本次培训的讨论环节中，学员们表现积极					
C11：我认为本次培训讨论环节的安排对增强培训效果的影响程度很大					
C12：我对本次培训的培训形式很满意					
D部分：培训课程					
D1：培训前后发给我的有关培训内容的资料有利于我更好地学习和实践					
D2：我认为本次培训教材很适用					
D3：我培训课程的安排能满足我的需求的					
D4：我认为本次的课程内容能很大程度地满足培训目标					
D5：我认为课程内容的正确性高					

续表

D部分：培训课程	1	2	3	4	5
D6：我认为课程内容具有系统性和逻辑性					
D7：我认为课程内容具有创新性					
D8：我认为培训课堂上讲师列举的课程案例很适用					
D9：我认为培训讲师能突出课程的重点					
D10：我认为培训讲师的课程讲授速度很快					
D11：我认为课程内容太深了					
D12：我认为课堂练习的安排有利于我更好地消化吸收培训内容					
D13：我认为本次培训所学的内容回到工作岗位的可用性高					
D14：我认为培训过程中的讨论、练习与课程主题的相关性高					
E部分：培训讲师、主持人和其他工作人员					
E1：我认为培训讲师的仪表情况很好					
E2：我认为培训讲师的动作举止情况很好					
E3：我认为培训讲师的语言表达能力很好					
E4：我认为培训讲师的语言表达的准确度很高					
E5：我认为培训讲师的语调运用技巧很好					
E6：我认为培训讲师对授课速度的掌握情况很好					
E7：我认为培训讲师授课时与学员的互动性高					
E8：我认为培训讲师在调节课堂气氛方面做得很好					
E9：我认为培训讲师在接受学员意见方面做得很好					
E10：我认为培训讲师在回答学员提问方面做得很好					
E11：我认为培训讲师在讲课过程中对主题的把握准确度很好					
E12：我认为培训讲师在讲课过程中对学员的进步能够给予肯定					
E13：我认为培训讲师对有关培训内容的讨论、活动和练习环节的安排情况很好					
E14：我认为培训讲师在课程结束时对讲过的重点内容归纳情况很好					
E15：我认为培训讲师在课程结束时对如何运用培训内容能给出指导性建议					
E16：我认为培训主持人的仪表情况很好					
E17：我认为培训主持人在控制培训纪律方面做得很好					
E18：我认为培训主持人在提示有关培训计划调整或注意事项方面做得很好					
E19：我认为培训主持人在主持培训过程中对培训内容的引导和提示方面做得很好					
E20：我认为培训主持人在调动学员的学习积极性方面做得很好					

续表

E部分：培训讲师、主持人和其他工作人员	1	2	3	4	5
E21：我认为培训主持人在调节培训气氛方面做得很好					
E22：我认为培训的其他工作人员的仪表情况很好					
E23：我认为培训的其他工作人员的言行举止情况很好					
E24：我认为培训的其他工作人员的工作积极性很高					
F部分：关于培训收益					
1. 您认为本次培训产生的正面影响有哪些？					
2. 您认为本次培训投入的时间和费用对于培训收获来讲值得吗？为什么？					

非常感谢您能抽出宝贵的时间与我们合作。请您再次确认是否有漏答的题项，然后将问卷投放在位于贵部门入口处标明为本次调查设置的箱子里。再次感谢！

人力资源培训部门

××××年××月××日

深度阅读

1. ［英］托尼·纽拜著，戴晓娟译. 培训评估手册［M］. 北京：中国劳动社会保障出版社，2003.

该书从组织整体战略目标出发，研究组织应该如何制定培训战略和开展培训评估工作。全书分为三个部分，第一部分阐述评估任务，围绕培训战略，概述了培训评估的内涵，重点、标准和方法，以及组织在进行培训设计、培训实施和培训评估时应关注的要点。第二部分介绍培训评估方法，结合案例详细分析了怎样使用各种主要的评估方法来评价培训的价值。第三部分列举评估案例。该书理论联系实际，具有很强的可读性和可操作性，为人力资源相关专业的学生、职业培训师、人力资源专家等提供了一个有用的指南。

2. ［美］唐纳德·L. 柯克帕特里克，詹姆斯·D. 柯克帕特里克著，奚卫华，林祝君译. 如何做好培训评估：柯式四级评估法（第三版）[M]. 北京：机械工业出版社，2007.

该书是介绍柯式四级评估模型的经典力作。全书分为两个部分，第一部分介绍培训评估的概念，分析培训评估的意义，论述培训评估四个层级的内容、原则、方法和技巧。第二部分为评估案例分析，包括入职培训项目评估、领导能力培训项目评估、课程评估等案例，作者详细阐述了如何运用一个或一个以上的评估模式对培训项目进行评估的具体做法。该书融合了企业界、政府机构和其他各类组织培训评估的实践心得，对人力资源相关专业的学生和培训评估实践者具有指导作用。

3. [英] 莱斯莉·瑞著，牛雅娜，吴孟胜，张金普译. 培训效果评估 [M]. 北京：中国劳动社会保障出版社，2003.

该书系统地介绍了组织应该如何进行培训评估。全书从培训评估的基本思想出发，按照培训的一般进程，分析如何确定培训需求，制定培训目标，如何应用培训评估方法，如访谈、调查问卷法、重大事件法以及集体讨论等，并依据评估的时间跨度阐述了怎样进行中期评估、长期评估，怎样进行个性化评估。该书内容充实，结构严谨，视角独特，对人力资源相关专业的学生和培训评估人员具有一定的参考作用。

延伸思考

1. 什么是培训评估？为什么要进行培训评估？

2. 培训成果有哪几类？培训成果的评价标准是什么？

3. 阐述柯克帕特里克四级评估模型的基本内容、在四个层次评估中需要注意的事项。

4. 比较柯克帕特里克四级评估模型与考夫曼和菲利普斯五级评估模型以及CIRO和CIPP评估模型的不同之处。

5. 比较各种评估数据收集方法的优缺点。

第七章　拓展应用：典型职位的培训设计

引导案例：Intel的新员工培训[①]

英特尔公司（Intel）是全球最大的半导体芯片制造商，它成立于1968年，具有44年产品创新和市场领导的历史。其推出的全球第一个微处理器带来了计算机和互联网革命，改变了整个世界。作为世界上设计和生产半导体的科技巨擘，Intel成功的重要原因在很大程度上应当归结为对员工投资的重视。新员工作为企业的新生力量，企业对其培训引导的重要意义不言而喻。Intel管理者深刻意识到了这一点，他们在新员工培训方面有明确的预算，并在企业内创建了完备且颇具特色的新员工培训体系。

新员工刚进入Intel将会参加一个整体培训。这是持续一个星期的全封闭式培训，它基本上不涉及技术方面的内容。课程包括Intel的发展历程、公司架构、企业文化，并着重介绍Intel的方向是什么，战略是什么。

新员工在Intel工作几个月后，公司还会给新员工安排一个执行层和员工的对话ESM（Executive Staff Member），称为New Hire Forum。Intel从亚太区派来两个副总裁级别的人来中国跟新员工见面对话，了解新员工在公司的发展情况，并解答新员工进入公司后面临的一些问题。

除此之外，Intel还会为每一名新员工安排专门的经理进行指导管理。这些经理会从公司拿到一套资料，这套资料明确列出了新员工在每个月要做的事情，经理与新员工一对一交流的内容。经理按着这套资料对员工进行培训管理，并对每一名新员工的培训情况进行跟踪记录，并保证每个新员工得到相同的对待。培训是每个管人经理重要的工作内容，在经理行为的评估时，30%看他们在培训员

① 林媛媛．企业培训理论与实践［M］．厦门：厦门大学出版社，2005：104－105．

工、管理员工方面的表现。

一、新员工培训

新员工是注入组织的新鲜“血液”，是新生力量和后备军。他们在进入公司最初阶段的成长对员工个人和企业都非常重要。像 Intel、IBM 等很多知名企业在这方面给了我们很多成功的经验：从需求分析、内容设计、形式选择，到费用预算支持和考评指标设立，新员工培训的成功离不开每一个细节的精心筹划。新员工培训是在短期内增强员工认同感和归属感的有效工具，成功的新员工培训是人力资源管理的重要一环，为员工顺利融入企业，进而选择长期发展迈出了坚实的一步。

（一）新员工培训：“学生”到“员工”的角色转换

应届毕业生是企业新员工中的一个特殊群体，在入职培训中应给予特殊的关注。刚毕业的大学生在企业的流失率很高，而做好入职培训可以大大降低流失率。职场环境与校园氛围有很大的差别，新入职员工需要在身份、角色、仪态、心态各方面做好转变的准备，要迅速平稳实现这一转变就必须借助新员工培训这一形式。企业新员工培训是一个专门为新员工设计并实施的培训形式，即企业将新招聘的员工从学校的“学生”转变成为企业的“员工”的过程，是帮助他们从“局外人”“学院人”“理论人”转变成为“企业人”“职业人”“实践人”的过程，同时也是新员工从组织外部融入组织内部，并成为组织一员的过程。[①] 企业新员工培训的首要目的即帮助新员工实现这一角色的转换，从而使其找准自身定位，快速融入企业，适应工作，实现自身与企业的共同发展。

1. 从“局外人”到“企业人”转换

新员工在进入企业之前对企业来说是“局外人”，企业对于新员工是完全陌生的环境，新员工对企业的基本情况、组织结构、管理制度、企业文化等内容都不了解；而新员工被招聘进入企业之后即成为企业组织的一员，即所谓的“企业人”，接下来他们将在企业为其创造价值，同时实现自身的价值，他们将与企业的发展紧密相连。为了使企业的使命得到贯彻，行动目标和品牌得到维持，企业有必要将自己的经营理念和企业文化等融入员工的行为与观念体系中，从而使员工成为本企业真正的“企业人”。

为帮助员工实现这一阶段转换，在新员工培训过程中需要引入以下内容：

---

① 郭晨炜．以职业化为导向的新员工入职培训［J］．中国人力资源开发，2008（4）．

（1）企业概况。包括企业名称、规模、性质，历史、使命与愿景，企业重要人物，企业产品、服务，企业客户和市场竞争状况等。

（2）企业组织机构与管理制度。这部分主要是介绍企业的机构设置情况、管理层次和管理体制，各机构的基本情况及其职能，使员工充分了解企业的管理机构和管理制度。

（3）人事制度。公司在劳动用工合同、工资、奖金、福利、休假等人事方面的相关制度，对绩效考核、晋职、加薪等规定也要详加说明，使新员工了解自己能享受的权利和应承担的义务。

（4）安全、健康教育。包括公司基本的安全健康规定和违规处罚标准。目的是培养新员工的安全意识，养成良好的生活与工作习惯，共同创造文明有序的工作环境。

（5）企业文化。企业文化是企业的灵魂，因而是新员工培训中极为重要的一个方面，一般包括企业战略与愿景、企业形象标志、企业文化精神、员工的精神风貌等具体内容。

2. 从“学院人”到“职业人”转换

对于毕业生来说，刚刚踏入社会、进入职场，他们将面临的是一个完全新鲜和陌生的生活环境。他们就像一张白纸，身上可能还透着浓浓的学生气息，保持着原有的学生式思维方式和行为习惯。对于职场的规则以及如何转变成为一个合格的“职业人”知之甚少。他们会好奇工作环境怎么样，上班后同事关系好不好处理，上司会不会像老师一样……要使新员工从一个由学习为主的“学院人”转变成为以工作为重的“职业人”，企业不得不重视并系统规划新员工培训。

这一阶段的转换培训应包括以下内容：

（1）角色定位与职业生涯规划。新员工角色定位分析，帮助新员工正确认识职业生涯规划和管理，明晰“职业化”路径。

（2）团队意识与个人心态调整。帮助新员工培养团队意识，学会在团队中学习成长并处理团队冲突；克服焦虑、疑惑、自大、自卑甚至恐惧的不健康心理，养成“职业化”心态。

（3）沟通技巧与职业形象塑造。涵盖高效商务沟通技巧、有效的肢体语言技巧、电话沟通技巧、商务礼仪等方面，全面提升新员工沟通能力，塑造“职业化”形象。

3. 从“理论人”到“实践人”转换

刚踏出校门的毕业生缺乏社会工作经验，他们在校期间注重的是理论知识的学习和理论素养的培养，很少有亲身实践的机会。对于新员工，工作是将在学校期间获得的各方面知识、技能、能力在工作岗位上综合展现的一个实践过程。因而刚入职场的他们可能对于该怎样将自己所习得的理论知识应用于工作实践而感到迷茫，对于该怎样高效地完成上级交代的工作任务感到困惑，对于怎样处理职场中的各种复杂关系感到苦恼。为了使新员工尽快适应工作环境，提高工作效率，企业必须重视新员工导入培训，帮助其实现从“理论人”到“实践人”的角色转换。

为实现这一转换，新员工培训应包括以下内容：

(1) 职位说明。人力资源管理部门应提供详细的岗位工作说明书，配备相应的设备，提供员工实际操作的环境，并由本岗位熟练的技术人员为新员工做示范。

(2) 时间管理技巧。包括认识时间、识别时间管理陷阱、跨越时间管理陷阱、掌握科学管理时间的工具。

(3) 科学工作方法。包括 PDCA 工作法、用甘特表做计划、团队工作方法等。

(4) 人际关系处理。包括什么是成功的人际关系，建立成功的人际关系需要哪些条件，成功人际关系建立的技巧，如何处理与上司的关系等。

(5) 各类专业培训。主要针对新员工从事的具体工作开展基本技能培训，比如让市场部新员工参加营销技巧方面的课程。

(二) 新员工的心理特征

了解新员工的心理特征是做好新员工培训的基础，从员工需求入手设计的培训内容和形式才会收到更好的效果。新员工进入组织之初具有以下几个方面的心理特征[①]：

1. 充满好奇

面对陌生的环境，新员工首先表现出的心理特征是好奇。因此，针对新员工的好奇心，需要让新员工了解企业的组织结构、企业文化、产品、企业历史、薪酬福利、规章制度等内容，从而使员工在了解企业的同时，能够认同企业文化并产生归属感和荣誉感。

2. 渴望融入

刚进入一个完全陌生的环境，新员工往往会感觉到焦虑和不安，他们担心不

---

① 吴文芳. 浅谈如何做好企业新员工入职培训 [J]. 江汉石油职工大学学报，2012 (3).

能融入组织，担心现实与期望不符。因此，为了缓解他们的焦虑和不安，新员工就需要了解工作团队的运作模式、工作职责、工作目标以及人际关系等内容，才能使得他们能够快速、顺利地融入组织群体中。

3. 关注发展

新员工特别是知识型员工追求自我实现的价值，他们关心组织提供的发展平台，关注在组织中能否发挥自己的能力。因此，针对新员工的自我实现需求，需要让他们了解企业对个人的培养和晋升计划，以激发员工的积极性。

（三）新员工培训的特殊性

1. 关注的重点："角色转换"而非"提高绩效"

新员工刚进入企业，会面临全方位的"文化冲击"。即使是有多年工作经验的员工，也会有或长或短的"震荡期"。在这个时期，员工既要熟悉工作环境，又要融入组织文化，更要发展出自己的人际网络，面临非常大的压力。新员工培训与致力于提高员工的工作绩效的在职员工培训是有差别的，新员工入职培训更多的是一种适应性培训，其关注的重点是新员工从非员工到员工的角色转换，适应企业环境，培养认同感。

2. 打造的目标："合格员工"而非"优秀员工"

新员工培训是一种基础性培训、非个性化培训，是使被录用者具备一名合格员工的基本条件。例如，作为企业的一员，他必须具有与该企业产品相关的知识，熟悉企业的规章制度。这种培训是为了使新员工能够达到工作的要求，而较少考虑他们之间的具体差异。根据每一个员工的具体需要进行培训，是在岗培训的基本任务。新员工入职培训的目标不是着眼于打造优秀员工，而是强调打造合格的员工，使他们知晓合格员工的行为规范准则和相关的员工评价指标体系。

（四）各主体对新员工培训的期待

1. 企业角度

（1）希望新员工培训能够塑造出符合组织要求的合格员工。

（2）让新员工尽快适应工作环境，进入工作状态，提高新员工胜任工作的能力，从而提高企业的运营效率。

（3）增强组织的稳定程度，降低员工流失率，减少员工的抱怨，提高满意度。

2. 新员工角度

（1）了解企业的基本情况、规章制度、组织结构、管理方式、企业文化，更快地适应新环境和新工作。

（2）创造良好的人际关系氛围，使自己能尽快融入新的工作环境和人际网络，建立归属感。

（3）对自己今后在组织中的发展有清晰的了解，了解组织对个人的发展期望与支持，更好地规划职业生涯，减少焦虑与不安。

成功的新员工培训可以起到传递企业价值观和核心理念，并塑造员工行为的作用，它在新员工和企业以及企业内部其他员工之间架起了沟通和理解的桥梁，并为新员工迅速适应企业环境并与其他团队成员展开良性互动打下了坚实的基础。

（五）新员工培训课程体系设计

新员工培训即上岗引导，是企业对新员工在开始工作之前所进行的培训。分为企业集中培训和部门岗位培训两个层次。前者侧重向全体新员工培训共同的内容如管理制度等，从而使新员工了解本企业的基本情况；后者则侧重向新员工介绍所在的特定部门和具体岗位的工作要求，包括部门的结构与职能、部门员工、关键绩效指标、岗位工作职责等，使新员工切实掌握处理业务的原则、技巧、程序，以便在培训后能胜任新工作。在实施上述两个层次的新员工培训过程中，人力资源部门和新员工的直接管理者共同承担有关的上岗引导职责。新员工培训课程体系见表7—1。

表7—1　新员工培训课程体系

培训形式	培训目的	培训课程	培训内容	培训方法
集中培训	企业人	企业概况	•企业的地理位置和分支机构位置 •企业标志及由来 •企业发展历史和阶段性的英雄人物 •产品和服务 •企业组织结构及主要领导 •企业的战略及发展前景 •企业文化	•讲授法配合动画演示 •运用典型事例和故事 •实地参观感知

续表

培训形式	培训目的	培训课程	培训内容	培训方法
集中培训	企业人	规章制度	• 员工基本行为规范 • 人力资源管理相关制度（培训开发、薪酬福利、绩效考核制度） • 奖惩制度 • 财务制度（出差规程与费用报销流程） • 安全生产制度	• 制作并发放员工手册或通过发送 E-mail 的方式，员工自学 • 对于员工关心的内容和容易出现的问题结合实例讲授 • 提问回答
	职业人	自我角色认知	• 从“学生”到“员工” • 企业需要什么样的员工 • 我们为什么而工作 • 职业素养培训	• 讲授法 • 新老员工见面会
		职业心态	• 自信心的建立 • 使命感建设 • 追求卓越的心态 • 挫折承受能力培养	• 讨论 • 游戏法
		团队意识	• 团队意识的培养 • 团队信息沟通 • 调解团队纠纷 • 团队内部合作与竞争	• 团队游戏 • 拓展训练
		职业形象	• 仪表礼仪 • 办公礼仪 • 社交礼仪 • 电话礼仪 • 会议礼仪	• 讲授法 • 情景模拟
		必要管理知识	• 有效沟通的技巧 • 时间管理技巧 • 信息管理技巧 • 人际关系艺术	• 讲授法 • 案例分析 • 角色扮演 • 社会调查
岗位培训	实践人	部门概况	• 部门职能与结构 • 部门主要领导 • 部门工作场所 • 关键绩效指标 • 与其他部门的联系	• 部门负责人介绍 • 实地参观

续表

培训形式	培训目的	培训课程	培训内容	培训方法
岗位培训	实践人	岗位职责	• 职位说明书 • 岗位专业知识技能 • 岗位工作行为规范	• 发放工作说明书
		工作方法	• 工作流程 • 设备操作 • 设备维护	• 工作演示法 • 工作指导法
		安全知识	• 消防安全知识 • 作业安全知识 • 职业保护知识	• 课堂讲授结合实地演练

（六）实施新员工培训

1. 怎样提高入职培训的效果

（1）增强新员工的归属感

当一名新员工加入企业时，面对周围陌生的面孔、全新的工作，心中往往会充满不安，怀疑周围的同事是否欢迎自己，怀疑自己是否有能力胜任新工作。如何帮助他们驱走这种陌生感呢？

新员工培训应该在员工进入公司的那一刻就开始。在对公司不了解的情况下，员工对公司的认知是从他所看到的人和事开始的，热情的接待、精简的入职流程、贴心的服务自然会给员工留下很好的第一印象，更重要的是会让员工产生归属感。

有些企业在新员工报到的那天，会在显眼的位置摆出欢迎的标语，从大门口到办公区的报到处都贴有路标。大厅设有问询处，每个新员工都会拿到一张流程单，会有专门的接待人员指导员工办理报到手续。午饭时间，各个部门的负责人会带自己未来的下属去吃一顿简单的午餐，使每个人都有机会能了解和融入自己未来的工作团队。新员工到部门后，各个部门可能会分别组织聚餐或其他的活动来欢迎新员工的加入，让新员工感到组织的温暖。这样下来，员工自然能深刻体会到公司对每一个员工的关怀。

（2）适度的信息量

在新员工入职培训时，培训管理者总希望能够带给新员工更多的知识，更全面的信息。对企业而言，也希望能在最短的时间培养出最好的员工。这个愿望是好的，但是未必会有好的结果。对新员工而言，新的环境、新的工作就已经给了他们大量文化方面的信息冲击，入职培训再灌输更多的知识信息，一旦超出了员工的承受能力，其培训效果可想而知。因此，在新员工培训中需要注意的是不要让新员工迷失在大量的信息当中。

（3）鼓励新员工加入持积极心态的“小团伙”

不少企业很反对员工之间形成老乡和校友等小团伙，有一个重要的原因就是怕这些团伙里负面的东西相互影响传播，最后影响组织氛围。其实如果加以正确引导，鼓励新员工加入持积极心态的“小团伙”，可以大大增加新员工对企业的认同感、归属感，进而降低流失率。例如，有的公司在新员工进入企业后，就组织公司中的老乡会、校友会，通过表现优秀的老乡、师兄师姐的亲身经历来鼓励新员工努力工作，谋求职业发展，对新员工的激励作用非常大。

（4）帮助新员工进行角色定位

应届毕业生是新进员工中特殊的一类群体。他们往往由于对自己的角色不清楚，对组织的情况不了解，才会有错误的行为和表现。培训管理者要注重对其上岗引导，尤其要注重对刚毕业大学生的心理教育，明确指出他们的工作角色和组织角色，打消他们不切实际的角色期望，要让他们了解组织正式的和非正式的群体规范，使他们尽快完成社会化的进程，实现从学生到员工的角色转换，找准自己的定位，融入工作环境，实现个人与企业的共同发展。

（5）建立内部导师制

即使再成功的新员工培训，也只能解决新员工刚进入企业时的部分问题，并不能解决他们遇到的所有问题，更不能解决新员工在后续的工作、生活中遇到的困难与疑惑。因此，许多企业在设计新员工培训制度时，还通过一对一以师傅带徒弟的形式建立“内部导师制”，为新员工指定专门的导师，以全过程跟踪、辅导、支持、帮助新员工更好地适应企业的多方面需要，不仅教技术、服务技巧和办事方法，而且教思想、作风。从而使新员工形成良好的作风，树立敬业精神、职业道德，并尽快熟悉工艺技术、业务内容和工作方法，促进新员工的全面成长。

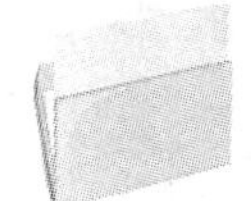

案例 7—1

宝洁的导师制

宝洁公司（Procter & Gamble 简称 P&G）是一家美国消费日用品生产商，

也是目前全球最大的日用品公司之一。宝洁公司认为，只要应聘进入公司的员工都是优秀的。企业组织设计所要做的就是如何最大化地发挥他们每个人的长处，并给予最充分的施展才华的空间。为此，针对新进的员工，宝洁采用了“导师制”——为每名新员工指定一位指导经理专门负责新员工的成长，而且随着其职位的变迁或者提升，还会更换具体的指导经理人选，从而有效地实现了企业强势文化与经营知识的持续传承。

在经历双向选择的过程之后，“导师”（Mentor）通过持续指导将自己的实际经验传授给“学员”（Mentee），倾听他生活的困惑与苦恼以及遇到的困难，同时以自身的经验告诉他在公司里的注意事项、公司文化的细节以及如何去开展工作，等等，并不断地从旁指点与扶持。这些措施力图使每一个进入宝洁的人，都能感受到宝洁大家庭般的亲切氛围，在最短的时间内产生一种强烈的归属感。这种“导师制”对宝洁公司和其员工的成长发展有极大的促进作用，这种方式也为其他公司和机构所借鉴。

2. 适合新员工培训的游戏

美国著名培训大师鲍勃·派克提出，“学习是与你拥有的快乐成正比的”。[①] 经过精心设计的游戏能给学员在学习中带来快乐。因此，在对新员工进行培训时，适当采用游戏的形式会使培训效果事半功倍。

（1）破冰游戏

破冰又称为融冰，是打破人际交往间怀疑、猜忌、疏远的“樊篱”，就像打破严冬厚厚的冰层。对于参加入职培训的新员工来说，他们相互之间以及与培训师和管理者之间都是陌生的，如何打破陌生人之间的“冰层”，是培训正式开始之前必须面对的问题。而破冰游戏恰巧能起到作用，是许多培训者作为培训开始的必要环节，它可以使培训者更好地把握整个培训团体，并更快速地达到培训的目的与期望，能帮助人们变得乐于交往和相互学习，打破陌生人之间的隔阂，鼓励害羞的人更多地参与，活跃团队气氛，使完全陌生的人群建立起凝聚力。

① ［美］鲍勃·派克，克里斯托弗·巴斯；王金萍译．员工培训游戏精选［M］．北京：电子工业出版社，2005：11.

专栏 7—1

新员工破冰游戏①

1. 面对面的介绍

目的：帮助学员彼此熟悉起来。

游戏玩法：将所有人排成两个同心圆，随着歌声同心圆转动，歌声一停，面对面的两人要相互自我介绍。

注意事项：

(1) 排成相对的两个同心圆，边唱边转，内外圈的旋转方向相反。

(2) 歌声告一段落时停止转动，面对面的人彼此握手寒暄并相互自我介绍。歌声再起时，游戏继续进行。

2. 寻人游戏

目的：打破开场时的沉闷气氛，帮助学员们互相做自我介绍。

所需材料：每位学员一张自传式信息列表，由培训师提前准备。

游戏玩法：学员们在培训课之前先交给培训师一份自传，由培训师从每篇自传中挑出一部分内容，列成一张表格，打印出来。每位学员走进教室之后都能拿到这样一张表格，然后参与到寻人游戏中来，直到在教室里找到那个与列表中描述情况相匹配的人为止。

3. 踩气球

目的：活跃团队气氛，利用个人或团体对抗的方式，以增加小队间的向心力。

游戏规则：每个人的脚上绑上一（两）个气球，哨音响后，每个人一方面必须专去踩破敌队的气球，同时必须保持自己的气球不被踩爆。

道具：每个人一（两）个气球以及橡皮筋，并请大家吹好气后绑上。

开始游戏：记得要宣布进行时间，并统一以吹哨来开始及结束。

趣味玩法：

(1) 可以变化的方式之一：所有过程采取单兵作战，没有队形。

(2) 可以变化的方式之二：同一小队的人两两一组（最好一男一女一组），以勾肩或一只手绑在一起的方式进行。

① 破冰游戏．维基百科．http://wiki.mbalib.com/wiki/%E7%A0%B4%E5%86%B0%E6%B8%B8%E6%88%8F.

（3）可以变化的方式之三：同一小队排成一列，以搭肩的方式进行。

（4）可以变化的方式之四：所有的人围成一个圈，每次回合各队派出三个人在场中比赛，有点像是摔跤赛的味道。

（5）可以变化的方式之五：每个人发给四个气球，分别绑在双脚及双手上。

（6）可以变化的方式之六：一男一女一组，只有女生有气球，男生一方面负责踩对方气球的工作，另一方面还必须保护自己的伙伴。

注意事项：

（1）地形最好是平坦的草地或水泥地，不是高低不平的地形，免得受伤。

（2）可能会有人作弊将气球吹得很小，这时主持人必须主持公道。

（3）这个游戏往往会造成男生很强势、女生很弱势的情况，所以建议尽量以团体作战的方式，让男生要分心来保护女生比较好。

（4）在进行过程中，如果气球不小心漏气或是跑掉了，一律当作被踩爆。

（5）可以配乐，以助声势。

（2）户外拓展训练

户外拓展训练又称野外拓展训练、拓展训练营、外展训练、冒险性学习法，是一种将参与者带入户外的环境或设施中进行体验式心理训练，它已经成为提高沟通技巧、凝聚力、领导力、决策力、竞争力、人际信任和个人心理素质培训中广泛采用的技术。

知识链接 7—1

户外拓展训练①

户外拓展训练的英文为 Outward Development，原意为一艘小船驶离平静的港湾，义无反顾地投向未知的旅程，去迎接一次次挑战，去战胜一个个困难。拓展训练通常利用崇山峻岭、瀚海大川等自然环境，通过精心设计的活动达到“磨炼意志、陶冶情操、完善人格、熔炼团队”的培训目的。

户外拓展培训起源于第二次世界大战。当时，盟军在大西洋的船队屡遭德国纳粹潜艇的袭击。在船只被击沉后，大部分水手葬身海底，只有极少数人得以生还。英国救生专家对生还者进行了统计和分析研究，他们惊奇地发现，这些生还

① 户外拓展训练. 百度百科. http://baike.baidu.com/view/1606314.htm.

者并不是他们想象中的那些年轻力壮的水手，而是意志坚定懂得互相支持的中年人。经过一段时间的调查研究，了解情况，专家们终于找到了这个问题的答案：这些人之所以能活下来，关键在于这些人有良好的心理素质。于是，提出“成功并非依靠充沛的体能，而是强大的意志力”这一理念。当时德国人库尔特·汉恩提议，利用一些自然条件和人工设施，让那些年轻的海员做一些具有心理挑战的活动和项目，以训练和提高他们的心理素质。后来其好友劳伦斯在1942年成立了一所阿德伯威海上训练学校，以年轻海员为训练对象，这是户外拓展训练最早的雏形。

此后，在英国很快出现了一种叫作Outward—Bound的管理培训学校，这种训练利用户外活动的形式，模拟真实管理情境，对管理者和企业家进行心理和管理两方面的培训。

由于户外拓展培训具有非常新颖的培训形式和良好的培训效果，很快就风靡整个欧洲的教育培训领域并在其后的半个世纪中发展到全世界。训练对象也由最初的海员扩大到军人、学生、工商业人员等各类群体。训练目标由单纯的体能训练、生存训练扩展到心理训练、人格训练、管理训练等。

在新员工的入职培训中，拓展训练是不可或缺的一环。下面介绍两种常见的户外拓展训练形式。

专栏7—2

经典的户外拓展训练

1. 信任背摔

活动目的：信任背摔的目的是建立起团队成员彼此间的信任关系。同时，这个活动还可以锻炼心理素质，克服恐惧，对业务人员的心理素质提升有很大帮助。

活动内容：每一位学员依次从一座高1.4～1.7米的背摔台上直身向后倒下，其他学员在背摔台下平伸双臂作保护。从对自己无法控制的局面，靠理智及对同伴的信任战胜恐惧，切身体验什么是“充分信任、相互依赖”。

项目任务：全队每个人轮流到背摔台上背向队友，双脚后跟1/3出台面，(培训师做出示范动作）身体重心上移尽量垂直水平倒下去，下面的队员安全把他接住即为完成。

注意事项：

(1) 背摔队员在背摔台只能严格按照动作要领来做才可以保证足够安全，特别要遵守以下四点：不要向后窜跃、倒下时肘关节收紧不要打开、不要垂直向下跳、要控制自己的双脚不要上下摇动并打开。

(2) 搭人床的队员第一组队员的肩膀距背摔台沿约30厘米的距离，个子可以不用很高，通常可以安排为女士；第二、三组应用力度最强的四个人，当然，如果背摔者的个子较高受力点应向后调节。每组队员的肩膀应紧密相连勿留空隙。人床形状应保持由低渐高的坡状，剩下的队员要用双掌推住最后一组队友的肩膀处，以保护人床的牢固，所有队员在任何时候都不可以撒手或撤退。当听到背摔队员的询问“准备好了吗”时，头要向后仰同时侧向队友的背部，当队友倒下来后一定遵守“先放脚后将身体扶正”的拓展安全第一原则。另外，作保护的队员不要迅速撒手或鼓掌，以免发生其他意外。

(3) 二组、三组队员在承接几名队员后要互相交换组位，以免队员疲劳。

2. 逃生墙

活动目的：使学员体验与团队成员合作完成艰巨任务的快乐和成就感；学会取人之长补己之短；强化团队精神。

活动内容：全队队员在规定的时间内，成功翻过一堵4米高的光滑墙，称为“逃生墙”。

活动道具：高4米、表面光滑的一堵墙，一块棕垫。

活动规则：

(1) 不容许借助任何外力和工具，包括衣服、皮带等，必须沿墙正面上去，有人没有上去即为失败。人数过多时，上去的人沿梯子下来必须站在指定位置。允许上去的学员沿原路返回。

(2) 所有人都要摘去身上的一切硬物，如手表、门卡、眼镜、钥匙、戒指、发卡等，穿硬底鞋、胶钉底鞋必须脱掉鞋子。

(3) 如果采用搭人梯的方法，必须采用马步站桩式，不要将身体靠在墙上，注意腰部用力挺直，用手臂弯曲推墙固定保持人梯牢固。要有人专门扶持人梯学员的腰，可以屈膝用腿支撑人梯学员的臀部，学员攀爬时不可踩人梯学员的头、颈椎、脊椎等，只可以踩肩和大腿。

(4) 培训师应大声讲解，细致强调，鼓励学员参加。解决问题的办法由学员自己想，不用给安全操作规则外的任何建议。学员讨论时间过长、没有决策和执行的时候可以提醒一下，一般要留2/3的时间用于执行。

二、管理人员培训

案例7—2

GE：培养全球化的职业经理人[①]

鲍伯·科卡伦，是美国通用电气公司（GE）副总裁兼首席教育官，领导着通用电气知名的约翰·韦尔奇领导发展中心，负责GE全球经理人的培训与发展。

鲍伯·科卡伦介绍，对中层管理人员来说，给他们提供正式的机会来管理一个团队或者一个业务部门，同时向他们提供管理方面的专业培训，他们会有机会接触公司更高层的领导，并身体力行地学会如何成为一个高层领导。GE认为，教授领导能力的最好方式就是由领导人授课，而不是请大学教授给领导人讲课，这样才能传授实际的经验和教训。在韦尔奇担任CEO的20年中，GE举办了280次这一类的课程，他每次都参加了授课，教授领导能力。只有一次例外，那一次他在住院，刚做完心脏搭桥手术，那是20年中他错过的唯一的一次。对于这些管理者，GE教会他们怎样做事，而非做什么样的事。

如何培养全球化的职业经理人，这是GE一直在探讨的话题。他们的做法是让大家都来参与制定全球化工作的程序，一个人可能在北京办公室工作，但他所做的工作可能会与欧洲、美国的客户，德国、日本、法国的供货商进行大量的接触，让他们学会如何身处异地，站在全球化的视角上，客观、公正地做出正确的决策。

在GE的文化中，鼓励人们做出承诺，并实现自己的承诺。GE在选人的时候，也是选择那些有诚信的人。GE也希望为他们提供机会，使其成为世界上最好的领导人。在韦尔奇退休的晚会上，十多个《财富》五百强企业的CEO向韦尔奇表示致意，这些人都在他手下工作过，他们感谢韦尔奇、感谢GE培养他们，使他们成为全球知名大公司的领导人。

当今世界正处于知识经济时代，在这样的新时代里，学习成为人们的基本生存状态。要留住企业的中流砥柱——管理人员，仅靠提供优厚的奖金待遇无疑是不够的。不断给管理者充电、加压，满足其渴望不断进步的需要，并在工作中体

① 林媛媛. 企业培训理论与实践［M］. 厦门：厦门大学出版社，2005：223.

会挑战的乐趣和实现自我价值，这才是现代企业留人的真正秘诀所在。

（一）企业的中流砥柱——管理人员

1. 管理人员及分层

一家企业的管理水平决定整个企业的命运。在现代企业，管理人员是组织的中坚力量，是企业的中流砥柱，起着衔接沟通的作用。一般来说，企业中从事管理工作的人可能有很多，按其所处的组织层次不同，可以划分为基层管理人员、中层管理人员及高层管理人员三个层次。

基层管理人员是在企业生产、销售、研发等生产经营一线活动中执行管理职能的管理者。他们是把责任落实到岗位的关键，主要协调和解决员工工作中遇到的具体问题，是整个管理系统的基础。

中层管理人员通常是处于高层管理人员和基层管理人员之间的一个或若干个中间层次的管理人员，承担着企业日常经营中各种计划、组织、领导和控制工作，是企业管理团队的中坚力量，起着承上启下的作用，对上下级之间的信息沟通负有重要的责任。

高层管理人员负责整个企业的发展方向和经营成效，其决策往往关系着企业或者组织的生死存亡。他们在企业中充当着各种不同的角色，如决策者、监督者、革新者、授权者等，他们的一举一动对企业来说意义重大。

2. 管理人员培训的意义

管理人员是企业的中流砥柱，要让他们发挥出全方位的管理能力就必须科学地对管理人员进行培训。管理人员培训的意义具体可体现在以下几个方面：

（1）提高管理人员的管理水平

由于管理的实践性和艺术性，管理水平的提高是无止境的。除了管理者自己在工作岗位上用心总结工作经验提高工作水平外，用各种科学方法对管理人员进行理论和实践的培训更有效。为此，许多企业建立了自己的管理培训体系，例如，西门子管理学院就建立了一套“管理学习教程”，系统地培训和开发管理人员的潜能；花旗集团则给予公司所有经理人员 1 万元的报销额度，用于业余时间继续攻读学位，同时，每年给予 3 000 美元的额度用于参加专业研讨会。

（2）提高组织运作效率

组织效率是评价管理水平的基准，而管理是由组织各部门、各层次管理者来操作的。各层次管理人员经过培训，可以提高公司的管理人员的管理水平和管理效果，增强协调配合能力，保证组织高效、有序运行。

（3）增强组织竞争力

面对经济领域的激烈竞争，许多公司越来越重视对各层次管理者的开发，迫切希望他们的管理人员在生产经营的决策、计划、组织、执行和控制等方面胜人一筹，立于不败之地。提高企业各层次管理人员的经营管理水平和能力，是使企业获得较高生产效率和竞争力的最理想，也是最根本的途径。据美国通用电气的统计，通过提高发电机性能的方法，每增加企业发电能力的5%，需要花费相当多的时间和金钱；但通过经营管理方法的改进和提高，不需要花费多少金钱就可以达到提高发电能力5%的目的，这无疑大大提高了通用电气的竞争力。

（4）增加管理人员储备

现代社会是一个充满竞争的社会，而竞争制胜的决定因素是人才。通过培训管理人员，可以增加潜在的管理者，增强组织的发展后劲。同时管理人员培训属于智力投资，对组织和社会都具有很高的投资回报率。

3. 不同层次管理人员的培训比较

美国哈佛商学院教授罗伯特·卡茨（Robert L. Katz）认为，不论是什么组织的管理者，也不论是哪个层次的管理者，都必须具备三个方面的技能，即技术技能、人际技能和概念技能。其中，技术技能是指“运用管理者所监督的专业领域中的过程、惯例、技术和工具的能力”；人际技能是指“成功地与别人打交道并与别人沟通的能力”；概念技能是指“把观点设想出来并加以处理以及将关系抽象化的精神能力”。[①] 但是各层次的管理人员对于这三个方面技能的要求是有侧重的，不同层次的比例要求如图7—1所示。卡茨认为，基层管理人员的技术技能、人际技能和概念技能的培训内容比例为50∶38∶12；中层管理人员的技术技能、人际技能和概念技能的培训内容比例为35∶42∶23；高层管理人员的技术技能、人际技能和概念技能的培训内容比例为18∶43∶39。技术技能由低层向高层重要性逐渐递减；概念技能由低层向高层重要性逐步增加；人际关系技能对不同管理层的重要程度区别不十分明显，但比较而言高层要比低层相对重要一些。一个成功的管理者肯定具有良好的人际管理技能。

由于不同层次管理人员的职能与角色具有差异，其培训重点和培训方法也是不同的。因此，对于管理人员的培训，要分层进行，“量体裁衣”，“因材施教”，这样能使培训更有针对性地为企业服务。不同层次管理人员的培训区别见表7—2。

---

① Warren R. Plukett, Roymond F. Aattner. Management: Meeting and Exceeding Customer Expections (Sixth Edition). South-Western College Publishing, Illinois, 1997: 24-26.

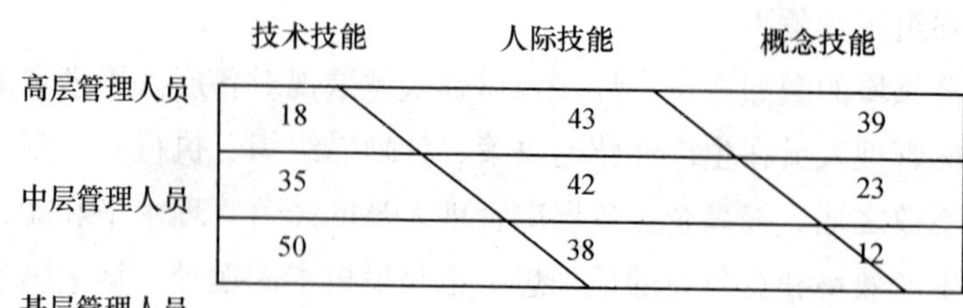

图 7—1　处于不同层次的管理者在管理技能上的不同侧重要求

表 7—2　不同层次管理人员的培训区别

人员类别	主要工作职责	培训课程	培训内容	培训方法
基层管理人员	直接指导和监督下属员工现场作业活动，保证各项任务的有效完成。	各职能部门的专业知识和技能		E-learning
		角色认知	管理者的角色定位	
			基层管理者日常工作职责	
			基层管理人员的素质要求	
			职业道德	
		管理技能培训	基本的监督技能	课堂讲授法 案例分析法 角色扮演法 管理游戏
			激励员工工作的方法	
			与员工合作	
			员工职业生涯规划	
			管理艺术	
中层管理人员	•贯彻执行高层管理人员所制定的重大决策 •监督和协调基层管理人员的工作	企业概况	企业愿景、使命、战略	授课 视频录像
			企业组织结构与决策流程	
			企业文化	
		管理能力	部门工作计划拟订及实施	授课 情景模拟 管理者训练 公文筐训练
			部门间的协调与沟通	
			目标管理	
			时间管理	
		领导艺术	授权	小组讨论 案例分析 角色扮演
			有效沟通技巧	
			如何激励下属	
		团队管理	学习型组织的建立	户外拓展 小组讨论
			高效团队建设与团队合作	

续表

人员类别	主要工作职责	培训课程	培训内容	培训方法
高层管理人员	•追求企业使命 •慎重思考企业的组织结构和组织设计 •培养企业未来的人力资源，尤其是高阶层人力资源 •与外界建立并维持良好的关系等	企业环境	国内外政治经济形势	外派考察 脱岗培训
			所属行业市场环境分析	
			相关政策、法律规范	
		现代企业管理	现代企业管理技术	外派考察 经验交流 管理竞赛
			现代企业规范化管理系统	
			企业战略管理	
			企业组织结构管理	
			企业工作流程管理	
			创业管理	
			企业社会责任	
		领导艺术	团队管理	T小组训练
			有效沟通	
			冲突管理	
			员工激励	
		个人修炼	如何成为卓越的管理者	经理人训练营
			危机处理能力	
			创新意识培养	

基层管理人员是工作人员的直接主管，是企业最基层的管理干部，包括班组长、工长等。其主要职责是直接指导和监督下属员工现场作业活动，保证各项任务的有效完成。对基层管理人员的培训与开发应侧重于培训、开发他们的工作技能，其培训的主要内容包括：各职能部门的专业知识和技能、角色认知、基本的监督技能、激励员工工作的方法、与员工的合作精神、员工职业生涯规划、职业道德、管理艺术。①

中层管理人员是指企业中第二层次的正副职管理人员及相当职务的人员，包括部门主管、项目经理等。其职责主要是贯彻执行高层管理人员所制定的重大决策及监督和协调基层管理人员的工作，在组织内部起着上情下达和下情上传的枢纽作用。对中层管理人员的培训与开发应侧重于员工之间、部门之间及员工与部门之间的协调与沟通，其培训与开发的主要内容包括企业概况、各职能部门专业

① 徐庆文，裘春霞．培训与开发［M］．济南：山东人民出版社，2004：6-7．

知识的变化、部门工作计划的拟订和实施、部门间的协调与沟通等管理能力、授权、有效沟通、激励下属、团队管理。

高层管理人员是指企业的第一层正副职管理人员及其相当职务人员，也就是所谓的“最高领导层”，包括董事长、总经理等。其主要职责是追求企业使命，慎重思考企业的组织结构和组织设计，培养企业未来的人力资源（尤其是高阶层人力资源），与外界建立并维持良好的关系等。对高层管理人员而言，他们所需要考虑的是企业的整体、长远利益，所处理的是企业与外部各种错综复杂的关系。培训目标上应着重从宏观视野、超前思维、创业精神、战略决策、领导艺术、社会责任及商业道德等方面着手，培训的设计上则应多考虑一些“宽、新、高”的内容，主要应注重提高以系统思考能力为中心的能力。对高层管理人员的培训与开发的主要内容包括国内外政治经济形势、所属行业市场环境分析、竞争与企业发展战略、现代企业管理技术、企业战略管理、创业管理、企业社会责任、组织行为与领导艺术、创新意识等。

（二）管理培训内容

1. 个人认知

（1）管理学基本知识。包括管理学原理、管理者的角色、技能与职能、管理的基本方法等。

（2）企业文化。包括组织的愿景、使命、战略目标及发展历史。

（3）压力管理。包括对压力源的了解、对压力的应对策略、增强压力承受力等。

（4）时间管理。包括分析时间利用状况、进行时间合理规划等。

（5）计划管理。包括进行目标规划、拟订工作计划、掌握计划管理的方法等。

2. 人际技能

（1）沟通与协调技能。包括口头表达技巧、书面表达技巧、员工面谈技巧、说服的技巧、注意有效倾听等。

（2）激励管理。包括创造激励的环境、增进动机与公平感、有效激励的方法。

（3）冲突管理。包括冲突的来源、解决冲突的模式、谈判策略等。

3. 团队技能

（1）授权。包括工作分配与授权、授权的风格、授权有效性的影响因素、进行授权的方法等。

（2）团队建设。包括高效团队的特征、团队的发展阶段、团队角色、质量圈、团队会议策略等。

专栏 7—3

最受欢迎的十大管理培训课程[①]

据零点调查公司的调查，目前最受欢迎的十大管理培训课程如下：

1. 高效培训。这是有关提高效率的培训课程，尽管费用高昂，但仍受到高层次职业人士的欢迎。

2. 时间管理培训。此类课程传授的不仅是工作时间的管理方法，而且还包括生活时间的管理方法。由于时间管理是提高工作效率的关键，因此，不论是公司还是个人都很欢迎此类培训。

3. 团队精神培训。受西方现代企业文化的影响，越来越多的中国企业意识到，员工整体协作对企业的发展将起重要作用。因此，团队合作逐渐成为企业文化的重要组成部分，市场对这方面专业培训的需求水涨船高。

4. 营销技巧培训。随着市场竞争的日趋激烈，要求企业更加主动、积极地开拓市场。营销人员要想提高业绩，参加专业培训是非常重要的。

5. 客户服务技巧培训。客户是上帝，只有充分满足客户的需要，才能实现企业的发展。因此，越来越多的企业把客户服务作为一种赢利的好方法。

6. 沟通技巧培训。演讲技巧、谈话技巧、客户接待技巧都属于沟通技巧的范畴。

7. 项目管理培训。项目管理包括对质量、时间、费用等几方面的管理，其在整个项目实施过程中起到科学协调作用。项目管理可以帮助企业保证项目实施质量，制约实施时间，控制费用等，因此备受重视。

8. 薪酬设计培训。市场经济要求企业实行市场化薪酬制度，薪酬已成为员工能力差异的一种重要表现。但目前国内大部分企业缺乏薪酬设计的能力，此类培训正好满足了这方面需求。

9. 领导艺术情景培训。此类培训形式灵活，内容实用，从日常工作中可能

---

① 最受欢迎的十大管理培训课程. 全程无忧，http://arts.51job.com/arts/14/288217.html.

碰到的一些小案例出发，教给学员实用的处理问题的方法。

10. 战略性人力资源管理培训。这门课程包括招聘制度、员工关系、激励制度等各方面的整体综合设计，能帮助企业建立从一线员工到高职位员工的科学的标准化监控制度，同时能帮助企业明确雇佣双方的利益和义务，并使其得到充分保证。

（三）管理人员培训方法

1. 工作轮换

工作轮换是企业有计划地按照一定的期限，让管理人员轮换若干种不同工作的做法，从而达到拓宽管理人员的知识面，使受训者全面掌握企业各种职能的管理知识和艺术，考察管理者适应性和开发管理者多种能力，进行在职训练以及培养管理人员的目的。日本丰田公司每五年对各级管理人员进行一次职务轮换，调换幅度为5%左右，调换的目标岗位通常锁定在本单位相关部门。

工作轮换用于中层管理人员培训是指将中层管理人员从一个岗位调到另一个岗位上轮换工作，使其全面了解整个企业各个方面的工作，获得不同的工作经验，为将来在较高层次上任职做准备。

工作轮换用于高层管理人员培训可以是在各境内子公司、分支机构或总公司的高级管理职位上轮换，以熟悉境内各子公司、分支机构和总公司的运行管理机制与战略决策。

在实施工作轮换时应注意以下几个方面的事项：

（1）根据每个员工的能力和个性统筹安排，提高人才使用效率。

（2）应当将企业的需求与受训人的兴趣、能力倾向和职业爱好结合起来考虑。要与参与岗位轮换的员工进行有效的沟通，实行双方见面、双向选择等方式方法，减少由于岗位突然变化给员工带来的心理不安和焦虑。

（3）工作轮换要充分考虑各个部门所负担的工作职责、素质要求的区别，既要考虑到企业各部门工作的实际需要，也要能发挥岗位轮换人员的才能，保持各部门之间的人才相对平衡。

（4）合理设置岗位轮换的时间间隔。轮换周期过短，会降低工作质量和工作热情，岗位轮换的效果会大大降低。受训者在每一岗位上的工作时间长短，应依其学习进度而定。

2. 管理竞赛法

管理竞赛法是指几组管理人员利用计算机来模拟真实的公司经营，并做出各自的决策来互相竞争的一种开发方法。它动态地模拟了企业管理中各种基本职能及企业内外因素之间依赖关系的实际情况，反映了企业、市场的动态变化过程。这种方法能通过调动学员的参与热情和兴趣来训练他们的合作意识、相互协作的方法与技巧，以及由此及彼的思维能力与创造力，有利于提高经营管理者的决策能力和领导能力。

管理竞赛的基本程序：

（1）将受训者分为5～6个小组，每组为1个公司，每个公司都要在激烈的模拟市场竞争中与其他公司进行各种形式的博弈。

（2）每个公司设立一个明确的目标。

（3）每个公司进行决策，内容可涉及生产、销售、财务、人力资源管理等各部门的决策，并规定不能看到其他公司的决策情况。

3. 敏感性训练

敏感性训练（Sensitivity Training）也称为感受性培训、ST法、T小组训练，是美国行为科学家布雷福德等人首创的一种训练方法。其实质是通过增强人际意识“内心深处”的相互作用而达到行为的改变。

为了使感受性培训获得更好的效果，训练要求学员能够积极参与，放下自我的身份，展示真实的自己，用心去体会、感悟每个环节，使自己真正融入活动之中，这样才能体验内心的收获。在敏感性训练中，鼓励学员彼此坦诚地交流此时此刻的经验和感受，利用团体的互动，克服疏离感，使学员展示开放、诚实、自然的特质，表现出新的适应行为。如从对经验和不确定性持较保守的态度转变为更开放的接受外在现实和忍受不确定性；从缺乏信任、封闭、畏惧人际关系转变为对别人更具开放性和善于表达自己，团队意识得到增强。根据社会学理论和人际沟通理论，把训练目的定位在自我探索，提升自信，掌握人际交往技巧，提高人际沟通能力，提升服务意识，强化团队精神，使学员在专业知识IQ及情商EQ等方面得到提升。

敏感性训练在实施时需要注意以下几个方面：

（1）将培训人员分成小组，每组以10～15名为佳。

（2）培训师应是经验丰富的心理学方面的专家。

（3）学员在小组中有充分的自主空间。在没有指定讨论议题的情况下，小组成员可自行决定讨论方式，并以发生在小组内的所有事件作为学习素材。

4. 公文筐训练

公文筐训练是一种训练企业管理人员快速有效地处理日常文件和事务的方

法。它是将培训参与者置于特定职位或管理岗位的模拟环境中，由培训者提供一批该岗位经常需要处理的文件，如备忘录、报告和电话记录等，要求参加培训者在一定的时间和规定的条件下处理完毕，并且还要以书面或口头的方式解释说明这样处理的原则和理由。培训师提供的文件和事务一般没有什么条理，有些需要紧急处理，有些需要常规处理，这就要求学员进行分析研究，分清轻重缓急，统筹规划，合理安排时间。规定时间到了之后，由培训师和学员一起对每个人的处理结果进行比较、评价和总结。

通过公文筐训练，可以观察参加培训者是否每份文件都看过，并作了相应批复；是否利用了各种文件所提供的信息；能否分清轻重缓急，有条不紊地处理这些文件；对问题判断是否得当，处理办法是否合理；是否依据文件所提供的事实进行判断和决策；授权是否恰当；是关注大局还是拘泥于细节。由此可以锻炼参加培训者计划、组织、协调、领导、授权、激励、创新、决策等方面的管理能力及书面语言表达能力。

专栏 7—4

公文筐训练素材

【情境】

某公司是一家国有企业，其人力资源部下设五个主管岗位，分别是招聘主管、薪酬主管、绩效主管、培训主管和劳动关系与安全主管，每个主管有2～3位下属。今天是2013年7月9日，你（李明翔）有机会在以后的1个小时里担任该公司人力资源部总监的职务，全面主持公司人力资源管理工作。

现在是上午8时，你提前来到办公室，秘书已经将你需要处理的邮件和电话录音整理完毕，放在了文件夹内。文件的顺序是随机排列的，你必须在1个小时内处理好这些文件，并做出批示。9时还有一个重要的会议需要你主持，在这1个小时里，你的秘书会为你推掉所有杂事，没有任何人来打扰。

【任务】

在接下来的1个小时中，请你查阅文件筐中的各种信函、电话录音以及电子邮件，选择特定的回复方式，并给出你对每个材料的处理意见。

【文件一】

李总监：

您好！

我是国际事业部的刘增，去年 10 月中旬，人力资源部曾要求各部门上报 2013 年的大学生招聘计划。由于我部业务的特殊性，不仅要求较高的英语水平，而且要懂得一定的专业知识，这类人员在校内招聘的难度很大。此外，由于我们公司薪酬水平较低，即使招聘来也很容易流失，过去几年的流失率高达 74%。为此我们国际事业部多次召开会议，并初步达成共识：公司需要制定中长期的人才规划以吸引并留住优秀人才。

但是，到底该如何操作，尚无具体方案。我刚和总经理通过电话，他建议我直接与您沟通，不知您有何意见想法，请尽快告知。

国际事业部总监
刘增
7 月 8 日

【文件二】

李总监：

您好！

我是王睿，有件事情非常紧急，今早 7 时，我接到郑州交通管理局的电话，六点十分在郑州 203 国道上发生重大交通事故，我公司销售部的刘向东驾车与一辆货车相撞，刘向东当场死亡，对方司机重伤，目前正在医院抢救，与刘向东同车的还有公司的销售员人员蔡庆华、隋东和王小亮，三人都不同程度受伤，但无生命危险。目前事故责任还不能确定，我准备立刻前往郑州处理相关事务，希望您能尽快和我联系，商量一下应对措施。

劳动关系与安全主管
王睿
7 月 9 日

【文件三】

李总监：

您好！

公司今年结束年中的绩效考核后，准备实施基于目标考核的新的绩效考核系统，从上周起要求各部门经理和员工一起制定员工下半年的工作目标，按原定计划，该项工作应在下周三前完成，绩效监督小组对工作进程进行了检查，发现全公司 32 名部门经理仅有 4 个完成了工作，大部分经理尚未开始进行目标设定，当我们希望他们加快进度时，很多部门经理抱怨根本没有时间，觉得和员工共同制定工作目标是表面文章；还有部分部门经理认为这是部门内部的事，监督小组是在干涉他们的工作。目前工作进展很不顺利，请您能给我们一些支持。

绩效主管
张玲
7月7日

【文件四】

李总监：

您好！

公司4月份在南非首次承接的420工程现已开工，工程部准备委派6名高级技术人员到南非提供技术服务。可是，这6名技术人员英语水平较差，虽经过为期半年的在岗英语培训，但效果不尽如人意。因此，工程部计划临时安排他们去英语学校参加封闭式培训，培训时间为2个月，费用为每人10 000元。该计划已经上报人力资源部。可是，昨天工程部来电称，财务部不同意支付培训费用，理由是该培训事先没有计划和预算，资金周转不过来，这几名员工原计划10月赴南非，工程部担心如果不能按期派人提供技术支持，可能会影响合同的执行和公司的声誉。目前，工程部非常焦急，请求您出面协调，敬请尽快回复。

培训专员
陈欣
7月8日

【文件五】

类别：便函

来件人：章亮　总裁

收件人：李明翔　人力资源部总监

日期：7月8日

小李：

9日下午你是否有空，我刚刚看过上半年的绩效考评结果，综合过去两年来各部门运行情况，我觉得有必要对公司的中层干部进行调整。另外，公司明年要上一些新项目，需要有针对性地补充一些管理人员，我想听听你的意见，请准备一下相关资料，并与我联系。

章亮

【文件六】

类别：电话录音

来电人：常进 业务一部
接受人：李明翔 人力资源部总监
日期：7月8日
李总监：

您好！我是业务一部的经理常进，2月中旬，我曾和薪酬主管王杰就业务一部的奖金分配方案进行过讨论。我们部门的客户和其他业务部不太一样，多是大型客户。在我们部门里，需要通过项目小组的模式才能完成客户的订单，员工相互协作的要求很高。目前公司的奖金分配方案完全和个人的业绩挂钩，我认为这种发放方式不太适合我们部门的实情。在上次和王杰的讨论中，我们曾设想采取基于团队的奖励计划，但没有提出具体方案，您也知道，公司要求各部门的奖金分配方案必须在8月初制定完毕，所以我想听听您对我们采用团队奖励计划的看法。

三、销售人员培训

案例7—3

IBM销售者培训[①]

国际商用机器公司（IBM）是一家拥有40万中层管理人员、520亿美元资产的大型企业，其年销售额达到500多亿美元，利润为70多亿美元。它是世界上经营最好、管理最成功的公司之一。

IBM公司追求卓越，特别是在人才培训、造就销售人才方面取得了成功的经验。具体地说，IBM公司决不让一名未经培训或者未经全面培训的人到销售第一线去。销售人员说些什么、做些什么以及怎样说和怎样做，都对公司的形象和信誉影响极大。因此该公司用于培训的资金充足，计划严密，结构合理。一到培训结束，学员就可获得足够的技能，满怀信心地同用户打交道。

IBM公司销售培训的第一期课程包括销售政策、市场营销实践、计算机概念以及IBM公司的产品介绍等内容。第二期课程主要是学习如何销售，由本公司

① IBM公司员工培训模式．比特网．http://news.chinabyte.com/223/1937723.shtmlhttp://news.chinabyte.com/223/1937723.shtml.

在销售第一线取得突出成绩的人员担任授课教师。

经过一段时间的理论学习之后，学员们还要进行销售学习，这是一项具有很高价值和收益的活动。一个用户判断一个销售人员的能力时，只能从他如何表达自己的知识来鉴别其能力的高低，商业界就是一个自我表现的世界，销售人员必须做好准备去适应这个世界。学员们在艰苦的培训过程中，在长时间的激烈竞争中迅速成长。

IBM 公司市场营销培训的一个基本组成部分是模拟销售角色。在公司第一年的全部培训课程中，没有一天不涉及这个问题，并始终强调要保证学习或介绍的客观性，包括为什么要到某处推销和希望达到的目的。

IBM 公司为销售培训所发展的具有代表性、最复杂的技巧之一就是阿姆斯特朗案例练习，它集中考虑一种假设的，由饭店网络、海洋运输、零售批发、制造业和体育用品等部门组成的，具有复杂性的国际间业务联系。在这个组织中学员们需要对各种人员完成一系列错综复杂的拜访，通过这种练习可以对工程师、财务经理、市场营销人员、主要的经营管理人员等人群的情况进行详尽的观察分析，使学员们熟悉和演练如何与这些人打交道。由于这种学习方法非常逼真，所以，每个参加者都能如公司所期望的那样认真地对待这种学习机会。

销售作为这个世界上最古老的职业之一，如今正受到越来越多的关注。越来越多的企业似乎已经意识到销售人员既是企业对外形象的窗口，又是财富的创造者，对销售人员的培训也受到越来越多公司的重视，各个公司在培训的过程中都分别在摸索适合自身发展的培训模式，如上文案例中呈现的 IBM 对员工提供的“苦行僧”式培训等。

（一）企业的门面——销售人员

经常有人说“销售是公司的门面”。销售人员代表着公司的形象，直接影响着客户对公司的认知和满意度。可以说，客户是通过销售员来评价公司的。对客户来说，很多时候销售人员比总经理更能代表公司。销售人员对公司的重要性不言而喻。

1. 企业与顾客联系的桥梁

一线销售人员直接面对客户，每天与顾客接触，对客户了解熟悉，所以他们才是能够抓住顾客切实需求的最好窗口。销售人员是企业的外交家，架起了企业和客户的桥梁。一方面，企业为客户提供的服务将直接体现在销售人员身上。客户对企业产品服务的接受程度与销售人员在销售过程中的表现密切相关。另一方面，销售人员在推销产品的同时，作为消费者的代言人，他还是一个向公司反映消费者需求的人。销售人员能够把从市场得到的信息准确而迅速地反馈给生产研发部门以改进生产，同时客户对产品的反应也会通过销售人员传达到企业决策者的手中。

具备这种立场的销售人员，应该是多面型人才。不仅要具备销售技术，还要具有调查能力、开发能力、管理能力等综合能力；既要了解产品的制造过程，也应懂会计或财务方面的知识，能妥善处理顾客的索赔；当然，还要与各个部门保持密切的联系。

米德. 约翰公司总裁曾经说过："无论什么公司，只要其他条件差别不大，那么各公司业绩的不同主要取决于其销售人员在能力和协调作业方面的差异。"这一语道破了销售人员的重要性。生来就具备相应素质的销售人员也是有的，但是，在大多数情况下，销售人员的各项素质特征都是由他们后天创造出来的，由此就不难看出培训的必要性了。

2. 销售培训的价值

销售人员是市场的开拓者、企业利润的直接实现者，其工作态度、知识水平和职业素质在很大程度上决定了企业的利润水平及市场竞争力。企业越来越重视如何提高销售人员的销售业绩，企业领导者也把目光更多地投向对销售人员的培训上。

原来"只要会说话就可以销售"的时代一去不复返，取而代之的是"销售人员专业化"时代的到来。如何做好销售人员的培训，是一个非常有意义的课题。销售人员培训是当前培训业中蓬勃发展的一个领域。销售人员要想不断提升自己的销售业绩，就需要不断通过企业培训来提高自己的销售技能。销售人员培训是企业营销管理的一个重要方面，企业为了实现销售目标和利润目标，要不断对销售人员进行心态、产品知识、销售技巧等方面的培训。

通过对销售人员的培训，企业在产品销量、企业形象、顾客满意度等诸多方面都会有显著提高。调查表明，优秀销售人员的效率是普通销售人员的 1.5～2 倍。有一项对财务服务机构的研究结果显示，经过一段时间的集中培训，零售额提高了 35％，78％的销售人员取得了资格认证，50％建立了新的销售市场。某大型汽车保险公司引进一套销售业绩管理系统，用来评价销售人员的优点和不足，同时用作个人销售培训的辅助资料，之后又施行了行为培训和奖惩机制，周销售额随之增长了50%。①

（二）销售人员培训体系设计——基于胜任力模型

如何应用现代培训理论使企业培训效果得到有效提升已成为国内外许多企业实施培训的新命题、新挑战。作为人力资源管理领域研究的热点之一，美国著名心理学家麦克利兰于20世纪70年代早期提出的胜任力理论，为此提供了一个新的解决方案。

胜任力在西方国家大型企业的实践中已经取得了良好的效果。基于胜任力素质模型的培训体系，针对岗位胜任力要求为员工量身定做培训计划，确定培训内容，不仅能够发现员工的不足，有针对性地培养员工的核心技能，使培训有的放矢，增强培训效果，还能够开发员工的潜在素质，为组织储备具备核心能力素质的人才，为企业创造更多的效益。随着胜任力的应用逐渐深入和扩散，胜任力模型必将在企业培训中发挥更大的作用。

1. 胜任力与胜任力模型

胜任力是指能将高绩效者与一般绩效者区分开来的可以通过可信的方式度量出来的动机、特性、自我形象、态度、价值观、知识、可识别的行为技能和个人特征。企业的销售人员是否具备与其岗位任务相匹配的胜任力，对于企业来说尤其重要。

胜任力模型是指担任某个特定岗位和任务角色所具备的胜任力特征要素的总和，其基本结构包括胜任特征要素的名称、定义及行为指标。建立胜任力模型，是基于胜任力的人力资源管理系统构建的逻辑起点，是一系列基于胜任力的人力资源管理职能的重要基础和参照标准，为胜任力理论具体运用于企业员工培训搭建了桥梁。

2. 销售人员胜任力模型的构建步骤

（1）明确销售人员绩效标准

根据企业当前的发展战略和人力资源战略，明确销售部门的绩效目标等，将工作的重点放在核心能力和关键行为上，确保胜任力模型适合企业。在此基础上，采用工作分析、专家小组讨论等方法来提炼出鉴别优秀销售人员与一般销售人员的绩效标准。

（2）选取分析绩效样本

---

① ［美］苏珊娜·斯基芬顿，帕里·宙斯著；严峰译．行为培训［M］．北京：华夏出版社，2004：237．

根据岗位要求，分别从绩效优秀和绩效普通的销售人员中随机抽取一定数量的员工作为样本组进行调查。

（3）获取有关胜任特征的数据资料

可以采用行为事件访谈法（Behavioral Event Interview，简称 BEI）、专家小组法（Expert Panel）、问卷调查法（Survey）、全方位评价法、专家系统数据库和观察法等获取效标样本有关胜任特征数据，但一般以行为事件访谈法为主。

（4）建立胜任特征模型

通过运用各种分析方法，对所收集的数据、信息等进行分类、归纳、整理，总结提炼优秀销售人员的能力特征、不同特征的级别及具体行为描述，初步建立胜任力模型。

（5）验证胜任特征模型

验证胜任特征模型可以采用回归法或其他相关的验证方法。重新从优秀组与普通组中分别选取数名销售人员，根据胜任力模型对两组人员进行打分检验，考察两组成员在这些胜任特征上是否有明显差异，最大限度地提高胜任力模型的准确性和可行性。

3. 销售人员的胜任力模型

根据销售人员胜任力模型的构建步骤，可以将销售人员的胜任力分为知识、技能、态度三个方面，构建的销售人员胜任力模型如图 7—2 所示。

（1）知识方面

①产品知识。主要包括本公司产品的性能、价位、特点、使用技巧及注意事项，市场同类产品状况等。

②专业知识。包括现代市场营销知识、大众心理学等。

③企业文化。

（2）技能方面

①市场分析能力。包括对市场信息的敏感度、市场前景的预测能力、市场拓展能力。

②人际沟通能力。包括销售人员的礼仪、谈判艺术、外语水平、客户沟通能力、谈话技巧等。

③灵活应变能力。即销售人员根据环境的变化和状况的改变做出适时的调整。

④承受压力能力。包括销售定额完成的心理压力、客户拒绝的承受能力以及客户投诉的巧妙处理能力等。

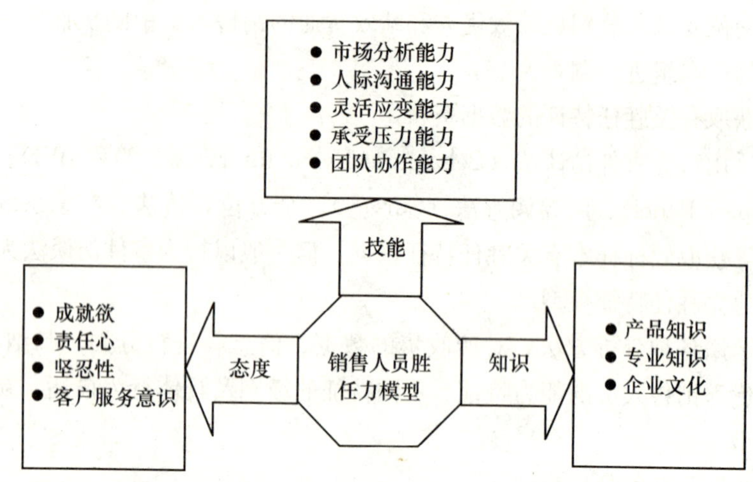

图 7—2 销售人员胜任力模型

⑤团队协作能力。包括与上级、同事、客户等人员的合作。

(3) 态度方面

①成就欲。

②责任心。

③坚忍性。

④客户服务意识。

4. 基于胜任力模型的销售人员培训体系设计

基于胜任力的销售人员培训体系设计的目的是对销售人员胜任现职工作和未来工作所需要的关键胜任力进行有组织、有计划的培训，提高个体和企业整体的胜任力水平，促进企业战略目标的实现。其基本的设计思路是结合企业的发展战略和部门的绩效指标，在销售人员胜任力模型分析的基础上，对比企业销售人员的实际情况做培训需求分析，确定培训内容，拟订并实施培训计划，分析培训结果。

(1) 培训需求分析

科学合理地分析确定培训需求是培训管理的基础。不同销售人员的胜任力现状存在差异，其培训需求也不尽相同，这就需要人力资源管理部门与培训师根据企业的发展战略、经营状况对不同的培训需求进行归纳和总结，分清主次和轻重缓急，使培训计划与企业的发展战略相匹配。在基于胜任力的培训体系中，胜任力模型为培训需求分析提供了可参照的标准，基于胜任力的培训需求分析模型如图 7—3 所示。

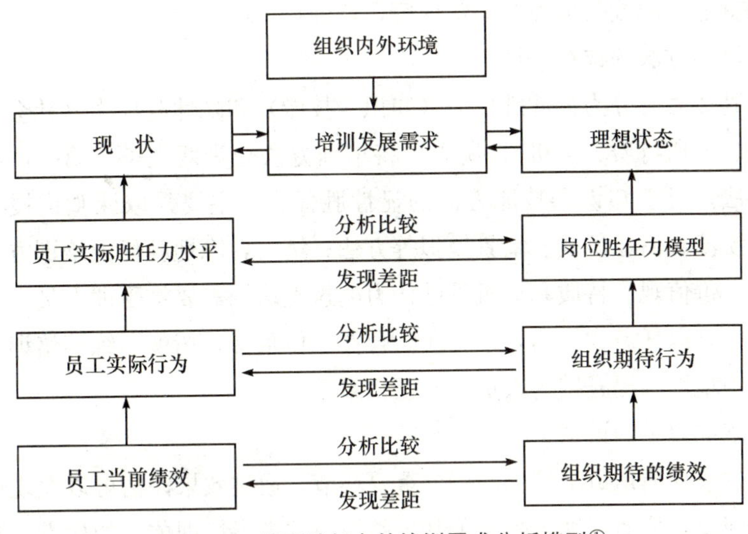

图 7—3 基于胜任力的培训需求分析模型①

在模型中逻辑关系分为横向和纵向的关系。横向逻辑为员工实际情况和组织要求之间的差距，在这个比较过程中，以胜任力模型作为参照标准，通过销售人员当前状况和理想状况的对比，能够比较准确并有针对性地提出培训需求；在纵向上是胜任力和行为、绩效的逻辑关系。培训发展需求的确定不仅仅要考虑员工胜任力水平与组织要求的差距，也要充分考虑组织的内外环境，如组织结构、成本承受能力等。只有考虑员工胜任力发展需求和组织内外部环境，培训发展需求才能真正符合组织和个人的要求，并能够有实施的基础和条件。如果没有实施的基础和条件，培训和发展计划就没有办法拟订和执行，也就没有实践意义。

（2）培训内容的确定

一般来说，通过以上的培训需求分析即可以有针对性地制定相应的培训内容。但是综合考虑到培训的投资收益率，培训内容可具体根据胜任力的可塑性与重要性来确定。对于重要性低、可塑性低的胜任力特征要素，以自我培训为主；对于重要性高，可塑性低的胜任力特征要素，很难通过培训得到提高但又很重要，可作为选聘时重点考察的指标，这要求在选聘的时候就得把好关，选拔那些符合销售人员潜质标准的人员；对于重要性高、可塑性高的胜任力特征要素要作为培训重点，选取最好的师资和课程，大规模集中培训；对于重要性低、可塑性高的胜任力特征要素可在不耽误现有工作的前提下，开展小规模的培训。这样，

① 吕立国. 胜任力模型在企业培训中的应用［J］. 科技信息，2009（33）.

销售培训就能有的放矢地抓住关键内容，增强培训的效果。

（3）培训方法的选择

由于胜任力可分为显性胜任力（知识、技能）和隐性胜任力（社会角色、主人翁意识、人格特质、动机），所以可将培训方法分为两大类：第一，显性胜任力培训方法。对于知识和技能方面的显性胜任力，主要采取课堂讲授、案例分析、角色扮演、商业游戏、情景模拟等方法；第二，隐性胜任力培训方法。针对社会角色、价值观、特质和动机等胜任力的这类培训需要将受训人员融入团体和企业文化中，以任务为导向，采用团队合作、传帮带、拓展训练等培训形式，在实战演练中培训和提升销售人员的胜任力素质。

（4）培训效果的评估

培训效果评估是员工培训的一个重要环节，通过效果评估可以发现销售培训中存在的问题，从而帮助不断完善基于胜任力的销售培训体系的建设。胜任力模型使培训效果评估有据可依。基于胜任力的培训效果评估可采取科克帕特里克的四层次培训评估模型，从反应层、学习层、行为层、结果层来评估培训效果。第一，反应层评估。由受训者对培训师、培训方法、课程内容等进行评估，为了获得较准确的信息，需要注意问卷的设计，鼓励受训人员填写意见与建议；第二，学习层评估。主要测量受训者对基于胜任力的培训课程的掌握程度，可采取考试、讨论、角色扮演、案例分析等方法进行测量；第三，行为层评估。将员工培训后的胜任特征要素评价得分与培训需求时的评价得分进行对比，考察员工的行为是否有变化；第四，结果层评估。综合考察销售培训对企业目标实现的影响，包括销售业绩、顾客满意度等是否有不同程度上的提高。

基于胜任力的销售培训体系，体现了组织在战略层面上对销售人员的能力要求，使销售人员的培训与企业的发展战略相匹配。基于销售人员胜任力差距所拟订的培训计划使培训更有针对性，有利于提高销售人员的岗位胜任力，增强培训效果，从而为企业创造更多的效益。

（三）销售培训实务

1. 销售人员的情商修炼

美国哈佛大学心理学博士丹尼尔·戈尔曼认为，“情商是决定人生成功与否的关键”。情商是有效管理自我和处理人际关系的能力，它比智商在更大程度上决定着一个人的爱情、婚姻、学习、工作、人际关系以及整个事业。销售人员肯定也不例外，情商决定销售的成败，情商是拿订单的关键。企业界和商业界一直都试图利用情感的力量影响消费者的购买欲望和对其品牌的忠诚度，而且作为销售人员，更多面对的是拒绝、挫折和挑战。大量证据表明，销售人员在事业上是否能取得成功，与其情商及其开发程度紧密相关。因此，情商修炼已成为销售人员做好销售必修的课题。

知识链接 7—2

IQ、EQ、HQ

智商（IQ）即智力商数（Intelligence Quotient），是对人智力水平的一种表示方式，其通过一系列标准测试测量人在其年龄段的智力发展水平。智力也叫智能，是人们认识客观事物并运用知识解决实际问题的能力，它包括多个方面，如观察力、记忆力、想象力、分析判断能力、思维能力、应变能力等。智商代表一种潜在能力，提供记忆、运算、问题解决等生存必备的能力。

情商（EQ）即情绪商数（Emotional Quotient），是近年来心理学家提出的与智力和智商相对应的概念，其主要是指人在情绪、情感、意志、耐受挫折等方面的品质，体现了一个人管理自己的情绪和处理人际关系的能力。情绪商数越高者表示承受变动的能力越强，不但顺应变化的环境，同时可以调适环境，进而创造环境的一种积极面情绪。总的来讲，人与人之间的情商并无明显的先天差别，更多与后天的培养息息相关。

健商（HQ）即健康商数（Health Quotient），包括身心健康状态、对健康知识的认知及生活习惯的适当性方面。即"身心的健康"程度越高者，商数越高；"健康知识认知"越正确者，商数越高；"生活习惯"越佳者，商数越高。此三项常会交互影响，任何一项朝正向发展，将可影响其他两项往正向发展。要维持高的健康商数，则需时时检验身心状态，多吸收相关知识并维持良好的习惯。

美国哈佛大学心理学博士丹尼尔·戈尔曼在 1995 年出版的《情感智商》一书中正式提出了"情商"（EQ）的概念，他把情商概括为五个方面的核心内容：认识自身的情绪，妥善管理情绪，自我激励，理解他人情绪，人际关系管理。

这一理论给销售人员的情商修炼提供了启示，销售人员要修炼自己的 EQ 情商，具体可以从以下五个方面入手①：

① 王立会．营销人员情商修炼路径研究［J］．中国集体经济，2009（10）．

（1）自我认知能力修炼

自我认知是 EQ 的基石。销售人员要有清醒认知自身情绪的能力，只有了解自己的情绪，才可以帮助自己迅速化解不良感觉。自我认知能力修炼主要包括：认知自己的世界观、人生观、价值观，察觉自己的情绪对言行的影响，认识自己的性格特征及优缺点。

（2）情绪管理能力修炼

情绪忍受力——控制情绪，是情商中最基本、最重要的能力。美国前总统布什曾说："你能调动情绪，就能调动一切。"销售人员要具备合理得当地调配自己各种情绪的能力，在准备拜访客户时，一定要将情绪调整到巅峰状态，因为谁也不愿意和一个情绪低落的人沟通。积极的情绪是一种状态，是一种职业修养，是见到客户时形成的条件反射。这种状态只要经过一段时间的修炼，是完全可以掌控的。不要把自己的缺点、失望、痛苦或不满发泄到客户身上，用低沉的情绪去见客户，那是浪费时间，甚至是失败的开始。在遇到冲突、不顺时，要知道"先处理心情，再处理事情"，要懂得"让情绪换频道"，不让情绪癌细胞扩散。

（3）自我激励能力修炼

要想激励客户，首先要用情商激励自己。任何成功都是和自我激励紧密联系在一起的。客户首先认可你，然后才会认可你所在的公司和你所在公司的产品，所以让客户对你产生信任是基本条件。如何让客户对你产生信任？首要的就是销售人员非常自信，能通过言行举止表达出你、你的公司的自信，激情、斗志、自信会感染、带动客户，从而使得客户对你产生共振，对你产生信任。只有通过个人的自信、过硬的产品和得体的说服才能实现成功销售。因此，销售人员应当保持乐观心态，散发出自信的光芒，不要害怕被拒绝，不要畏惧失败。不论在什么样的境遇下，都能始终保持旺盛的精力、斗志昂扬，激发鼓励自己不断奋进。

（4）理解客户情感能力修炼

销售必然少不了与形形色色的客户打交道。要让别人接受、理解，首先要了解消费者的心态，必须敏锐地把握不同客户的情绪及性格的状态，这些都是情商素质最基本的要素。能否设身处地理解他人的情绪，这是了解他人需求和关怀他人的先决条件。而这些恰好是决定销售人员是否能赢得顾客信赖的关键。所以，销售人员必须学会细心观察客户的情绪变化、性格轮廓，培养自己敏锐的情感感知能力，真正做到"知己知彼、百战不殆"。

（5）人际沟通能力修炼

销售人员是企业的外交家，架起了企业和客户的桥梁，需要与形形色色的客户打交道，这就要求销售人员具备善于与他人建立联系，互相沟通，赢得信任，以及处理各种矛盾的能力。沟通是所有销售工作的生命线，销售人员必须进行人际沟通能力修炼。提高人际沟通能力包括两个方面：一是提高理解别人的能力，二是增加别人理解自己的可能性。只有真正地具备了良好的人际沟通技能，销售人员才能在顾客面前更好地展现自己，推销自己的产品和服务，吸引顾客，拿下订单。

销售人员应重视情商的作用，学习和开发情商方面的潜能，不断认识自我、调整自我和完善自我，在销售生涯中能够更多地利用情商的力量去促进销售，成为变化世界中的销售冠军，在通往成功的道路上取得长足进步。

2. 销售人员培训的经典方法——角色扮演

角色扮演法属于行为导向型教学方法。它是培训师在课堂上设计一项任务，给一组人提出一个情景，要求学生进入情景扮演各种角色，去处理多种问题和矛盾，达到加深对专业理论知识的理解并能灵活运用解决实际问题，从而提高人的感受和创造性的目的。角色扮演是企业销售培训的一个基本组成部分，培训师可以利用这一方法引导受训人员进行模拟销售实战，对提高销售人员销售能力有着重要的作用。

有些培训之所以没有带来预期的效果——行为的改变，原因之一就是培训中理论甚多，实践太少。而角色扮演法则弥补了这一缺陷。

案例 7—4

惠普集训班之魂——角色扮演①

惠普中国公司在其销售人员培训中，为了增强培训效果，引入了角色扮演这一经典方法，并将其进行了创造性应用。惠普以其业务部门优秀销售人员的成功案例为蓝本，针对 IT 行业和惠普的产品专门为其集训班编写了一系列充满实战性的角色扮演剧本。

惠普要求销售人员分成 4～6 人一组，在集训班每天晚上下课后，用当天所学的技巧，真实地演练客户拜访，现学现卖，从而加速行为的改变。由于集训班是把几门销售课程放在一起，而每天的角色扮演，犹如一条线索把这些不相关的

① 惠普的销售培训. 畅销企业网，http://www.cxqyw.com/newsinfo/11006.shtml.

培训课串在一起，起到了画龙点睛的作用，因此，角色扮演被称为集训班之魂。

根据剧本，集训班需要若干人扮演客户或合作伙伴的角色，公司里众多优秀的销售经理就是现成的宝库。他们有着非常丰富的客户经验，能把各种场合、各种性格、各种态度的客户演得活灵活现，让销售人员用所学的知识、技巧和态度来引导客户。

每次角色扮演之后，这些销售经理及培训教师会花很多时间来做点评。惠普认为，这是一个非常重要获取全面反馈信息的难得机会。点评一般围绕职业销售人员在一般销售场合下应做到的动作、应具有的素质和心态展开，这些都进一步增强了销售人员培训的效果。

专栏 7—5

适合销售人员培训的角色扮演

角色扮演一（开场白）

【背景】

花街 90 是一家新开业的酒吧，生意不错。月销啤酒总量 600 箱左右，茂誉商业公司（银子弹一级经销商）业务代表小赵曾经拜访该酒吧推销银子弹啤酒，但店主刘老板向小赵索要专场费人民币 5 000 元整，并声称别的酒商已承诺专场费 10 000 元，要 5 000 元已经是照顾了银子弹啤酒。小赵面对刘老板的要求犯了愁，公司老板根本不批这笔费用，但若拒绝的话，刘老板肯定不会与银子弹合作，小赵今天决定再与刘老板谈一谈，小赵来到花街 90，恰好遇到刘老板正要出去。

请您帮小赵想一个能使刘老板有兴趣的开场白。

【小赵的开场白参考】

刘老板这次我来与您谈一下经销银子弹啤酒的问题，如与银子弹啤酒合作，我想银子弹啤酒会给贵店带来第一年 50 000 元以上的利润，并能给您提供其他啤酒商很难比拟的销售与促销的支持，同时帮助解决销售中所遇到的问题与困难，就这一话题我想利用 10 分钟的时间来与您探讨一下。

角色扮演二（了解需求）

【背景】

曼哈顿的士高是银子弹啤酒的签约客户，月销银子弹啤酒 280 箱左右。茂誉公司小吴负责该店，根据茂誉与曼哈顿达成的结款协议为每月结算，最高的欠款额为 20 000 元。今天一早茂誉的财务人员找到小吴说曼哈顿的欠款已经超过 20 000 元，不能批准这批送货，于是小吴立即赶到该店找到该店主的胡老板，当小吴说明来意后，没想到一向合作甚好的胡老板，突然变了脸，称公司最近账面紧张没钱，执意要赶紧将下一批购货送过来，否则将停掉银子弹！小吴一时间感到摸不着头脑到底什么原因使胡老板如此反应呢？（此前，在圣诞节前，胡老板曾与小吴联系要求银子弹啤酒投入 10 000 元，当时小吴将此事汇报给主管，但后来并没有得到批准，如今圣诞节已过，此事胡老板一直耿耿于怀。）

【参考提示】

胡老板：

- 摆出盛气凌人的架势，指责银子弹对本店的不支持。
- 如对方急于解释的话，要聆听并不打断对方的解释。
- 当对方很注意倾听时，自己渐渐冷静下来。
- 强调其他品牌的啤酒已与本店联系过，其支持力度远大于银子弹啤酒。
- 若对方能够提出一些较可行的解决方案，也会表示出兴趣和乐于接收。

小吴：

- 应问开放式的问题，以了解胡老板发怒的具体原因。
- 要允许客户抱怨，不要为急于解释而打断对方。
- 注意倾听。
- 注意对对方的谈话内容表示理解。
- 当对方冷静后，讲清此事的难度，以求得对方的谅解。
- 强调以前双方良好的合作的记录。
- 结合奖励政策及特殊优惠的支持来说服将眼光放长远。
- 询问对方是否有其他的需要。
- 根据对方的需要，提出解决方案。

3. 销售人员礼仪培训

销售人员的精英职业形象是非常重要的，注重职业形象的销售人员在开始的时候就会给客户留下良好的第一印象，这就为接下来的合作打下了良好的基础。所以，对销售人员的培训而言，有关礼仪的培训非常关键。

(1) 仪容仪表

一项关于“什么会产生第一印象”的调查显示，第一印象的 10% 来源于

“你做的事情”；30％来源于“你做事情时候的行为”；60％则来源于“你的外表及形象举止”。可见，良好的个人外表和形象举止会留给客户好的第一印象。保持良好的个人形象、仪态，具有对工作的专业态度和为顾客提供良好服务的态度是开始销售前的准备工作。销售人员的仪容仪表应从以下几方面注意：

①穿着

• 穿统一工装（制服）。
• 佩戴名字牌/工号牌。
• 衣服整洁，拉好拉链或扣牢纽扣，内外装搭配得当。
• 保守而尽量少佩戴珠宝首饰。
• 禁止卷袖口与裤角。
• 保持鞋的卫生。

②妆容

• 保持面部的清洁和卫生。
• 尽量避免皮肤干燥脱皮现象。
• 女员工要求化淡妆，切忌浓妆艳抹、低级庸俗。
• 男员工不得留胡须。
• 上班时不得戴有色眼镜。

③头发/皮肤

• 头发应梳理整齐，不遮住脸。
• 男员工的头发不盖过耳朵及后衣领。
• 女员工需短发或将长头发束起。
• 两天至少洗头一次。
• 不要使用太过夸张的头饰，不得染怪异的颜色。
• 应拥有干净的皮肤。

④口腔/指甲

• 注意口腔卫生，勤刷牙漱口，保持口气清新。
• 指甲必须保持清洁，长度适中。
• 女员工不宜擦颜色鲜艳的指甲油。

（2）电话礼仪

对销售人员来说，接听或者打出的任何一个业务电话，都有可能成就一个买卖的机会。因此，销售人员要抓住这些机会，掌握接听电话的技巧及礼仪，力争促成每一桩买卖。

①接听电话

• 铃响三声之内拿起电话。

• 问候来电者，自报公司名称及介绍自己，询问对方信息，并提供支持。

• 结束时，要感谢客户打来电话并等对方先挂电话。

②打出电话

• 问候接听者，自报公司名称及介绍自己。

• 估计需要的时间，询问现在是否方便。

• 结束时，要感谢客户接听电话并等对方先挂电话，送上祝福。

③其他需要注意的电话礼节

• 要有喜悦的心情。

• 要有清晰明朗的声音。

• 要有简洁清晰的表达。

• 要有认真清楚的记录。

• 不能嚼口香糖、吃东西、喝水。

• 背景音乐声音不要影响通话。

• 如需客户等待，须取得客户同意，时间限制在 1 分钟之内并表示感谢。

• 有礼貌的结束通话。

（3）拜访礼节

对于销售人员来说，拜访客户是很常见的。有效拜访顾客，是销售迈向成功最关键的一步。那么如何在拜访客户的时候展现优质的礼仪和修养，继而给客户留下美好的印象呢？下面是销售人员在拜访客户的几点注意事项。

①拜访客户要提前约好时间。拜访客户的时间很有讲究。一般来说，上午 9 时到 9 时 30 分、下午 2 时到 3 时之间是非常适合拜访客户的时间。在这个时间段拜访客户，一方面，客户正好处于上班时期，双方精力都很充沛，精神状态也非常不错；另一方面，双方都有充足的时间深入地沟通和交流，如果谈到兴浓时，双方还可以约好一起吃午餐或晚餐，继续深入沟通。

②拜访前要做好准备。包括客户的基本信息（姓名、性别、职位、大致年龄、话语权、兴趣爱好等）、拜访资料（公司宣传资料、个人名片、笔记本电脑、小礼品等）等。

③提前到达拜访地点。宁可自己早到而忍受等待的煎熬，也绝对不能让客户感到自己没有得到足够的尊重。如果迟到或预计将要迟到时，应以电话联络对方。到达客户公司后要遵守其规章制度。到点后，要礼貌敲门或按门铃，稍作等

候。

④客户因故爽约，可以通过接待人员处了解原因或者打电话和客户沟通，要礼貌告别，同时预定下次拜访的时间。

⑤拜访过程中，必须注意形象。拜访者如果出现诸如跷着二郎腿、乱弹烟灰、抓耳挠腮、斜靠座椅、粗言粗语、谎话连篇等，客户对拜访者将产生强烈的不信任感和厌烦感，甚至由此会对拜访者所在的公司产生不信任感。

⑥交谈时用开放的问题让客户侃侃而谈；注意仔细倾听，适时发问；对客户异议要认真对待，巧妙解决。

（4）使用名片的礼节

名片是国际交往中用以介绍身份的一种常用礼仪信物，当前已成为人们社交活动的重要工具。适时地使用名片，不仅能起到介绍身份的作用，而且使人显得彬彬有礼。因此，名片的递送、接受、存放也要讲究社交礼仪。

①名片的递送。要将名片上的文字正对对方，以便对方接受时观看名片内容。这里要特别指出，切忌重复递送名片，否则有遗忘对方的失礼之嫌。

②名片的接受。接受名片时应起身，表示恭敬，面带微笑注视对方。接过名片时应说："谢谢。"随后有一个微笑阅读名片的过程，阅读时可将对方的姓名职衔念出声来，并抬头看看对方的脸，使对方产生一种受重视的满足感。然后，回敬一张本人的名片，如身上未带名片，应向对方表示歉意。在对方离去之前，或话题尚未结束，不必急于将对方的名片收藏起来。

③名片的存放。接过别人的名片切不可随意摆弄或扔在桌子上，也不要随便地塞在口袋里或丢在包里。应放在西服左胸的内衣袋或名片夹里，以表示尊重。

销售人员初次见到顾客，首先要以亲切态度打招呼，并报上自己公司的名称，然后将名片递给对方，名片夹应放在西装的内袋里，不应从裤子口袋里掏出。名片除在面谈时使用外，还有其他一些妙用。

• 去拜访顾客时，对方不在，可将名片留下，顾客回来后看到名片，就知道你来过了。

• 把注有时间、地点的名片装入信封发出，可以代表正规请柬，又比口头或电话邀请显得正式。

• 向顾客赠送小礼物，如让人转交，则随带一张名片，附几句恭贺之词，无形中关系又深了一层。

• 熟悉的顾客家中发生了大事，不便当面致意，寄出名片一张，省时省事，又不失礼。

四、生产人员培训

（一）企业价值的创造源泉——生产人员

对企业而言，尤其是对于生产型企业，生产部门是企业运营的基石。生产部门的首要目标自然是生产，提高生产率。削减成本，消除浪费，开发符合市场需求的产品，开发新市场，这些也都是生产部门的重要课题。然而生产目标是生产部门首要目标的同时，还是企业经营计划的基础。生产部门一旦不能达成生产目标，企业的销售计划、利润计划等就会被打乱，有时甚至迫使公司不得不进行整体的战略调整。

作为生产部门的关键因素——生产人员则是企业创造价值的源泉，他们是在生产部门拟订生产计划、购买资材、制造产品、检查产品质量的一系列流程中创造价值的。生产人员处于企业生产的第一线，他们的生产效率直接关系着企业的效率，生产人员素质高低、技能好坏、态度认真与否直接决定了企业所提供产品的质量，而产品质量又是企业生存的命脉与发展的基础。由此，对生产人员进行培训，使其态度、技能与素质获得全面提升就显得至关重要。

（二）生产人员培训的特殊性

1. 强调标准和规则

生活中，不管在哪家商店购买的灯泡都可以安装在灯头里正常使用，这是因为灯头、灯头螺钉都有规定标准，灯头灯泡是按照标准生产的。标准管理活动是现代企业管理的重要组成部分，标准化对生产部门的重要作用更加明显。生产活动的标准化和规则化有利于节约零件和材料，减少不必要的环节；提高生产效率和技术水平；明确生产的权限和责任；同时也直接关系到产品质量的提高。在生产操作过程中严格遵守公司的各项安全操作规程，一切按照标准作业，一切按规则办事，这也是落实安全生产的首要前提。因此，在生产人员的培训中，强调标准和规则是十分必要的。对公司的安全生产制度、相关工序中的标准作业书、基本遵守项目、重点管理项目、工序条件等的教育要予以高度重视，要使全员100％认识。

2. 强调团队协作理念

随着科学技术的发展，生产分工越来越精细，生产部门中各生产人员的团结协作，生产流程中各道工序之间的衔接配合非常关键。生产是一项强调团队协作的活动，在生产部门中建立一支具有较强协作意识的生产团队，在生产过程中形成一种团结协作的氛围，能在很大程度上提高部门的生产效率。因此，在生产岗位人员的培训中要注重团队协作理念的培养。

3. **强调安全意识及安全管理能力**

安全责任重于泰山。安全是生产的前提，也是企业所有工作的基础。尤其对于生产型的企业来说，安全生产，更是重中之重。安全事故一旦发生，不仅会给企业带来一定的财产损失，还会给生产人员自身带来身体和心灵的创伤，给其家庭和亲人也会蒙上一层沉痛的阴影。针对如何加强企业的安全生产工作，首先要求企业所有员工能够充分认识安全生产的重要性，牢固树立安全生产的责任意识；其次是要建立健全安全生产管理制度，认真治理和整改安全事故隐患，加强安全生产培训及考核力度，有针对性地对所有员工进行全面的“三级教育”培训。由此可以看出，注重生产人员安全意识及安全管理能力的综合培养是生产岗位人员培训的题中之意。

4. **侧重“一对一”现场实地培训**

现场实地培训即让员工在工作现场边工作、边学习或锻炼。现场实地培训不同于课堂培训，它是一对一指导，更依赖于实践，可以在工作中随时进行。生产人员培训中对于专业技能、安全生产等内容的培训有赖于实践，而且进行现场实地一对一培训，针对性强，指导具体，能收到较好的效果。因此这种培训被生产型企业广泛采用。

（三）生产一线人员培训课程设计

1. **明确生产人员培训课程的重点**

（1）知识类

- 企业概况。包括企业战略、组织结构、企业文化、规章制度、产品情况等。
- 部门概况、岗位职责。
- 生产原理、标准规则、质量方针。
- 安全生产管理基本知识。

（2）技能类

- 生产技术。
- 生产流程。
- 工作标准。
- 急救技能。
- 压力管理能力。

（3）职业素养类

- 团队意识。
- 责任心。
- 行为规范性。
- 心理健康教育。

2. **生产人员在岗培训课程体系**

案例 7—5

××酒厂生产人员在岗培训课程体系

四川省××酒厂是著名的具有深厚企业文化的白酒制造国有特大型企业集团，曾多次获得“国家质量管理奖”“中国最佳诚信企业”等殊荣。公司现有职工 5 万多人，占地约 10 平方公里。2011 年实现销售收入 487.29 亿元，实现利润 139.18 亿元，荣列中国企业 500 强第 204 位、中国制造业 500 强第 100 位、中国企业效益 200 佳第 72 位。该公司之所以能取得如此的成就，主要得益于重视科技创新、产品技术研发和质量管理的同时，坚持“以人为本”的理念，注重对企业员工的培训教育，旨在提高员工素质，促进企业和员工的共同发展。该酒厂的生产人员在岗培训体系见下表。

<table>
<tr><th>参培对象</th><th>培训类别</th><th>培训内容</th><th>培训形式</th><th>培训教师</th></tr>
<tr><td rowspan="11">全体生产员工</td><td rowspan="2">制度、规程培训</td><td>酒厂发布的各项管理制度</td><td rowspan="2">课堂讲授自学</td><td>各部门主管</td></tr>
<tr><td>操作规程</td><td>首次培训由编写部门培训，之后由各主管、班长培训</td></tr>
<tr><td rowspan="5">应知应会</td><td>日清日毕管理</td><td rowspan="5">课件
图片课件
案例讨论</td><td rowspan="5">各部门主管/班长</td></tr>
<tr><td>5S 现场管理</td></tr>
<tr><td>质量安全事故</td></tr>
<tr><td>节能环保知识</td></tr>
<tr><td>应急及急救知识</td></tr>
<tr><td rowspan="4">文化培训</td><td>生产者</td><td>资料</td><td rowspan="2">各部门主管/班长</td></tr>
<tr><td>总裁讲话、早会</td><td>现场聆听</td></tr>
<tr><td>优秀读书心得</td><td>参与评选</td><td>优秀读书心得员工</td></tr>
<tr><td>优秀工作改善提案</td><td>参与</td><td>优秀工作改善提案获奖者</td></tr>
</table>

续表

参培对象	培训类别	培训内容	培训形式	培训教师
关键岗位员工	技能提升	计算机操作技能	现场演示	内部讲师
		创造力	授课 拓展 案例互动	
		沟通协调能力		
		团队意识		
		技能提升培训	实践操作	
	知识培训	各项专业知识培训	视频	各职能部门/外培讲师
			图片	
			案例	
	态度培训	压力管理	角色扮演 授课 户外拓展	内部讲师
		自我超越和激励		
		职业生涯规划		
操作工、维修工	基本知识	岗位操作方法、注意事项	实践操作	主管、班长等
		车间制度，员工行为规范	授课	
		产品、卫生、安全、成本知识、质量标准、5S知识	班前班后会	
	案例培训	质量事故案例	案例分析	
		停机事故、设备事故案例		
	专业知识	设备维护保养、各种设备构造、运行原理、操作规程、保养知识、停机事故处理、设备故障排除、设备构件知识、应急维修与计划维修的安排	实践操作 课堂教学	主管、专业人员

（四）生产人员培训实施

1. 把握培训时机

企业对生产人员进行培训时，应慎重选择培训时机，否则会造成培训资金的浪费，导致培训效果不理想。培训时机的选择一般考虑以下几个因素：

（1）生产淡季。

（2）大批新生产人员上岗。

（3）竞争加剧，产品质量下降。

（4）企业引进新的生产流水线或新技术。

（5）安全事故发生或者生产存在安全隐患。

（6）企业生产的产品及技术标准发生变更。

（7）企业的现实状况与企业战略目标差距过大，需要进行生产调整。

2. 培训讲师的选择建议

企业进行生产培训时，可以选择内部培训师也可以选择外部培训师，应根据企业实际情况及培训内容等因素而定。

（1）关于企业基本情况、规章制度、企业文化等方面的培训，可由人力资源经理、培训主管等担任培训师。

（2）对一线生产人员生产技能、操作规范、安全意识等方面的培训，可由生产部门相关人员来担任培训师。

（3）对生产人员进行团队意识、管理能力的提升、质量意识等方面的培训时，可以有选择性地聘请外部培训师进行培训。

3. 生产人员的心理健康培训

（1）员工心理健康问题

中国人力资源开发网《中国“工作倦怠指数”调查结果》发现，有70%的被调查者出现工作倦怠；《中国员工心理健康》调查结果表明，有25.04%的被调查者存在一定程度的心理健康问题。① 对于企业第一线的生产人员而言，心理健康问题尤为严重。一线生产人员在艰苦的生产条件下，担负着生产重任，有着极大的心理压力。而且随着分工越来越精细，在单调枯燥的流水线上作业，很容易让人产生职业倦怠，再加上高度的流程化和标准化的管理模式，让员工自我感觉就是一台工作的机器。这些难免使生产人员产生各种心理问题，引发企业内的各种矛盾和事故。

心理学研究表明，压力并非都是有害的，工作绩效与压力的对应关系呈倒U型曲线。适度的压力能够带来积极的工作动力和乐观的生活目标，提高工作效率和生活满意度；高负荷的压力却给个人以极大的负面影响。员工的心理压力增大到一定程度，出现心理问题，出现如情绪不佳或“带压”工作，人在岗而心不在岗，工作能力不在状态，不但不能充分发挥积极性和创造性，出色地完成工作任务，相反会降低工作效率，甚至出现安全生产事故，造成人身伤害或企业财产损

---

①　赵敬菡. 富士康事件暴露心理干预机制缺陷 职业倦怠藏危机. (2010-07-08) [2013-08-06]. 人民网. http://medicine.people.com.cn/GB/133263/12083961.html.

失。因此，从某种角度上说，员工心理健康影响着企业目标的实现和业绩表现。

（2）心理健康培训

如何消除压力的这些负面影响，使员工都有一个健康的心理状态呢？现代很多企业尤其是生产型企业纷纷引进心理健康咨询，对员工进行心理疏导。但是，对于广大一线生产员工来说，仅仅有心理健康咨询是不够的，还要更进一步把心理健康引进员工培训课程，定期邀请心理专家给员工讲课、辅导。通过心理健康培训，可以加强员工对不良心理状态的抵抗力，使员工在一个健康的心理平台上作业，降低管理成本，并有效提高员工忠诚度和满意度，提升组织文化，提高企业绩效。企业应帮助员工建立科学的心理健康概念，形成健康的思维方式和行为方式，更好地适应职业压力和职业环境。因此，企业在提升员工业务技能的同时，也应该把心理健康培训列为生产人员培训重要课程。

员工心理健康培训是一个较为新鲜的培训领域，也是一项十分重要的培训内容。有效的企业员工心理健康管理可以为企业带来无穷的效益。

世界上许多知名的公司，早就意识到员工心理健康的重要性。以生产胶卷闻名的柯达公司，在纽约为两万名员工建造了四个“幽默房”：一个是图书馆，内有各种笑话书、卡通书及幽默内容的光盘、录像带和录音带；一个是能容纳 200 人的会议厅，厅内布置了幽默大师卓别林和笑星克罗麦克斯的许多剧照；一个是玩具房，里面有各种各样宣泄压力的器具，员工能够在里面摔东西而不必赔偿；一个是高科技房，配备有各种计算机软件和供私人使用的计算机。四个“幽默房”的设置，使员工放松了神经，缓解了压力，从而有效提升柯达公司的业绩。

（五）生产培训的重中之重——安全培训

1. 职业安全与健康方面的国际劳工标准

安全责任重于大山。国际劳工组织对职业安全与健康给予了极大的重视，在国际劳工标准中有关职业安全与健康的标准很多，下面列举具有代表性的一些公约和建议书：

（1）一般规定标准

- 1925 年《（事故赔偿）同等待遇公约》（第 19 号）
- 1929 年《防止工业事故建议书》（第 31 号）
- 1953 年《保护工人健康建议书》（第 97 号）
- 1959 年《职业卫生服务建议书》（第 102 号）

（2）特殊行业的预防标准

- 1935 年《（妇女）井下作业公约》（第 45 号）
- 1937 年《（建筑业）安全规定公约》（第 62 号）
- 1995 年《矿山安全与卫生公约》（第 176 号）
- 1995 年《矿山安全与卫生建议书》（第 183 号）

（3）保护措施标准

- 1932 年《（码头工人）防止事故公约（修订）》（第 32 号）
- 1967 年《最大负重量公约》（第 127 号）
- 1967 年《最大负重量建议书》（第 178 号）
- 1990 年《夜间工作公约》（第 171 号）
- 1990 年《夜间工作建议书》（第 178 号）

2. 事故致因理论

（1）海因里希法则

1931 年，美国著名安全工程师海因里希（Heinrich. H. W）出版了《工业事故预防》。他在研究和调查了众多不同公司、不同作业，共 5 万个事故数据的基础上，提出了事故灾害概率理论，即著名的海因里希法则又称为 1∶29∶300 法则。这个法则意思是，在发生了 330 例大大小小的事故当中，其中轻微的无伤害事故有 300 例，轻伤 29 例，重伤或死亡事件 1 例。该法则表明，事故伤害大小为偶然性支配，且具有一定的概率。

（2）事故发生的多米诺效应

知识链接 7—3

多米诺效应①

在一个相互联系的系统中，一个很小的初始能量就可能产生一连串的连锁反应，人们把它们称为“多米诺骨牌效应”或“多米诺效应”。多米诺效应产生的能量是十分巨大的，它告诉大家：一个很小的力量能够引起的或许只是察觉不到的渐变，但是它所引发的却可能是翻天覆地的变化。

多米诺骨牌效应的物理道理是：骨牌竖着时，重心较高，倒下时重心下降，倒下过程中，将其重力势能转化为动能，它倒在第二张牌上，这个动能就转移到

---

① 多米诺骨牌效应. 智库百科，http://wiki.mbalib.com/wiki/%E5%A4%9A%E7%B1%B3%E8%AF%BA%E9%AA%A8%E7%89%8C%E6%95%88%E5%BA%94.

第二张牌上，第二张牌将第一张牌转移来的动能和自己倒下过程中由本身具有的重力势能转化来的动能之和，再传到第三张牌上……所以每张牌倒下的时候，具有的动能都比前一块牌大，因此它们的速度一个比一个快，也就是说，它们依次推倒的能量一个比一个大。

大不列颠哥伦比亚大学物理学家A·怀特海德曾经制用了一组骨牌，共13张，第一张最小。长9.53毫米，宽4.76毫米，厚1.19毫米，还不如小手指甲大。以后每张体积扩大1.5倍，这个数据是按照一张骨牌倒下时能推倒一张1.5倍体积的骨牌而选定的。最大的第13张长61毫米，宽30.5毫米，厚7.6毫米，牌面大小接近于扑克牌，厚度相当于扑克牌的20倍。把这套骨牌按适当间距排好，轻轻推倒第一张，必然会波及第13张。第13张骨牌倒下时释放的能量比第一张牌倒下时整整要扩大20多亿倍，因为多米诺骨牌效应的能量是按指数形式增长的。若推倒第一张骨牌要用0.024微焦，倒下的第13张骨牌释放的能量则达到51焦。不过A·怀特海德毕竟没有制作第32张骨牌，因为它将高达415米，两倍于纽约帝国大厦。如果真有人制作了这样的一套骨牌，那摩天大厦就会在一指之力下被轰然推倒！可见多米诺骨牌效应是一系列连锁反应，即牵一发而动全身，其产生的能量的确令人瞠目。

海因里希首先提出了事故发生的多米诺效应，即事故因果连锁论，用以阐明导致伤亡事故的各种原因及与事故间的关系，可用于加强安全管理，预防事故。该理论认为，伤亡事故的发生不是一个孤立的事件，尽管伤害可能在某瞬间突然发生，却是一系列事件相继发生的结果。按因果顺序，伤亡事故的五因素为：

①社会环境和管理欠缺。

②人为过失。

③不安全动作。

④意外事件。

⑤人身伤亡。

以上五因素连锁反应构成了事故。伤害之所以发生，是由于前面因素的作用。海因里希的研究说明大多数的工业伤害事故都是由工人的不安全行为引起的。防止事故的着眼点，应集中于顺序的中心，即设法消除事件“不安全动作”，使系列中断，则伤害不会发生。在意外事件及伤害发生之前，一切工作应以减少环境内机械的危害及人为的不安全动作为原则。为了避免不安全的动作，首先应该清楚不安全的行为为什么会发生？

①作业知识不足而发生不安全行为

- 专业知识储备不够。
- 理解不充分。
- 错误理解。

②作业技能不熟练而发生不安全行为

- 作业经验不足。
- 作业准备不足。
- 作业方法不对。

③安全意识不足而发生不安全行为

- 没有意识到必要性。
- 尽管知道但不执行。
- 不遵守安全规则。
- 无视作业顺序。
- 有违反安全守则不一定会带来伤害的想法。

④人的失手而发生不安全行为

了解产生不安全行为的原因之后，应该有针对性地对生产人员进行培训，促进其知识、技能、态度各方面的改善提升，从而避免其不安全的动作，防止事故发生，实现安全生产。

3. 三级安全教育培训

为了实现安全生产，公司致力于发明和革新维护职工安全与健康的技术设备，提高工作设备和场所的安全与健康可靠度，从而消除安全与健康的事故隐患。同时，坚持人性化理念，对生产人员应广泛进行三级安全教育培训，即厂级安全生产教育、车间级安全教育、班组级安全教育，以此提高员工的安全健康意识，引导员工的安全健康行为，培育员工的安全健康习惯，营造良好的安全健康和文化。三级安全教育培训的相关内容见表7—3。

4. 不可不知的救护常识

（1）化学危险品中毒

救护人员必须戴防毒面具进入现场，阻断毒物泄漏处，阻止毒物蔓延扩散。如时间短，对于水溶性毒物，可暂时用湿毛巾捂住口鼻，迅速将中毒者移离现场至上风向、空气新鲜处，松开患者衣领、裤带，并注意保暖。如果皮肤被污染，用大量流动清水冲洗15～30分钟；头、面部受污染时，首先注意对眼睛的冲洗。

表 7—3　　三级安全教育培训的相关内容①

三级安全培训	培训内容
厂级安全教育	•安全生产基本知识、安全生产法规教育、生产经营单位安全概况的介绍 •主要安全生产规章制度（如安全生产责任制、安全生产奖惩条例、厂区交通运输安全管理制度、防护用品管理制度以及防火制度等）的教育与培训 •劳动纪律、作业场所和工作岗位存在的危险因素，防护措施及事故应急措施、有关事故案例的介绍等
车间级安全教育	•车间概况的介绍，如车间生产的产品、工艺流程及其特点，车间人员结构、安全生产组织状况及活动情况，车间危险区域、有毒有害工种情况等 •车间劳动保护方面的规章制度和对劳动保护用品的穿戴要求和注意事项，车间事故多发部位、原因、特殊规定和安全要求 •车间文明生产方面的具体做法和要求，并根据车间的特点，介绍安全技术基础知识、车间防火知识，组织新从业人员学习安全生产文件和安全操作规程制度 •介绍车间常见事故和对典型事故案例的剖析
班组级安全教育	岗位操作规程、生产设备、安全装置、劳动防护用品的性能及正确使用方法、事故案例分析等

如果中毒者因口服中毒，毒物为非腐蚀性物质，要立即催吐。

如果毒物为强酸、强碱，催吐反而会使食道、咽喉再次受到严重损伤，可改服牛奶、蛋清等。如果中毒引起呼吸、心跳停止，应进行口对口人工呼吸和心脏胸外按压术。

（2）电击伤

人体触电后，通常会出现面色苍白、瞳孔放大、脉搏和呼吸停止等现象，一般属假死现象。发生触电后，应立即实施现场急救。

①迅速切断电源，如果开关距离较远，可用干燥的木板、绳索、干毛巾、绝缘棍等挑开电线，也可设法用带有绝缘柄的工具将电线切断。如无上述条件而必须用手解救时，救护者必须站在干燥的木板上，用一只手拉住触电者非贴身的干燥衣服，使其脱离电源。

②使触电者就地躺平，解开裤带、衣领，轻拍其肩部，呼叫其姓名，观察有无反应，禁止摇动头部。如果触电者伤势较轻，可让其休息 1 小时左右，再送医院就诊。

③若触电者伤势较重，呼吸停止，使其躺平，清除口内异物，施行口对口人工呼吸。触电者口部有外伤时，可采用口对鼻人工呼吸，若心跳停止，施行胸外

① 孙宗虎，姚小风. 员工培训管理实务手册［M］. 人民邮电出版社，2009：149.

心脏按压，送医院途中不要中断以上急救措施。

④设法找冰块制成冰袋，放在触电者头部、腋下、腹股沟下，以减缓身体新陈代谢，促进脑复苏。有电击烧伤时，可将创口盐水或新洁尔灭棉球洗净，用凡士林油纱布或干净的毛巾、手帕包扎好，以免污染。

(3) 热衰竭及休克症状

①热射病——一般在闷热的教室、房间、公共场所易发生，尤其夏季考场中易发生，初感头痛、头晕、口渴，然后体温迅速升高、脉快、面红甚至昏迷。

②日射病——在烈日下活动或停留时间过长，由于日光直接暴晒所致，症状同热射病，但体温不一定升高，头部温度有时增高到39℃以上。

③热痉挛——由于在高温环境中，身体大量出汗，丢失大量氯化钠，使血钠过低，引起腿部、甚至四肢及全身肌肉痉挛。

出现这些症状，应采取以下现场急救措施：

①搬移：迅速将患者抬到通风、阴凉、甘爽的地方，使其平卧并解开衣扣，松开或脱去衣服，如衣服被汗水湿透应更换衣服。

②降温：患者头部可捂上冷毛巾，可用50%酒精、白酒、冰水或冷水进行全身擦浴，然后用扇子或电扇吹风，加速散热。有条件的也可用降温毯给予降温。但不要快速降低患者体温，当体温降至38℃以下时，要停止一切冷敷等强降温措施。

③补水：患者仍有意识时，可给一些清凉饮料，在补充水分时，可加入少量盐或小苏打水。但千万不可急于补充大量水分，否则，会引起呕吐、腹痛、恶心等。

④促醒：患者若已失去知觉，可指掐人中、合谷等穴，使其苏醒。若呼吸停止，应立即实施人工呼吸。

⑤转送：对于重症中暑患者，必须立即送医院诊治。搬运患者时，应用担架运送，不可使患者步行，同时运送途中要注意，尽可能用冰袋敷于患者额头、枕后、胸口、肘窝及大腿根部，积极进行物理降温，以保护大脑、心肺等重要脏器。

(4) 骨折

骨骼因外伤发生完全断裂或不完全断裂叫骨折。骨折时，局部疼痛，活动时，疼痛剧烈，局部有明显压痛肿胀并出现明显变形。骨折的急救非常重要，应争取时间抢救生命，保护受伤肢体，防止加重损伤和伤口感染。

出现骨折，应采取以下措施：

①若出现伤口出血，应先止血，然后包扎，再进行骨折固定。

②固定伤骨可用木板、杂志、纸箱、伞等作为支撑物。不要试图自己扭动或复位。固定夹板应扶托整个伤肢，包括骨折断端的上下两个关节，这样才能保证骨折部位固定良好。

③固定时，应在骨突出处用棉花或布片等柔软物品垫好，以免磨破突出的骨折部位。

④固定骨折的绷带松紧应适度，并露出手指或脚趾尖，以便观察血液流通情况。

⑤立即送医院骨科治疗。

五、培训师培训

（一）21 世纪的职业新宠——培训师

21 世纪是信息社会，是知识经济时代，信息和知识成为推动经济发展最重要的因素，培训成为企业人力资本投资和开发最重要的手段和方式。培训业迅速发展，无疑成为当今市场上最具诱惑力的一块蛋糕，在其他传统行业逐渐步入微利时代的今天，培训业却以“低投入、高产出”的巨额赢利模式吸引着越来越多的人投资办学。于是，培训主角——培训师也变得炙手可热，当仁不让成为 21 世纪的职业新宠，被冠以“钻石职业”的荣誉称号。现在不管是企业还是专业培训机构，对培训师的需求越来越迫切，尤其是既懂企业培训体系设计，又懂授课或对外课程采购的优秀培训师，更是备受培训市场推崇。

培训师是在培训与发展过程中具体承担培训企业员工的任务，根据企业的具体培训需求与要求，以受训者比较容易接受的方式向其传授有关的知识、技能、理念、思想的人。他们在培训中处于关键地位，其素质高低、能力大小及方法选择都直接关系到培训质量高低与效果好坏。

1. 企业培训师的两大职责

（1）专家职责

企业培训师应是在某个领域传授知识、技能、理念、思想等内容的学术带头人或内行。培训师要对所讲授课程内容有深入而独到的见解，在这方面知识的掌握上要较一般人，至少比学员略胜一筹，他们会把自己所知道的“大师”的理论，自己以前实际操作的情况，讲述给学员听。培训师通过知识和见解的传递，对学员授之以“鱼”，是知识学习的专家。

（2）引导者职责

企业培训师还要具备传授方法和思路，引导和激发学员热情和潜能，协助学员解决问题，为学员提供各种咨询服务的能力。培训师还要能够及时引导学员围绕课题有关内容，进行自发的探讨和总结。培训师教会学员如何掌握技能和解决问题的方法及思路，是授之以“渔”，是能力培养的引导者。

2. 企业培训师的三大角色

企业培训师具有教师的功能，但不只是单纯地像学校教师那样站在讲台上从事教学活动，他还要根据企业的特定需求，研究、策划、开发培训项目，拟订、组织、实施培训计划。要想将企业培训师的职责充分、有效地运用到企业培训的实际工作中，培训师还必须充当三个重要角色：编剧、导演、演员。①

（1）编剧

在开始正式培训前，培训师必须做好相应的准备工作。这时候，培训师主要扮演的是编剧的角色。培训师要根据企业的现状及需求设置课程培训目标。结合受训对象的具体特点，拟订培训计划，确定培训内容、培训方法等，然后编写所需要的教案及分发的资料等书面材料。需要做的具体工作包括：如何写出精炼概括的培训大纲，并且把大纲的内容恰如其分地展现在演示文稿中；如何编排授课内容，使之错落有致而又紧扣主题；如何选择能够吸引学员注意力的游戏、案例、讨论主题等。

（2）导演

培训一旦进入到实战阶段，就是培训师开始导演工作的时候。培训师要按照事先编好的步骤，什么时候开场，什么时候给学员分组，什么时候提出问题让他们思考回答，什么时候讲一段故事提起大家的兴致，什么时候组织一个游戏来活跃气氛等，这些都需要培训师要有娴熟的技巧来引导和指挥学员按部就班、有条不紊地去完成。在整个“导演”的过程中，培训师要保证课堂的气氛活跃，引导学员轻松、自然地参与各种活动，最终让学员在思想上、行动上有所收获。

（3）演员

培训师在培训中最重要的一个角色就是做演员。培训师要长时间站在学员面前发表演讲，动用提问、游戏、幽默等各种方法来控制全场、展开互动，运用语言、声调、手势、表情等来综合表达课程内容，传递信息和思想。在这个意义上，培训师必须像一个演员一样有丰富的表现力，才能在无数双眼睛的注视下，

① 张俊娟，韩伟静. 企业培训体系设计全案［M］. 北京：人民邮电出版社，2011：205.

有条不紊、口若悬河、表现自如地实现培训目的。

3. 企业培训师的四大身份

(1) 参谋者。企业培训师在为企业员工培训过程中，往往能把先进的科学技术、新兴的管理理论实践、新的发明创造引入企业。培训师作为企业的参谋者，站在企业改革创新的前列，把握创新环节和节奏，启迪员工的创新思维，帮助企业作出合理的决策，将企业管理创新、技术创新、文化创新变为现实。

(2) 辅助者。企业培训师一般是某个领域的专家，他们有着丰富的信息、技术和经验。当企业出现问题、管理者出现困惑时，通过培训，培训师可以为企业带来急需的专业知识、运作技巧、成功经验，为疑难问题的解决提供合理建议和有效方法，从而启迪和指导企业从不成熟走向成熟，不断发展壮大。

(3) 激励者。企业培训师可以通过采用一定的培训方法开发员工的积极性和创造性，激发企业员工的工作热情和学习精神，提高各方面的能力和职业素养，从而使他们能更有效地实现企业和个人的目标。

(4) 调停者。作为企业的调停者，培训师有利于控制企业不利局面和调解企业内部矛盾。通过培训师对员工的培训，可以提高员工知识、技能、职业素养等，特别是通过对员工团队协作意识的培养，可以在很大程度上增强企业的归属感、凝聚力，从而营造和谐、愉快的组织氛围。

(二) 培训师培训内容设计

为了不断提高培训师的授课水平和培训的质量，培训部门也需要对培训师进行不定期的培训。培训师所需要的素质归纳起来可以分为知识、技能、职业素养三个方面。这三个部分的修炼与提高是永无止境的，不管已经达到哪个层次都有进步的必要。

1. 知识类

(1) 培训工作相关知识。熟悉培训管理，了解成人学习规律，掌握教育学、教育心理学及培训管理的相关理论等。

(2) 培训课程相关知识。如从事销售培训的培训师应具备销售方面的专业知识。

(3) 企业情况和学员背景。

2. 技能类

(1) 授课技术。如能否灵活运用各种教学方法、手段和工具，能否抓住成年人的特点安排教学活动等。

（2）沟通表达能力。包括书面表达能力和口头表达能力。要求能流畅地说明工作内容及工作程序，建立良好的双向沟通及轻松的学习氛围。

（3）教师技能。具备设计课程，编写讲义、教材、测试题的能力。

（4）信息转化能力。能从大量的知识、信息中提炼出对受训者有切实应用价值的数据。

3. 职业素养类

（1）关心他人。做一个培训师意味着要关心受训者，唤起学习者自身学习潜能，帮助受训者取得成功、自我实现和获得幸福。

（2）创造性。教学不是一个体系的简单运用，它是在各种情形下独特的运用。培训师要注意自身创造性的培养，在教学方法上不断创新。

（3）积极主动。具有高度的热忱感染学员，积极与各方面保持良好的信息交流，履行自身工作职责，有效地提供优质、高效的培训服务。

（4）自信。在学员面前展示出自信和热忱。

（5）追求卓越。能在培训工作的各个环节发现问题，保持培训质量与效果持续改进，不断提高自己及所在团队的能力，完成培训使命。

（三）如何成为一名卓越的培训师

1. 培训师的仪表姿态

作为一名卓越的培训师在讲台上要有良好的台风。作为培训师，为人师表，形象上一定要对得起观众，如果让观众讨厌，则会影响观众的听课效果。

（1）外表

培训师穿衣要符合正式的场合，衣着整洁，要看上去就很专业。应该根据不同的要求和不同的对象着装。不能在人群里标新立异，但也要保证与其他人有所区别。这里要注意以下几点：

- 不穿紧身的服装，应该选择舒适的职业装。
- 女性不穿低胸或较暴露的服装。
- 不喷气味刺鼻的香水。
- 不要佩戴叮当响的首饰，以免分散学员的注意力。

（2）姿态

在讲课时，无论培训师打算坐着还是站着，都应该在学员的前面，让学员能看见你。而不要在桌子、椅子或投影仪的后面，以免被挡住，影响培训师与学员的交流。在台上要尽量杜绝挠头、插兜等小动作，让培训师的肢体语言生动而不

"多动"。在姿态上具体来说要注意以下几点：

• 站姿要两脚平行与肩宽。

• 双手自然下垂，自信。

• 肩膀紧缩上提 30 秒，放松。

• 手部动作大方、得体（不要交叉）。

• 不要偷偷看手表。

• 不要忘记把微笑和热情带进课堂。

2. 掌握成人学习的特殊性

由于生理状态和心理状态的原因，成年人和非成年人有很大区别，在学习过程中有与非成年人不同的特点。一个很大的不同就是成年人有一定的知识储备与经验。因此，培训师要考虑成人学习的特殊性，培训师只有掌握成人学习特点，才能有的放矢地实施培训工作，达到更好的培训效果。具体说来，成年人学习主要有以下几个特点：

• 成人学习需要被尊重。

• 学习目的明确、主动性强。

• 有丰富的个人化的知识和工作经验。

• 记忆力减退而思维能力增强。

• 感悟力强、参与意识强烈。

• 注重教学效率和实用性。

针对成人学习的以上特点，培训师要注意对成年人进行引导，让其"触类旁通""举一反三"，使他们主动跳出自己已有的思维模式，以新的思维方式去接受新知识、新事物。在培训过程中要注意以下几点：

• 建立成年人学员的自尊。

• 要善于引导，利用游戏、讨论、点评产生共鸣。

• 多样化设计课堂，给学员更多的表现舞台，充分互动。

• 授课要条理清晰、针对性要强，知识要渊博。

• 要了解学员的背景，传授他们需要的与工作相关的知识、技能和理念，帮助学员解决实际工作中的问题。

针对成人学习特点及对培训师的要求，培训师为了增强课堂的效果，可以采取以下的控场安排，具体见表 7—4。

表 7—4　成人学习的控场要点

时间	控场要点
0～5 分钟	大家的注意力很难集中，建议通过一些互动“破冰游戏”，集中学员注意力
6～15 分钟	听众会慢慢进入状态，开始配合讲师做眼神的交流
16～20 分钟	成年听众开始疲劳，注意力有些分散，建议此时选择一些互动环节或讲个笑话
21～40 分钟	注意力再次集中，建议选在这个时间输入一些文字性记录的知识
41～45 分钟	由于疲劳，听众注意力开始下降，因此如何收场尤为重要

3. 让学员乐于听讲

很少有人是天生的演说家。要想在课堂上完美地展现自己，使学员真正乐于听讲，那么培训师必须努力抓住机会锻炼。以下是一些指示和建议：

（1）注意开场

开场就是让培训这架飞机顺利起飞。精彩的开场白能够起到以下作用：

• “钩”住听众。

• 建立信赖感。

• 激发兴趣。

• 奠定基调。

为此，要舍弃“老掉牙”的开场白，尝试用故事、用幽默、用问题、用事实、用名言……

好的开场应该要完成四件事情：

• 引起听众的注意。好的开场能吸引学员的注意力，使他们迅速进入受训状态，全身心投入到培训当中来。

• 动员学员的参与。好的开场能让学员身心放松，参与培训当中，并关心下一步的活动。

• 介绍培训主题及内容。

• 营造轻松友好的氛围。要运用一些技巧使学员感到彼此之间以及与培训师之间容易相处，课堂氛围轻松活跃、宽容友好。

（2）避免唱“独角戏”

在企业培训的授课中，往往会出现这样的现象：培训师苦口婆心地站在讲台上讲，而台下的受训人员昏昏欲睡，课堂氛围极其沉闷。培训师纯粹是在唱“独角戏”，说“单口相声”，学员只是听了课而已，至于掌握多少，那是未知的。

培训师不能只是单向的知识传递和灌输，而要在课堂上注意与学员的双向沟通交流，要强调互动。学员们不能只是做看客，要参与到培训中来把自己的观点和经验分享出来，和别的学员或培训师的观点碰撞。在培训过程中调动学员参与的积极性，是使培训工作取得成功的关键。当一个成人学员全身心投入学习的时候，学习过程就开始了。学员参与程度越高，学习效果就越好。培训师要设计一些课程互动环节，增加培训师与受训者之间的交流和沟通，活跃课堂氛围，引发学习兴趣，增强培训效果。互动形式如下：

①非语言交流

交流不仅仅是通过语言，不管你说不说话，你的身体也一样在“说话”。研究表明，演示对学习者产生的效果因演示情况、复杂性和重要性而不同。国际肢体语言研究专家阿尔伯特·麦拉宾教授认为，不同方式对学习者的冲击力不同。语言的冲击力最小只占到7%，对声音运用的冲击力居中为38%，而视觉信号冲击力则最强占到了55%。视觉冲击包括以下四个方面：

• 面部表情。包括微笑、皱眉、环视、凝视、点头、摇头、严肃、生气等。

• 手势。不同的手势传递着不同的含义，可以是拒绝、沟通、指示等。

• 肢体语言。不同姿势可以显示出你对受训者的态度：是像父亲对孩子一样亲切，还是居高临下。如果你把椅背对着学员，骑在椅子上，就显示出居高临下的姿态。

• 眼神。你说话的时候看着台下的哪一处、怎么看的，都会影响学员的听讲效果。

专栏 7—6

企业培训师的 12 种手势①

手势，是很重要的一种非语言交流形态。在课堂上培训师经常会用到一些专业手势来表达特定的目的。

1. 沟通：双手前伸，掌心向上

“各位，让我们交流一下”，手心向上，前伸。随着前伸，你身体也前倾，讲的时候会显得很亲切。毛主席在延安文艺座谈会上讲话，有一个照片就是身体是前倾的，会是很亲切的感觉，是拉近距离的感觉。

2. 拒绝：掌心向下，做横扫状

① Candy. 专业培训师的 12 种手势.. 职业培训教育网. http://www.china tat.com/new/201103/ti962139335416131l026123. shtml.

掌心向下，就是不同意，做横扫状。

3. 致意：五指并拢，掌心向前

五指不并拢，就没经过专业训练。

4. 警示：掌心向前，双手上举

“注意了，咱们有的时候用这个，大家静一静”，用这样的一个动作。

5. 区分：手掌侧立，做切分状

我们区分的时候，往往叫作一二三四，这样的一些动作，其实更准确的动作是左中右，后面前面，一定用掌来做。

6. 指明：五指并拢，指向目标

“请看电视机”，是这样五指并拢。指人和指物，一般情况下尽可能不要用手指，因为中国传统礼仪、东方传统礼仪中有这样一句话“千夫所指，无疾自死”，所以用手指指人是不礼貌的。在像泰国这样的国家，你用手指点指小孩的时候，那大人就不高兴了，等于骂人一样。在西方叫作“一指指人，三指向己”，用手指人是一种攻击性的动作。

7. 组合：掌心相对，向内聚拢

如果说一个聚合性的意思，“让我们归拢一下这些问题”，就是掌心相对，向内聚拢。

8. 延伸：掌心相对，向外展开

把这个问题区分开来，延伸开来说。

9. 号召：手掌斜上，挥向内侧

“各位跟我来”，这只手也是斜上，挥向内侧。很多时候，一些培训师往外挥，这样就是散伙了。

10. 否定：手掌斜下，挥向外侧

“这是错误的”是否定。

11. 鼓舞：握拳，挥向上方

“我们一定能够成功”，拳头挥向上方。

12. 决断：握拳，挥向下方

“就这样定了”。

这些动作基本的要求是什么？就是大动作，不要小动作；能用掌的时候，不用指；能用肘的时候，不用掌；能用臂的时候，不用肘。

②恰当提问

恰当提问是一种互动过程。培训师在授课过程中要善于巧妙地提出问题，把问题抛出去，启发学员去思考研讨，适当刺激一下大家的神经，激发学员的热情。讲师在学员发言分享后，进行总结，这样一来，学员面对自己感兴趣的问题，参与程度会很好。具体来说，提问有以下几个功用：

一是使沉默的人发言。

二是实现经验分享。

三是直接表达关心学生的思想情感。

四是促进师生之间的相互沟通和信息交流。

此外，有目的地进行团队活动、角色扮演、录像回放，让学员示范操作等都能有效提高学员的参与性，达到较好的培训效果。

(3) 丰富授课方式

学习的真正乐趣来自参与和分享。培训师应该面对这样一个现实：如果学员打算在课堂上学到些什么，而且课程结束之后仍然能够铭记于心，那么在课堂上穿插一些有趣的东西就势在必行。在如今这个娱乐当道的时代，很少有人喜欢听单调的说教。所以，培训师应提高培训中的创意，实现寓教于乐。

①巧用游戏

游戏是培训师活跃课堂的必备工具。经过精心设计的游戏能帮助培训师打破课堂的沉闷气氛，拉近与学员的距离，使学员被深深地吸引住，激发学员的学习兴趣，从而积极参与到课堂活动中去，使学员不再感到学习是单调乏味的事情，培养他们的沟通能力和团队意识。通过生动、活泼的复习方法，大家会渐入佳境，注意到某些主题课程特殊的重要性。

游戏在培训中的好处如下：

第一，形式灵活。游戏类型多种多样，可以用短短的几分钟来“添柴”给培训升温，如“三分钟测试”；也可用个把小时的管理游戏来深挖其现实意义，如“输赢游戏”。

第二，场地不限。一个完整的培训项目，一般经历不同的阶段、多种场合，如室内，“过河”“碰壁”；户外，“罐头鞋”“贴膏药”；晚会，“大风吹”“指手画脚”。

第三，寓教于乐。许多研究表明，如果头脑的想象力和相关的情绪处于积极、乐观的状态，可以大大增强形象思维和创造性思维能力。

第四，参与性强。游戏创造了轻松、愉快的氛围，便于学员参与、学习与思考，变被动为主动学习，大大激发了学习热情。

第五，交流与分享。“告诉我你更多的想法”，学员感到自己得到重视、尊重和信任，使交流更富有成效，利于改造和应用他人经验，既达到对培训内容的理解和吸纳，又训练了学员由此及彼的思维能力和感悟力。

第六，团队精神。游戏往往需要在一定的规则、程序、目标和输赢标准下竞争，因此，它需要团队合作达成共同目标，即有利于团队合作精神的培养。

②趣用小幽默

培训师如何吸引注意力？幽默可以用来吸引学生的注意力。幽默感并不是嘲笑任何事，而是在幽默的同时能看见一件事情的严肃面和有趣面。不论是内向型还是外向型的人，对生活都可以采取幽默的态度。培训师更需具备以自己的幽默力量来激励学员的能力。

很多现实的例子证明，如果培训参与者在培训中感到愉快，培训就更有效果。过于严肃的课堂氛围由于有了幽默感就会变得轻松。这并不是说培训者就要又唱又跳，不停地讲笑话。培训师要掌握好过分严肃和过度轻松之间的尺寸，适当引入与培训主题相关的小幽默，这样才能产生好的效果。培训师运用小幽默艺术时，应该注意以下几点：

• 培训者要会拿自己开玩笑而避免拿学习小组当笑料。

• 避免重复讲同一个笑话。

• 幽默的使用，必须肯定是有效和适当的。

• 必须确信幽默的主题与培训主题相关联。

• 幽默故事不能太长，否则会分散大家的注意力。

• 真正的幽默力量是从内心涌出，更甚于从头脑涌出。因此，要成为一名卓越的培训师，在平时就要注意自身幽默感的培训。

③妙用讲故事

故事是保证课程生动、富有吸引力的必备因素，通过讲故事能让培训变得有人情味，与受训员工建立和谐的人际关系。无论是课程导入、课程过程，还是课程结束，都可以通过恰当的故事讲解达到强化记忆、强化效果的目的。故事还可以活跃气氛，改变员工受训时的情绪，释放员工的紧张心情，同时建立一种向心力。大家听了故事之后，无论是大笑、争论，或是反思，一种牢固的关系已在不知不觉中形成了。然而并不是所有的培训师都善于在培训中讲故事，讲故事的选材、时机、语调、语速、肢体语言等都会影响讲故事的效果。因此，要注重对培训师讲故事能力的培训。

4. **应对课堂意外的技巧**

任何一种形式的培训课程中，让每个学员都参与到培训中是很重要的。培训师作为培训现场的管理者，难免经常会碰到一些“尴尬”的局面。比如课堂上遇到无人回应；学员过于活跃；学员有不同意见；培训师一时回答不上学员提出的问题等情况，应如何处理这些意外呢？

（1）学员不积极

有的学员由于比较内向、害羞或有顾虑，不主动参与课程。要解决这个问题，培训师除了预留让学员参与的时间和做出有针对性的互动安排外，还应采用以下一些技巧：

①提出开放式问题

运用开放式问题可以从学员那里获得更多的信息。开放式问题通常以“请大家谈谈……”等形式提出。倘若没人有反应，就解释一下问题或再问一次。

②指名提问

挑选一位有可能知道答案但一直沉默的学员来回答你的问题。为避免学员觉得不自在，要先叫学员名字，再提问。

③时刻对学员的参与进行肯定

要针对学员的参与和投入进行充分的肯定。可以使语言的肯定“谢谢你的参与”“嗯嗯，回答的非常好”等；也可以是非言语的，如微笑、点头、竖大拇指、写下他的观点、走近学员等。

④开展课堂讨论

如果发现学员害羞，不太愿意站起来发言，可以让他们在台下相互交流，充分讨论，建立沟通网络。

（2）学员过于活跃

过于活跃学员的表现是：每次都回答培训师的问题，并且滔滔不绝，有时还会离题万里。如果这样，其他学员的参与机会就受到限制，课堂效果就会大打折扣。为了能够让课程顺利进行，让更多的学员获得参与机会，培训师需要有技巧地控制和调整这种行为。如果处理不好，可能会挫伤学员的积极性。以下做法可能会对解决这个问题有所帮助：

①提醒学员注意基本规则。培训师应在正式上课之前制定并说明课堂基本规则，那就可以凭借这些基本规则来督促学员按要求参与课堂活动，让别的学员也有机会发言。

②运用问题转换，引入恰当的转折，将问题切换到你希望做的事情上。

③有意指名提问其他学员。

（3）其他尴尬场景

有时候学员会提出与培训师不同的观点意见，或者会在课堂上问到培训师一些措手不及、一时间难以答上的问题，这对培训师来说确实是尴尬的艰难时刻。针对这种情况，有以下几点建议：

①选择开放、从容的肢体语言。

• 注意你的面部表情，要保持微笑，微笑是化解尴尬很好的润滑剂。

• 姿势等一定要得体放松，向学员表明你是坦率的、有风度的。

②遇到不同的观点声音，不要对自己的行为和观点过度辩护。

如果学员提出与培训师不同的观点，培训师应该持有宽容大度的心态，要鼓励学员有不同的声音。不要给他人造成“我不能有错”的感觉，不要试图从个人角度进行辩解和防卫。

③遇到一时间回答不上的问题，要积极灵活应对，以化解尴尬。

• 停车场——谢谢这位同学，你的问题非常好，让我把它记录下来，一会集中回答。

• 超出范围——谢谢这位同学，你的问题很好，不过不在今天的讨论范围内，有时间我们专门开个××课程来研究这个问题！

• 私下解决——谢谢这位同学的细心观察，关于这个问题，可以下课后到我办公室讨论。

• 转给群众——很好，关于这个问题，大家有什么独到见解呢？

• 及时逆转——很好，谢谢，请问你怎么会想到这个问题呢？

专栏 7—7

做好培训工作的八个步骤[①]

1. 努力促进学习。要想成为一个成功的培训员，就必须注意这一步。这一步指明了如何实施其余的七步。培训员要增强培训效果，就必须拟订周密的培训计划，充分调动学员的积极性，从而促进整个学习过程。

2. 重在提高业绩。确定训练目标以保证从培训的准备阶段起就沿着正确的

---

① ［美］汤姆·W·戈特（Tom W. Goad）著. 郭宇峰，郭镜明译. 培训人才八步法［M］. 上海：上海人民出版社，1998：228.

道路前进。训练目标是根据需求分析的结果而制定的，这两项工作必须在正式着手培训之前就做好。

3. 精心组织学习。关注成人的组织是如何学习的，从而确保学员从培训中学到最多的东西。应用成人学习原理，强调能力和精通，从而保证培训工作取得最好的效果。

4. 做好充分准备。准备好所需要的一切材料，将它们以最有效的次序组织起来，确保可随时使用。在这一步骤中要做很多事情，还要做很多选择（选择媒体、培训方法、评估方法等）。幸运的是通过很多专业人士的努力，这方面已有大量的工具和技术帮助你完成这些重要任务。

5. 提高授课效率。提高人际交流技能，以便成功地讲授培训课程。即使培训是高度自动化的，或者是不需要培训员多加干预的，信息交流也至关重要。自动化训练所使用的软件包是由技术人员制作的，你必须向他们仔细传达有关的内容和要求。

6. 发动学员参与。充分发挥每个学员的长处，实践不同的培训方法。本步骤与前面几个步骤紧密联系。所幸的是通过很多培训员的认真努力，已经出现了不少经过实践检验行之有效的培训方法。

7. 获取信息反馈。以此确定培训工作是否成功。评估工作必须贯穿于训练的全过程。特别在培训结束之后，必须进行评估。这是你了解培训是否达到预期目标的唯一方法。

8. 不断改进提高。确保培训员所需的各种知识和技能得到不断更新和充实。

深度阅读

1. 张俊娟，韩伟静. 企业培训体系设计全案［M］. 北京：人民邮电出版社，2011.

该书是一本指导各类企业设计培训体系的工具书。全书对 10 类培训通用体系（4 类人员培训体系，3 类常用培训体系）和 7 家企业的培训体系案例进行了详细而全面的介绍，涵盖了培训课程设计与开发体系、培训计划拟订体系、基于胜任能力的培训课程体系、国际化人才的培训体系建设等 18 项内容，涉及企业培训体系设计的方方面面，在各类培训体系的介绍上做到了“全、细、新”。

2. 林媛媛. 企业培训理论与实践［M］. 厦门：厦门大学出版社，2005.

该书运用 IBM、TDK、Intel、福特、西门子、施乐、东京迪士尼、摩托罗拉、农夫山泉等案例引出目前国内外最新的关于培训的理念、体系构建、设计、实施、评估等方面的知识，以及培训人员必须了解的实践知识，并通过大量翔实科学的表格、实践指南、案例，填补了培训理论与实践的鸿沟，具有较好的参考价值。

3. 孙宗虎，姚小风. 员工培训管理实务手册［M］. 北京：人民邮电出版社，2009.

该书从企业的培训需求出发，按照不同类别人员以及不同的培训方式细述了企业应该如何开展自己的培训工作。全书内容涉及新员工、销售人员、技术人员、生产人员、管理人员的培训方案设计，并对脱岗与外派培训方案设计及拓展训练、沙盘模拟、E-learning 等特殊培训方式进行了介绍，是一本关于培训方案设计的工具书，具有较强的实用性。

4. 权锡哲，魏冠明. 新员工培训管理实务手册（第 2 版）［M］. 北京：人民邮电出版社，2012.

该书是一本关于新员工培训的实用手册，内容主要针对新进应届毕业生、新进生产一线人员、新进销售人员、新进管理人员、新任生产班组长、新任部门主管、新任部门经理等 7 类新进与新任人员。本书将不同部门、不同岗位的培训工作方案化，为各类企业人员量身订制了具体的培训方案，对企业培训人员具有很好的参考价值。

5. 汤姆·W. 戈特（Tom W. Goad）著；郭宇峰，郭镜明译. 培训人才八步法［M］. 上海：上海人民出版社，1998.

该书作者戈特博士从事人才发展与培训工作达二十多年，他将长期积累的学识与经验化为容易领悟和实践的规范性条款。戈特把培训过程归结为八个步骤，列出了在每一步骤中的注意事项，帮助企业开展最有效的培训实践活动。在组织学习方面，大到全局部署，小至投影与显示系统的操作，无不详加解说，对于从事培训工作的人或被培训的人来说，这是一本较好的“手册”。

延伸思考

1. 什么是新员工培训？新员工培训的特殊性体现在哪几个方面？

2. 各层次管理人员的培训内容和方法有何差异？

3. 如何运用胜任力模型为销售人员开发培训体系？

4. 销售人员如何加强情商修炼？

5. 生产人员培训的特殊性有哪些？

6. 企业培训师担当什么角色？

7. 如何成为一名卓越的培训师？

8. 案例分析

某民营医药企业，最近由于新产品上市，在全国各地“招兵买马”，一举招聘了50名刚毕业的大学生。为了使这些新员工尽快地适应新工作，总经理要求人力资源部对这些新员工进行了一天的新员工培训，主要是“任务与要求”“权利与义务”等，培训结束后还发给每人一本员工手册。本想靠这些“初生牛犊”来打开新产品的市场，令人意想不到的是，不到一个月，50名新员工就有32名流失了。有的认为公司没有人情味，将他们作为赚钱的机器；有的还认为薪酬虽高，但是压力太大，对新的销售心中没底，又没有老员工带，什么都靠自己摸索，太难了……总经理没想到，“无关紧要”的新员工培训竟然给公司埋下了“风险的种子”。

结合以上案例，请谈谈这家企业新员工培训中存在的问题，并利用自己所学知识为这家企业设计出一套新的新员工培训方案。

第八章　注意事项：培训风险防范

案例导入：飞行员辞职风波

近年来，频繁出现飞行员的“辞职风波”。从2004年开始至今，国内先后有100余名飞行员提出辞职。

实际上，飞行员辞职引发天价赔偿金额已经不是秘密。2006年6月15日，由于欲办离职手续未获公司批准，东航某分公司6名飞行员在东航上海总部开始为期5天的“绝食”抗议。“绝食”飞行员称，之前提出辞职，被公司按有关规定追索机长600万元、副驾驶307万元的巨额赔偿。2007年，昆明市劳动仲裁委开审的一件飞行员辞职引发的天价赔偿纠纷，让人瞠目结舌。飞行员郑某向航空公司提出辞职申请后，引来1 257万元的高额索赔。2008年4月24日，法院认定其辞职行为不违约，判赔140万余元。

统计表明，把一名从飞行学院毕业的大学生培养成一名飞行员，培训费至少要124万元。对飞行员的培训包括在院校的培训、上岗后每年的复训以及一些隐性培训。仅第一项培训就可能达到60万～100万元。培训周期少则7年，多则10年。因此，航空公司培养一名飞行员，尤其是机长要耗费很长时间和巨额费用。即使是军队转业的飞行员，也需要经过至少三年的各项过渡训练，至少花费70多万元培训费才能效力航空公司。而从航空公司引进一名机长，仅需花1万多元的培训费进行4个小时的培训就可以上天工作。因此，在国有航空公司看来，飞行员的流动应当受到严格限制，否则会导致国有资产流失。

但相关专家认为，飞行员与航空公司之间是市场化劳动关系，不存在是否允许其流动的问题。不能说飞行员是国有资产，这就好比大学生由国家培养，但不能就这样认为大学生是国有资产。

虽然应该允许飞行员自由流动，但飞行员究竟要付出怎样的代价才能获得许可自由流动？民航总局联合其他四部委在2005年颁布的《关于规范飞行人员流动管理，保证民航飞行队伍稳定的意见》中规定，飞行员要参照70万～210万元的标准向原单位支付费用。如何留住人才，降低人才培训的风险，成为每个企业高度关注的重要问题。

一、培训有什么风险

风险和收益相依相存，不可分割。培训对企业而言是一种人力资本投资方式，能给企业带来收益，但与此同时，培训也有风险。培训风险，是指培训前后，由于观念、组织、技术、环境等各种负面影响，而对企业造成直接或潜在损失的可能性。按培训风险的成因分为内在风险和外在风险。

（一）内在风险

培训的内在风险，是指由于企业没有对培训进行合理规划和有效的管理而导致培训的质量不高，使得培训目的难以达成，培训投资效益低下。

1. 培训观念风险

观念风险指的是由于高层领导或者受训员工对培训没有一个正确的认识和定位而可能对企业造成的不良影响和损失。目前，一些企业高层领导对培训的认识不正确，如认为"培训会增加企业的运营成本""培训会使更多的员工跳槽，造成大量人才流失""企业效益好无须培训"等，这些无疑会影响培训的效果。

作为直接参与人的受训员工，他们对培训的认知及参与态度也直接影响培训的成败。例如，受训员工认为培训是摆花架子，搞形式主义，因而不能正确对待培训，导致培训流于形式。

2. 培训技术风险

培训技术风险是指在培训需求分析、拟订培训计划及培训实施过程中，因不能及时正确地做出判断和改进而导致培训效果不佳，未能达到预期的培训目标。具体表现为：培训经费投入不足，培训需求调查不深入，培训内容没有针对性，培训师授课效果差，受训者学习积极性不高，培训场所布置不周全，培训方法不合理，培训疏于管理，培训缺乏反馈，培训成果未能转化应用等。

（二）外在风险

培训的外在风险是指培训项目虽然达成了预定目标，但由于各种外在因素导致企业遭受各种直接损失或间接损失。

1. 人才流失的风险

经过培训后，员工的能力和素质得到提高，各种追求也随之提升，而企业所提供的岗位、薪水、福利等不能满足他们的需求，一些受训员工便选择离职、另谋高就，导致企业的培训投资无法收回，造成人力、物力的巨大损失。培训投入越大，离职员工为企业服务年限越短，则损失越大。尤其当企业的核心人才跳槽到同行业竞争对手那里时，对本企业而言会造成致命的打击。

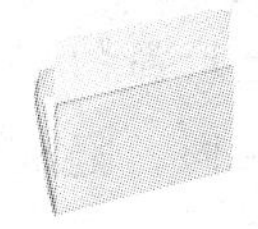

案例 8—1

某中外合资服装生产企业的培训人才流失[①]

据 2000 年 10 月 21 日《北京人才市场报》报道，有一家中外合资服装生产企业，年初曾投资 3 万美元送 6 名中方经理到其欧洲公司总部接受近 6 个月的培训。回到中国后，这 6 名经理负责管理公司生产，他们的月薪高达 4 000 美元。可是，他们在同一天同时请了病假，再也没有回来。一家在中国东北新建的中资服装生产企业以每人每月 8 000 美元挖走了他们。公司花了巨额培训费，却损失了接受过国际化专业培训的管理队伍。不仅如此，企业订单和销售渠道也跟着流失；由骨干出走而造成的职位空缺一时没有合适的人员补充，造成生产瘫痪。

2. 泄密的风险

任何一个企业在生产经营过程中，总有自己的专有技术或管理经验，这是企业核心竞争力的源泉。这些专有技术和管理经验必须通过具体的人员去操作和管理，才能转化成企业的现实生产力。培训使更多的员工掌握这些商业秘密，很显然，掌握的人越多保密的难度越大，泄密的风险越高。近年来，职工跳槽侵犯商业秘密案件急剧增多。2004 年举行的首届广东知识产权实务高层论坛上，专家指出，80％的商业（技术）秘密是在职工跳槽时带走的。[②]

① 徐庆文，裴春霞. 培训与开发 [M]. 济南：山东人民出版社，2004：172.

② 中国劳动咨询网，http://www.51labour.com/show/22216.html

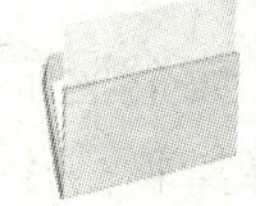

案例 8—2

广东首宗商业秘密行政诉讼案①

2008 年 5 月 6 日，珠海市工商行政管理局接到诺比节能科技（珠海）有限公司（以下简称“诺比公司”）举报，称××公司侵犯其商业秘密。珠海工商对××公司经营场所实施现场检查，发现由张某控制的电脑中储存五种节电产品的整机材料清单材料等，其所列的材料名称、数量及次序与权利人的完全相同。把从××公司的生产现场查获的产品与诺比公司的同类产品进行对比，雷同率达到 80%以上。

原来，张某于 2004 年 5 月 8 日至 2006 年 12 月 22 日期间，曾在诺比公司担任电子工程师、研发部经理等重要职务。张某离开诺比公司后，就在其丈夫黄某新组建的××公司工作。经查，张某的确采用夹带、拷贝（备份）等不正当手段，窃取了诺比公司的技术，并最终生产成用于省电霸节电器、路灯节电器等产品的电路板成品对外销售。

珠海工商对侵权公司进行了罚款 4 万元以上的处罚，但侵权公司不服，向珠海市中级人民法院提起诉讼，败诉后又上诉到省高院，省高院终审判决：驳回上诉，维持原判。

广东省工商相关负责人表示，广东企业员工利用职务之便窃取公司商业秘密然后“跳槽泄密”情况并不少见，但很多企业对商业秘密保护的法律意识淡薄，自我保护能力不强，往往导致商业秘密案件的查处“发现难、取证难、认定难”。

3. 培训成果转化的风险

培训成果转化是培训最重要的环节。因为培训的终极目的是将知识、技能、行为、态度运用到实际工作中，提升工作业绩，为企业创造实际价值。然而，现实的情况是一些企业由于管理不到位，导致培训成果往往不能转化为实际生产力。即使能够转化应用，但由于培训效益的体现往往不能立竿见影，具有一定的时滞性，特别是当外界环境发生变化或者企业进行战略调整时，如转产、技术更新、工艺改造或新产品的开发，就可能使正在培训或刚培训完的知识和技术过

① 熊佳焰. 广东首宗商业秘密行政诉讼案 [N]. 信息时报，2011－06－16. http://ip.people.com.cn/GB/14919924.html

时，培训投资无法收回。

二、如何防范培训风险

（一）培训前：精心准备

1. 激发学习动机

学习动机是激发个体进行学习，维持已有的学习活动，并使学习活动朝向某一目标的内部心理过程。学习动机是受训者学习的压力、拉力和动力所在，与学习的方向、强度和持续性密切相关，直接决定受训者是否愿意参加培训，在培训时是否努力，能否坚持不懈、认真地参与培训，并最终决定培训的效果。根据弗鲁姆的期望理论，如果受训者感知到：自己能够掌握所培训的知识或技能，这些知识或技能有助于提高工作绩效，绩效的提升使自己获得期望的结果，如加薪、晋升、认可等，并且避免不期望的结果，如减薪、降级、辞退等，那么，他们会更积极地对待培训。

现实中一些企业在推行培训时，过多地强调组织的需要，却忽视了受训员工自身学习能动性的激发，导致其学习积极性不高，学习效果不佳。为了确保员工有较强的学习动机，培训工作者可以采取以下措施：

第一，提高受训者的自我效能感。根据班杜拉的自我效能感理论，当受训者确信自己有能力学会所培训的内容，并提高自己的知识和技能，即他们有较高的自我效能感时；他们才会有较强的动力参加培训。为了提高受训者的自我效能感，培训工作者应多和员工沟通，说明培训的目的是提高他们的绩效而不是找出他们在哪些方面存在问题，通过该员工在前期工作中所取得的成绩证明他们的实力，向员工表明和他们从事类似工作的同事已经成功完成培训。

第二，保证受训者具备一定的学习基础。学习是个循序渐进的过程，高级知识或技能的学习必须以低一级的知识或技能为基础，逐步递进，否则受训者会产生较强的无力胜任感和挫败感。在培训前，需要对受训者前期的教育水平、培训经历、资格证书等进行全面的调查和分析，确保受训者已经具备相应的学习基础，有能力完成企业所组织的培训。

第三，使受训者了解培训后的收益。开宗明义地向员工说明培训要达到的目标是什么，员工达到这些目标后能给企业带来哪些价值，给他们的工作、生活以及职业发展带来哪些收益，这会有助于强化受训者的学习动机。当然，培训工作者在与受训者进行沟通时所提供的信息必须是真实的，否则如果这些期望不能实现，会让员工产生受欺骗的感觉，反而对培训产生反感，削弱其学习动机。

第四，将培训与员工的职业发展相结合。在分析培训需求时，除了考虑组织和部门的需要外，还应关注员工个人的职业发展需要，将培训与员工的职业生涯规划结合起来，使员工看到培训不仅可以增加对企业的贡献，而且可以使个人的职业得到成长，从而赢得员工支持。

案例8—3

花旗银行：人才在“九方格”之间行走①

花旗银行是首家在中国开业的美国银行，分支机构遍及全国沿海主要城市。在花旗银行，近两年中国员工流失率一直在15%以下。

为选拔优秀人才成为团队的管理者，花旗银行成功开发了九方格图，根据绩效和潜能两种考核结果，将员工分别放在九方格图中不同的格子里，按照每格的含义，进行相应的培训，这为花旗的战略性人才储备、员工职业生涯发展规划以及经营战略实施提供了关键支持。

九方格图的横轴是绩效，主要依据九个关键要素，即对整体结果的贡献、对客户的效率、个人业务和技术熟练程度、执行程度、领导力、对内对外关系、全球效力和社会责任等，全面考察员工工作表现。绩效分为三个等级：优秀的绩效、完全达标的绩效和起贡献作用的绩效。纵轴是潜能，也分为三个等级：转变的潜能、成长的潜能、熟练的潜能。

第一格：优秀转变型。已具备转变到更高层次的能力，进行管理类的培训，在六个月内被提升到高一级职位。

第二格：优秀成长型。有能力在目前的层级承担更大、更广泛的工作职责，对其进行管理类和其他部门工作的培训。

第三格：完全达标转变型。在将来有能力进行转变，应该在目前的岗位上做得更加出色。作为第一格人才的后备储蓄，进行对应培训。

第四格：优秀熟练型。有能力在同一层级的相似工作岗位上高效地工作，工作老练，同时具有掌握新技能的能力。这类员工学习能力强，有可能会被安排到别处做其他方面的工作，在考察之后安排其新部门的培训课程。

---

① 花旗银行：人才在“九方格”之间行走［N］. 中国经营报，2004年08月22日，http://finance.sina.com.cn/jygl/20040822/1428966266.shtml

第五格：完全达标成长型。有可能在目前的层级承担更多的职责，但是应该努力达到优秀的绩效。这个类型的员工着重培训其应用型技能和知识。

第六格：完全达标熟练型。技术熟练，需要素质能力的提升，向完全达标转变型努力。

第七格：贡献者转变型。表示需要往更优秀的绩效努力。在上一年度轮流到新的工作岗位，并且以前被评在第1、2格内的员工通常被放入此格。因为他们在新的岗位上还没有表现出应该表现的绩效，具备转变的潜能，所以进行相关的技术培训。

第八格：贡献者成长型。可能在某些工作方面表现良好，其他方面表现不佳或很差，应该在当前的层级达到完全达标的级别。

第九格：贡献者熟练型。在自愿、稳妥和有能力的基础上，必须帮助其达到完全达标（绩效），否则需要重新安排一个更适合的工作岗位或者帮助其在其他方面寻找一个工作机会。如果培训无效，一般情况下，在未来的3～6个月内他会被迫换一个地方工作或被淘汰。

花旗银行员工九方格图如下所示。

潜能		起贡献作用	完全达标	优秀
	转变	7	3	1
	成长	8	5	2
	熟练	9	6	4

绩　效

轮训：找到适配部门和岗位

通过九方格图甄选出来的优秀员工进入管理者后备行列。首先接受为期2～3天的课堂式的银行基本知识培训，重点是质量管理的培训，为的是让管理者重温客户满意度的重要性。然后进入轮岗培训阶段，学习如何提升专业并使自己成为一个银行家。

轮训的范围是银行内部的几个关键部门，包括合规部门、风险控制部门、产品运作部门、客户服务中心、各个部门的市场部。在这些部门他们会和其他员工一同工作，了解该部门的制度，感受该部门的办事风格，总结如果今后进入该部门需要补充的专业知识。这个过程中，他们还会接受为期6个星期的课堂培训，包括“核心风险分析与控制”等初级必修课程的理论学习，结束后进行严格测试，合格者才能够拿到结业证书。为了配合轮训的开展，花旗还开设了网上学院，参训人员根据需要随时上网学习，并参加网上的考试，获得认证证书。

轮岗培训不只是使这些以后在管理层工作的人员对银行的总体管理以及运作模式有所了解，更重要的是让在轮训过程中找到适配的部门和岗位，制定良好的职业生涯规划。轮岗培训的时间虽然只持续一年，但是他们所学到的东西却是其他同行员工需要花费两到三年才能学到的知识。

海外培训：凸显专业性

轮岗培训只是对公司大框架构建和部门知识的学习，具备专业性才可以应对多变的金融市场危机。要凸显花旗的专业性，这些优秀人才还要接受花旗的海外培训。在轮训的指定课程考试过关后，这些人员一般会在当年9月、次年2月、9月安排去海外接受更系统的专业知识学习。

花旗在美国总部设有高层管理人员培训中心，为来自全球的花旗高层人士提供2周到1个月时间不等的海外培训。课程包括银行知识、人力资源、管理学等，也会针对人力资源部新的调研结果推出最新的培训项目和课程。这里的学习给学员提供最新的银行知识与金融工具，综合应用的方案，并培养他们的跨文化工作能力。海外培训压力非常大，所以，花旗银行的专业知识培训结业证书的含金量不亚于一个金融硕士学位。

海外培训还包括让业务开展较慢的地区的管理者到成熟区域学习。例如，每年花旗中国所甄选出的优秀员工，会到伦敦、新加坡、香港、美国等国家和地区参加综合培训，学习世界最新的金融知识。2000年，中国地区还没有电子银行业务，网络银行处于起步的阶段。花旗中国派遣一名员工赴花旗新加坡参加“网上银行品牌”培训，回国后，派其带领一个团队开展网上银行的业务，建立了花旗的第一个中文网站，开展网上银行的交易。海外培训让员工学到筹建新业务的系统方法，使最新的业务和知识快速在全球花旗开展起来。

花旗银行培训体系清晰、完整、易于操作，使花旗一步步向“做世界金融领域的领导者”的梦想靠近。

2. 精心拟订培训计划

案例8—4

日本松下电器的在职培训①

松下电器的在职培训有五个目标：把业务目标具体化，诱导每一个员工每天都有一点进步；把员工培养成为“内省思考的人”；让员工自动设定目标，促进自我启发的意念；员工培养必须是长期的；确立强有力的统一机制，向公司总目标的完成迈进。

松下电器在职培训强调六个要点：尽可能放权；让员工参与计划；不是训练，而是沟通；互相信赖；充满活力，互相点拨，积极进取；以现实的尺度决定训练基准。

松下公司在进行在职训练时一般分计划、实施和检查三个阶段。

拟订计划时，要让员工树立起积极工作以获得成长的信念，让员工自己确定培训的重点，给员工提供发挥全部能力，完成工作的机会和环境。

为了制定正确的训练要点，要注意以下问题：

- 把员工担任的工作一件一件地列出来。
- 将完成工作所需要的知识和技能逐一具体地写出来，即设定指导标准。
- 引出需要。将员工现在的工作情形、工作成果、完成程度加以检查，分析他若从事高一层次的工作还欠缺什么，并指出需要指导的地方。
- 确定需要培训的项目，指出哪些需要在职训练，哪些需要在外研讨。
- 准备个别谈话，了解员工意向，并鼓励他们提出改善工作的方案和疑问。
- 个别谈话，确立员工的业务目标及自我计划和在职训练计划。
- 一定要适合员工的能力水准。

（1）合理的培训目标

洛克提出“目标设置理论”，认为目标本身就具有激励作用，能把人的需要转变为动机，使人们的行为朝着一定的方向努力，并将自己的行为结果与既定的目标相对照，及时进行调整和修正，从而能实现目标。制定培训目标时，要注意目标的适度性，既不能太高，也不能太低，使受训者“跳起来才能摘到桃子”，

① 徐庆文，裴春霞．培训与开发［M］．济南：山东人民出版社，2004：425.

更能激发他们的学习潜能。同时，目标不能笼统，要具体化，在总体目标下制定阶段性的子目标，在培训全程进行阶段性的考核评估，使受训者不断看到自己的进步及不足，并及时改进。

（2）优秀的培训教师

培训教师直接决定企业内部的培训是否成功、质量如何。一名优秀的培训教师可以通过有效的培训方法，激发受训者的学习积极性，提高受训者的学习速度和效率，提升培训的收益。培训师可以是企业内部的技术专家、优秀的管理者、业绩突出的员工、企业专兼职培训教师等，也可以外聘学者、专家授课。在甄选培训教师时，应注重以下特点的考察：一是理论知识与培训经验丰富，二是熟悉成人的学习规律，三是具有较强的人格魅力和沟通技巧，四是具备问题的诊断与解决能力。

（3）有针对性的培训内容

组织战略是培训的根本出发点，制定培训内容时，应首先分析企业的战略，未来的发展目标是什么，要实现这些目标，各部门应完成哪些子目标，完成这些目标各部门的员工需要具备哪些知识和能力，当前的知识和能力状况如何，还有哪些差距，这些差距是否可以通过培训来弥补，如果可以需要开展哪些方面的培训，开设哪些培训课程，使培训有的放矢，对症下药，“缺什么补什么”。

案例8—5

IBM公司采购岗位的培训课程

IBM公司多年来位居全球企业500强前列，与它对人才培养的重视密切相关。为了将员工培育成全球化的一流人才，IBM公司每年用在员工培训上的投资非常巨大，占到每年营业额的1%～2%，每名员工每年至少会有15～20天的培训时间。IBM公司针对不同的岗位开设不同的培训课程，很值得业界学习和推广。以IBM全球采购中心为例，采购人员按照胜任特征分为初级和高级两类，根据不同级别确定差异化的培训课程，见下表。①

① 马大伟. 关于企业培训的思考［J］. 长春金融高等专科学校校报. 2010（1）.

初级采购技能	初级采购培训课程
• 使用分析工具、specification 确认、厂家基础信息收集 • 询价、货比三家、招竞标基础 • 合同确认、订单跟催管理、付款申请、组织验收、内部批复流程、传真、订单统计、报表 • 简单产品、金额较低的采购谈判和采购流程 • 基础供应商管理 • 法律基础：合同法、税法、劳动、进出口贸易方面的法律 • 质量管理体系 ➢ISO9000、ISO14000、QS9000 等 ➢质量分析工具：PDCA、六西格玛、SPC 等 ➢国际贸易实务等	• 《采购入门》 • 《法律常识》 • 《采购的财务基础》 • 《SOW 的概念》（SOW：工作说明书） • 《有效采购技术》 • 《采购谈判》 • 《竞标与评价》 • 《采购流程电子化管理》 • 《采购合同电子化》 • 《供应商资料的电子化管理》
高级采购技能	高级采购培训课程
• 自制/购买、租赁、期货决策等财务战略 • 联合采购与集成供应战略 • 商务协同、集团物资标准化与流程再造 • 变化与变革管理 • 供应链管理 • 综合和大型项目管理 • 供应链整合、新技术跟踪、情报收集与管理 • 领导能力、危机管理 • 人力资源管理 • 新业务开拓、采购外包服务、专业物流服务、项目管理	• 《国际贸易及风险分析》 • 《战略成本管理》 • 《战略供应商关系管理》 • 《数据分析与商业智能》 • 《供应链管理》 • 《高级商业关系管理》 • 《高级经理人管理能力与领导力》 • 《高级谈判技巧》

（4）多样化的培训方法

针对不同的培训对象和培训内容采取差异化的培训方法。例如，针对基础理论知识的培训，可采取讲授法、研讨法；针对技术操作的培训，可采用师傅带徒弟、仿真模拟操作的方法；针对管理能力的培训，可采用案例讨论、情景模拟、管理游戏、公文筐处理、角色扮演等方法；针对创新能力的培训，可采用头脑风暴法；针对团队合作精神的培训，可采用拓展训练的方法。

3. 合理分担培训费用

如果培训费用全部由企业承担，会给企业造成巨大的经济压力，当人才流失时，企业损失更大。培训既是企业发展的需要，也是员工个人成长的需要，因此员工分担部分培训费用是合情合理的，而且有利于企业规避培训风险。在分担培训费用时，要根据员工人力资本的差异采用不同的分担比例。

根据人力资本转移成本的大小和对企业的依赖程度可以把人力资本划分为通用性人力资本和专用性人力资本。通用性人力资本一般指在广泛的应用和活动中具有价值的能力和素质（如文秘工作所需的人力资本），它不专用于某项任务或企业，在企业之间转移的成本较低。专用性人力资本则专用于某个企业（如关于某个特殊产品的技术），这种人力资本一旦离开其专用的企业，其市场价值不大或者根本没有价值，因此转移的成本相对来说较大。

依据人力资本的差异性，贝克尔将在职培训分为一般在职培训和特殊在职培训两大类。一般在职培训指所培训的技能不仅在本企业有用，在其他许多企业也有价值，接受这种培训的员工往往离职率相对较高。而且企业普遍对一般在职培训积极性不高，重视不足，但此类培训又必不可少，因此，贝克尔提出，应主要由受训员工承担此类培训的费用。

特殊在职培训之所以“特殊”，是因为培训内容仅对提供培训的企业有用，而对其他企业根本无用或用处极小。在这种情况下，贝克尔认为应由企业支付培训费用，因为离开本企业后，培训内容对受训者来说毫无价值或价值不大，不会增加他在劳动力市场上的就业竞争力。

综上所述，企业应根据员工的人力资本特性，建立分类的培训费用分担制度，对专用性人力资本的特殊培训，培训费用应主要由企业分担，而对通用性人力资本的一般培训，则主要由员工本人承担。

4. 借助法律手段预防风险

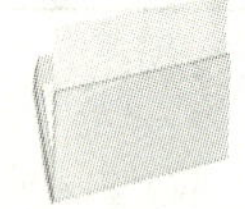

案例8—6

某知名饭店集团员工培训

某知名饭店集团非常重视员工培训，并成立了员工培训中心，新招来的员工一到饭店就被送到培训中心接受长达一年的业务培训，全部费用由饭店承担。至2012年，该培训中心已先后培训了5届员工。

然而，由饭店花大本钱培训的员工，特别是核心员工在近两年先后跳槽。在第一届参加培训的40人中只有10人留在饭店，第二届、第三届只剩下7人。

面对大量人才流失，饭店现在已无心培训员工，害怕培训后员工翅膀硬了，饭店留不住，白白为他人作嫁衣，于是取消了员工培训中心，员工服务水平与技能每况愈下，饭店口碑大不如前，致使人才流失更为严重，饭店经营陷入危机。

如案例 8—6 所示，一些企业因为担心培训后人才流失，干脆取消培训，结果导致人才素质跟不上企业的发展需求，企业经营业绩低下，人才流失反而更严重，陷入恶性循环。由此可见，取消培训不能解决问题，问题的关键是如何在培训之前就通过相应的培训制度如培训协议、保密协议规范受训者的行为，减少或避免人才流失给企业带来的损失，降低培训的外在风险。具体包括以下措施：

（1）签订培训协议。培训协议是防止人才流失的强有力的约束制度，协议主要是明确企业和员工双方的责任和义务，明确培训后员工的服务期限，若未满服务期限要求跳槽，员工必须赔偿企业相应的损失，或受到某种制裁。签订协议要坚持三个原则：公平性原则，企业和员工的责任和义务应公平合理；合法性原则，契约应符合国家法律、法规和劳动人事政策，格式规范、条款明确、手续齐全；可行性原则，协议规定的条款应易于执行，便于操作。

专栏 8—1

培训服务协议书范本

某公司在职员工培训服务协议书

甲方：

乙方：

根据《中华人民共和国合同法》及《中华人民共和国劳动合同法》等有关法律、法规的规定，双方在平等互惠、协商一致的基础上达成如下条款，共同遵守：

第一条　培训服务事项

甲方根据事业发展的需要，同意为乙方出资参加　　培训，乙方参加培训结束后，按双方约定回到甲方指定岗位继续工作。

第二条　培训时间、方式及地点

（一）培训时间及方式（略）

（二）培训地点（略）

第三条　培训目的与内容

（一）培训目的：通过培训，夯实乙方理论基础，优化知识结构，更新管理理念，拓展视野，提高专业知识、职业技能。发挥以点带面的作用，加快甲方人才队伍建设的步伐，推进甲方事业发展。

（二）培训主要内容（略）

第四条　培训效果与要求

培训结束时，乙方须保证达到以下水平与要求：

（一）取得培训机构颁发的成绩单、相关证书、证明材料等。

（二）甲方提出的培养目标。

第五条　培训服务费用的支付

乙方培训费、赴外地（国外）培训期间的差旅费及其他费用，按以下第　种方式支付：

（一）待乙方取得相关培训证书及证明材料后，由甲方报销。

（二）由甲方一次性支付　元，共计人民币　　元。

第六条　服务期限

乙方保证培训后必须在××公司继续服务　　年。服务期限的起始时间为：从培训结束之日起开始计算。

第七条　甲方的责任与义务

（一）在约定范围内及时支付乙方的培训费用。

（二）在培训期间，做好培训指导、监督、协调和服务工作。

第八条　乙方责任与义务

（一）保证完成培训目标和学习任务，取得相关学习证件证明材料。

（二）保证在培训期间服从管理，不违反甲方的规章制度与培训单位的各项政策、制度与规定。

（三）保证在培训期内服从甲方各项安排。

（四）保证在培训期内定期向甲方沟通，汇报学习情况。

第九条　乙方培训合格后所获得的有关资格证书原件由甲方统一保管，直至乙方服务期满自愿离职后方可归还本人。

第十条　违约责任

发生下列情况之一，乙方须承担违约责任：

（一）在培训期结束时，乙方未能完成培训目标任务，未取得相应证书及证明材料，则不得报销培训费并退还甲方已支付的全部培训费用。

（二）乙方在培训期内违反了甲方和培训单位的管理和规定，甲方有权取消或中止乙方继续参加培训的权利，并退还甲方已支付的全部培训费用。

（三）乙方在培训期内如损害甲方形象和利益，甲方有权取消或中止乙方继续培训，并有权要求乙方退还甲方已支付的全部培训费用，依据损害的后果做出相应处理。

（四）除不可抗力原因外，培训中乙方自行提出中止培训协议的，退还甲方已支付的全部培训费用。

（五）培训期结束后，乙方未履行完协议约定的服务年限时，应向甲方支付违约金，违约金的数额由甲、乙双方协商确定。

第十一条 法律效力 本协议经双方签字后即具有法律效力。

第十二条 附 则

（一）未尽事宜双方可协商处理；

（二）当双方发生争议不能协商处理时，可向甲方所在地劳动争议仲裁机构申请仲裁或向人民法院提起诉讼；

（三）本协议一式两份，甲、乙双方各执一份。

甲方：（盖章） 乙方：（签名）

日期： 年 月 日 日期： 年 月 日

(2) 签订保密协议。为防止员工泄密，在签订劳动合同时，就应该签订保密协议。保密协议书的内容包括保密内容、保密范围、双方的权利和义务、保密期限、脱密期限以及违约责任等。

专栏 8—2

保密协议书范本

某公司员工保密协议书

甲方：

乙方：

根据《中华人民共和国保守国家秘密法》《中华人民共和国反不正当竞争法》及《中华人民共和国劳动合同法》等有关法律、法规的规定，甲乙双方在遵循平等自愿、协商一致、诚实守信的原则下，就保守甲方技术秘密及商业秘密等事项达成如下协议：

一、保密内容

1. 甲方的交易秘密，包括商品产、供、销渠道，客户名单，买卖意向，成交或商谈的价格，商品性能、质量、数量、交货日期等。

2. 甲方的经营秘密，包括经营方针、投资决策意向、产品服务定价、市场分析、广告策略等。

3. 甲方的管理秘密，包括财务资料、人事资料、工资薪酬资料、物流资料等。

4. 甲方的技术秘密，包括产品设计、产品图样、生产模具、作业蓝图、工程设计图、生产制造工艺、制造技术、计算机程序、技术数据、专利技术、科研成果等。

二、保密范围

1. 乙方到甲方单位工作之前所持有的合法的科研成果和技术秘密，经协商，乙方同意甲方应用和生产的。

2. 乙方在劳动合同期内职务发明、工作成果、科研成果和专利技术等。

3. 乙方到甲方单位工作之前，甲方已有的技术秘密和商业秘密等。

4. 乙方在劳动合同期内甲方所拥有的技术秘密和商业秘密等。

三、双方的权利和义务

1. 甲方提供相应的工作条件，为乙方职务发明、科研成果提供良好的应用和生产条件，并根据给公司创造的经济效益适当奖励。

2. 乙方须按甲方的要求从事经营、生产项目和科研项目设计与开发，其生产、经营、设计与开发的成果、资料的权属无偿归甲方，甲方单方面拥有所有权和处置权。

3. 未经甲方书面同意，乙方不得利用甲方的技术秘密和商业秘密进行新产品的设计与开发或撰写论文向第三方公布。

4. 双方解除或终止劳动合同后，乙方不得向第三方公开甲方所拥有的未被公众知悉的技术秘密和商业秘密。

5. 乙方承诺在劳动合同解除或期满终止当日后 2 年内，不得到生产同类或经营同类业务且有竞争关系的其他用人单位工作，也不得组织生产与甲方有竞争关系的同类产品或经营同类业务。

6. 乙方必须严格遵守甲方的保密制度，禁止泄露甲方的技术秘密和商业秘密。

7. 乙方就职于涉密岗位的，甲方应给予保密津贴。

四、保密期限

1. 劳动合同期内。

2. 甲方的专利技术未被公众知悉期内。

3. 竞业限制期内。

五、脱密期限

1. 因履行劳动合同约定条件发生变化，乙方要求解除劳动合同的必须以书面形式提前 3 个月通知甲方，提前期即为脱密期限，由甲方采取脱密措施，安排乙方脱离涉密岗位，乙方应完整办妥涉密资料的交接工作。

2. 劳动合同终止双方无意续签的，提出方必须以书面形式提前 1 个月通知对方，提前期即为脱密期限，由甲方采取脱密措施，乙方必须无条件接受甲方的工作安排并完整办妥涉密资料的交接工作。

3. 劳动合同解除或期满终止后，乙方必须信守本协议，不得损害甲方利益。

六、保密津贴

1. 乙方在甲方工作期间，乙方能保守甲方技术秘密和商业秘密的，甲方按月支付乙方保密津贴人民币　　元；双方协商一致，保密津贴可包含在工资总额中，不再另行发放。

2. 如能遵守第三项第 5 款约定的，则在劳动合同解除或终止当日起 2 年内，甲方向乙方按月支付保密津贴人民币　　元。

3. 乙方调任非涉密岗位，甲方停止支付乙方保密津贴。

七、违约责任

1. 在劳动合同期内，乙方违反本协议，虽未造成甲方经济损失，但给甲方正常生产经营活动带来负面影响的，甲方有权调离乙方的涉密岗位，并视后果做出相应处理。

2. 在劳动合同期内，乙方违反本协议，造成甲方经济损失的，甲方可解除乙方的劳动合同，追索已支付的保密津贴，并对所造成的经济损失向甲方进行赔偿；构成犯罪的，依法追究乙方刑事责任。

3. 在竞业限制期内，乙方违反本协议，应向甲方支付违约金，违约金为已付全部保密津贴的两倍，并对所造成的经济损失进行赔偿；构成犯罪的，依法追究乙方刑事责任。

4. 甲、方双方因履行本协议发生争议的，可向甲方所在地劳动争议仲裁机构申请仲裁或向人民法院提起诉讼。

八、本协议一式两份，甲、乙双方各执一份，自甲、乙双方签字盖章之日起生效。

甲方：（盖章）　　　　乙方：（签名）

日期：　年　月　日　　　　日期：　年　月　日

（3）依法解决培训纠纷。当受训员工违约对企业造成损失时，企业首先争取沟通协商解决问题，如果不能有效沟通或沟通不能达成共识，就需要进行调解。调解不成功，就要申请仲裁或提起诉讼，借助法律手段保护企业利益。

（二）培训中：加强管理

1. 塑造学习型企业文化

学习型企业文化，是在企业文化发展过程中导入学习型组织理论，以此引导企业成长为学习型企业的一种组织文化。学习型企业文化倡导共同价值观，改善心智模式，培养系统思考能力，鼓励个人学习和自我超越，以学习力提升创新力进而增强企业的竞争力。良好的学习型文化有利于提高员工的学习积极性，激发他们愿意学习的渴望，变“要我学”为“我要学”。

案例8—7

GE：成就学习型企业的十一步[①]

韦尔奇刚刚接任通用电气CEO的时候，GE的总市值为130亿美元，2000年春GE已经成为世界上最值钱的公司，达到5 960亿美元的天价。毫无疑问，韦尔奇的学习型文化在将GE从一家制造业官僚机构改造为世界上最大、最有价值的跨国企业之一的过程中起到了显著的作用。这一过程主要步骤是：

1. 在开始着手全面培育学习文化这样的事情之前，韦尔奇最优先的措施是夯实公司的财务根基。韦尔奇认为，除非公司有强大的财务基础，否则建立学习型文化会很困难，甚至对生产率产生负面影响。

2. 确定权威的战略方向，确保向企业所有的人解释清楚战略构想。1986年，韦尔奇花了60亿美元购买美国无线电公司，为公司购得了国家广播公司，使GE成为全国最大的服务公司之一。这是将GE从一个年迈的工业制造商改造成一个增长潜力巨大、灵活的服务提供商的关键步骤。韦尔奇也作了一些其他的战略决策。其中最重要的一点是“必须居全行业领先”的战略，提高了GE所有业务的门槛。他公开宣扬，他唯一的目标是让GE成为世界上最具竞争力的企业。

3. 确保公司有一套确定的价值观。价值观念充当了GE“宪章”的角色，有助于指导公司顺利应付在韦尔奇领导下经历的变化。这种价值观有时被修正用以

---

① 杰弗里·克拉姆斯. GE：成就学习型企业的十一步［J］. 学习型组织研修中心，http://www.vsharing.com/k/others/2005-12/515010.html

反映GE最新的优先事项或全公司的首创精神。例如，1985年通用电气的价值观包括“变化是持续的”“自相矛盾是一种常态”等话语。与之相对照的是，2002年通用电气宣传的价值观包括“对消费者要有感情”“每个人、每个思想都是有价值的”“要有进取精神”。韦尔奇将这些价值观视为企业文化蓝图中的关键部分，他说，经理人如果不能做到，就要被解雇，即使他们实现了自己的财务目标。

4. 建立一个信任和开放的环境。韦尔奇认为，如果经理与员工之间缺乏有意义的对话，那么形势就很难有很大改观。

5. 创建一个“无边界组织”。到1989年，韦尔奇已经了解到经理人员不与员工对话的情况，他知道需要实施一个项目或创意来结束这种状况。韦尔奇认为，做这项工作的人对怎样办好事情有很好的想法，这是韦尔奇文化创意“群策群力”的推动力。“群策群力”活动期间（一般持续3天），员工们可以向经理们提出改进生产过程等重要工作流程的建议，经理们必须说“是”“不是”或“我将在某某时间内去找你”。“群策群力”活动是使企业成为更加符合韦尔奇企业理念的一个工具，被称为“无边界”，拆除了传统上挡在经理与员工、市场营销与产品制造、员工与消费者之间的墙。

6. 速度、灵活性、创新是无边界组织的三大特征。多年来，韦尔奇一直强调要把小公司的工作精神逐渐输入GE这样机构庞大的大型公司。他坚信，小公司更明白在市场中行动迟缓、犹豫不决带来的后果，GE就像小公司那样在市场中迅速准确地做出反应。

7. 确保企业中的每个人都受到鼓励，随时准备去寻求最佳方案。韦尔奇多次指出，能够从某处获得好的建议是一种荣誉的象征。例如，他是第一个接受六西格玛的人，但是最初并不是由他或通用电气开发出来的，而是由摩托罗拉提出来的。关键是确保企业中的人从每一个地方，特别是竞争对手那儿搜寻新思想。在一个学习型企业里，学习并不断调节环境，使之适应新思想，是每一个员工的责任。

8. 实施最优执行计划。最优执行是实现目标的最有效途径，是学习型组织的关键所在。在韦尔奇指导下，通用电气从世界上最优秀的公司那里学习做事情的更好途径。1989年底，韦尔奇发起一场全面的最优执行运动，持续了3个工作日。为了加强确保通用电气能够向优秀的公司学习，他布置下任务，要求公司一位高级业务开发经理寻找世界级公司加以学习，其中，福特和惠普是首批被研究的公司。韦尔奇将GE描述为“精神饱满、具有无限求知欲的企业”，“一家致力于寻找最优秀的人和开发员工无限求知欲的企业”。

9. 对那些促进学习型文化的行为和行动给予褒奖。韦尔奇认为，与公司目标相配套的公司报酬和奖励制度至关重要。相应地，他督促GE高级管理人员要做到褒奖与结果相称，他是这样要求别人的，自己也一直是这么做的。他成为首席执行官的时候，股票期权只给予几百个公司高级管理人员。他离任的时候，已经有3万GE经理人员参加了公司盈利颇丰的股票期权计划。

10. 建立充分利用学习收益的基础设施。为了确保学习和治理能够让企业各部门分享，需要有计划地举办会议评论培训等活动。每年为GE培训7 000多名经理人员。韦尔奇以身作则，不仅频繁到GE的学习机构中接受培训，而且还到那里任教。

11. 利用遍及全公司的创新活动传布福音。任期内，韦尔奇发动了五项遍及全公司的创新举措，这些创举包括：全球化、改进管理方式、服务、六西格玛和数码化。为了实施这些综合项目，韦尔奇创造了影响深远的方法，促进有关最新创举和培训经理的信息传播。

2. 建立规范的培训制度

为了确保培训工作有序开展，需要制定规范化系统化的培训制度，明确受训员工参加培训时需要履行的责任，培训后需要达到的目标，以及与之相关的奖惩措施，使受训员工知道只有出色地完成培训课程，提升技能，达到业绩考核的标准，才有可能晋级、提升、奖励。与之配套，需要建立规范的过程考核机制，如考勤制度、培训积分制度、培训评估制度等，通过培训师的评价，主管的评价、同事的评价等多个主体，对受训员工的培训情况进行全面的考核，以此作为培训奖惩的依据。同时，培训管理人员经常随机到教室听课，到培训现场了解培训情况，不断反馈改进，实现培训过程管理常态化。

案例8—8

中国石油克拉玛依石化公司培训管理制度①

1. 学员在公司集中培训学习阶段，培训科根据学员学习情况进行考核，学员所在单位依据考核结果发放奖金。

① 中国石油克拉玛依石化公司. 创新培训方式 强化过程管理 [J]. 石油教育，2005 (5).

2. 培训科负责考核学员在培训期间的劳动纪律、学习情况等。学员在公司集中培训期间的表现除与考勤相关外，还与学员学业结束后的成绩挂钩，一门课程不及格，扣发总奖金的25%。

3. 学员在培训期间，必须遵守各项规章制度，按期完成学习任务。每一门课程结束后，均要进行考试，全部课程成绩合格者，由公司人事处在员工继续教育证书上登记备案。

4. 学员经过补考仍然不及格者，在原单位试岗3个月，经再次补考合格后恢复原待遇。

3. 加强培训沟通

有效沟通是增强培训效果的重要手段。在培训过程中，培训管理人员需要运用随机访谈、座谈会、问卷调查等多种形式，与培训师、受训学员进行沟通。与培训师主要沟通受训员工表现、培训环境、培训设施、培训时间安排等方面的要求。对受训员工则主要调查他们对培训工作的满意度，包括对培训课程、培训教材、培训组织等方面的满意度，对培训师授课效果的评价等，目的是及时发现培训中的问题，并采取措施加以改进。

4. 加强学员的自我管理

在培训中，除了通过制度来规范培训活动外，放手让受训员工进行自我管理也很重要，因为受训员工是成人，他们具有较强的自我管理能力。自我管理是指个人控制自己的决策和行为的尝试。[①] 德鲁克认为，在知识经济中，成功属于那些善于自我管理的人，并提出了自我管理的7个问题。在培训时，培训师应鼓励受训员工自我监督，自我强化，在工作中应用所学技能，自己不断反馈改进。

知识链接8—1

德鲁克：自我管理的7个问题[②]

德鲁克《21世纪的管理挑战》一书中，有一章是《自我管理》，他在这一章系统地提出了自我管理的理论，并将之归结为如下7个方面的基本问题：

① 雷蒙德·A. 诺伊，徐芳译. 雇员培训与开发［M］. 北京：中国人民大学出版社，2007：144.

② 彼得·德鲁克：自我管理的7个问题. http://page.renren.com/600003197/note/887206757? op=pre

1. 自己的长处有哪些？实现自我管理的第一步是分析自己具有什么样的优势或长处。许多人认为了解自己，其实不然。要实行自己管理，就必须知道自己的长处。德鲁克认为，发现自身长处的唯一途径是反馈分析。每当你做出一个重大决定或者采取一项重大行动时，写下你预期将发生什么。9～12个月后，将实际结果与你的预期进行比较。只要持之以恒，这种简单的方法能在相当短的时间内（或许两三年）向你显示你的长处和短处。反馈分析给你行动上的启示是：首先，专注于你的长处；其次，不断改善你的长处，获得新技能；最后，发现你知识上的愚昧无知，并加以克服，而不是自欺欺人。纠正你的缺乏礼貌和妨碍你的效能和业绩的坏习惯。

2. 自己的做事方式是什么？德鲁克指出，如何做事是每个人的特性，同我们的优势一样是各不相同的。我们的学习效率不仅仅取决于我们是否擅长某一学科，也取决于能否按照自己的学习方式去学习。德鲁克认为，通过考察一个人的学习习惯、收集信息的方式等细节来了解其个性。第一，从学习习惯来说，应考察适合自己的学习习惯，并将学到的知识加以应用。贝多芬就是善于用记笔记的方式来学习，利用草稿来帮助自己记忆，通过写作来学习各种新知识。第二，从收集信息的方式来看，应考察自己是善于倾听还是善于阅读，利用不同的方法来寻找和训练自己最能创造绩效的学习方式。德鲁克就是一个善于阅读之人，而有些人则从倾听中学到更多的知识。第三，从学习压力来说，有些人喜欢在压力下学习，他们喜欢在考试的指挥棒下被追赶着，从而激发出学习的动力，而有些人则喜欢在没有压力的条件下，悠然自得地学习。

3. 自己的价值观是什么？价值观不是一个道德准则问题，而是一个“镜像检验”问题，即每天早晨你在镜子中希望看到什么类型的人。你的价值观念与一个组织的价值观念相冲突，那么，你在这个组织中工作要么遭受挫折，要么碌碌无为。有时一个人的价值观念与其长处之间存在冲突，但价值观念是最终的检验。

4. 自己的归属感在哪里？成功的事业不是靠计划实现的。一旦人们对机会有所准备，成功的事业就开始发展，因为他们知道自己的长处、工作方法和自己的价值观念。知道一个人的归属是什么，这能使一个普通人变成一个成绩出众的人。因此我们必须找到自己的归属感。

5. 自己适合做什么？回答这个问题，必须处理好三个不同的要素，即社会形势需要什么？鉴于自己的长处、表现方式和价值观念，怎样才能对需要做的事做出最大贡献？最后，为了发挥影响，必须实现什么结果？由此得出的行动方针将是：做什么，在何处以及如何开始做，确立目标和最后期限。

6. 自己如何与他人相处？任何人都生活在社会中，生活在组织里。为了取得成效，你必须了解他人的长处、表现方式和价值观念，因为每个人都以他自己的方式进行工作。然后必须对沟通负责，与他人进行充分沟通。今天的组织是建立在信任的基础上。

7. 怎样管理自己的下半生？当你已工作20年或25年的时候，你可能正感到厌烦，面临中年危机。其实你仍可能面对另外20～25年的工作。这是你开创第二事业的好时机。发展第二种主要兴趣不仅是一种爱好，而且能为你提供成为领导者、受人尊敬和获得成功的机会。自我管理的需要正在人类事务中掀起一场革命。

（三）培训后：促进成果转化

培训的关键环节是培训成果转化，因为培训目的是将所学理论应用到现实中，为企业创造实际生产力。否则，如果培训成果不能转化，对员工而言，浪费了学习时间，影响了正常工作；对企业而言，也是人力、物力和财力的巨大浪费。

培训成果转化又称培训迁移。鲍德温和福特（1988）认为培训成果转化是将培训中所获得的技能推广到实际的工作环境中，并且始终保持这种获得的技能的过程。斯温尼（1989）将培训成果转化定义为一种课堂效果与期望现实环境中产生的绩效两者之间的有机联系。布罗德和纽斯姆（1992）指出，培训成果转化是指受训者将培训中所学的知识、技能、行为方式和认知策略有效且持续地运用于工作当中。泰勒（1997）将工作场所的培训成果转化定义为受训者将培训后所掌握的知识、技能有效地运用到工作当中。[①] 综上所述，培训成果转化是指受训者持续而有效地将培训中所获得的知识、技术、行为和态度运用于工作当中，从而使培训项目发挥最大价值的过程。

1. 培训成果转化理论

（1）同因素理论

同因素理论由美国心理学家桑代克和伍德沃斯等在实验的基础上提出，他们认为培训成果的转化取决于任务、材料、设备和其他学习环境特点与工作环境的相似性。如果培训的内容与实际工作内容完全一致，那么受训者在培训过程中只

① 徐芳. 培训与开发理论及技术［M］. 上海：复旦大学出版社，2005：302.

是简单地训练工作任务，就会取得较好的培训成果转化效果。①

培训环境与工作环境的相似性有两个衡量尺度：物理环境相似和心理环境相似。

物理环境相似是指培训项目中的设备、任务和环境等与实际工作环境相同，这主要应用在技术或技能培训中。典型例子是航天员培训，有关资料表明，航天员进行的所有训练中，利用模拟器进行综合任务训练要占40%的时间。航天飞行训练模拟器可以提供逼真的飞行环境操作界面以及飞行过程模拟和运动感知模拟，使航天员能够体验各种飞行模式和飞行状态，进行飞行程序、操作技能、故障识别与处理训练，由于培训环境和实际飞行环境完全吻合，这样航天员就很容易将培训所学的技能迁移到工作环境中。

心理环境相似是指培训时受训者所面临的情境及相关的心理状态与实际工作环境高度相似，这主要应用在管理能力培训中，包括压力管理、冲突管理、情绪管理等。比如，对员工进行压力管理培训时，让其承受一系列工作和生活中可能出现的压力事件，以提高其压力承受力和处理能力，那么当实际出现这些情况时，员工就很容易将所学能力进行转化。

根据同因素理论，在设计培训项目时应注意以下几个关键环节②：

- 培训中应告诉学员基本的概念。
- 培训过程中应明确具体的操作流程。
- 明确在何时、以何种方式将培训内容运用于工作中。
- 学员应该能够说明培训中所执行的操作与实际工作是否存在差别，如果存在细微的差别，今后应如何注意。
- 在培训过程中鼓励学习的内容超出所应用的范围。
- 将培训内容限定在那些受训者有能力掌握的范围内。
- 鼓励学员将培训课堂上所学的技术、知识等应用于实际的工作当中。

（2）激励推广理论

激励推广理论是由贾德在认知主义框架中发展起来的。这一理论认为同因素理论只是把注意力放到了两种学习活动的共同因素上，一旦学习情景发生变化，学习者将无所适从。因此，两种学习之间存在的共同成分只是培训转化的必要条件，但不是决定性条件。培训成果转化的关键是学习者能够概括出两种学习之间的共同原理或一般原则，这样，即使情境发生了改变，受训者也能依据共同原理

①② 徐芳．培训与开发理论及技术［M］．上海：复旦大学出版社，2005：304．

或一般原则来解决问题。

知识链接 8—2

贾德的儿童水下射击实验[①]

贾德通过两组儿童进行的水下射击实验来说明这一原理。他让一组儿童学习了光学折射原理，而另外一组不学。然后让两组儿童打靶，当靶子离水面 1.2 英寸时，两组成绩相同，当靶子移到水下 4 英寸时，学习过光折射原理的儿童无论是速度还是准确性都比没有学习过这一原理的儿童高。这是因为学习过光学折射原理的学生对经验进行了概括，而且能运用所学的原理到具体的情景中。因为光线在穿过空气和水的边界时会发生折射，所以目标就不在肉眼看到的位置了。理解了这一原理，受训者就能准确判断目标的位置并做出相应的调整。

根据激励推广理论，培训师应强调知识或技能的基本原理或行为的一般性原则，同时明确这些原理或一般性原则的适用范围，鼓励受训者灵活地将所学的技能应用于现实工作中，即使工作环境（设备、问题、任务）与培训环境有差异，受训者也能推广运用所学的理论，实现“远迁移”。

知识链接 8—3

近迁移和远迁移[②]

根据 Laker 的观点，培训迁移可以分为近迁移和远迁移。近迁移是指将学习应用于相似的情境中。支持近迁移的理论是同因素理论，根据同因素理论，培训可以通过改进与实际情境相对应的刺激、反应和条件等因素的程度来增强培训效果。

远迁移是指通过培训掌握原理以便能够解决新情境中的问题。支持远迁移的理论是激励推广理论，该理论认为，培训应该关注解决问题必要的一般原理，这样学员就会在迁移环境中应用这些原理来解决问题。

① 王淑珍，王铜安．现代人力资源培训与开发［M］．北京：清华大学出版社，2010：77．

② 陈霞．培训迁移理论视角下提高教师培训实效性的策略［J］．教育发展研究，2007（2）．

（3）认知转换理论

认知转换理论由奥苏贝尔提出，该理论以学习的信息加工模型为理论基础，认为信息的储存和恢复是学习的关键因素，培训成果能否转化取决于受训者回忆所学知识、技能的能力。为此，需要通过有意义的材料和编码策略来增强培训内容的存储和回忆。一方面，培训师向受训者提供与实际工作相关联的、有意义的材料，增加受训者将所学的知识技能与工作相结合的机会，从而提高记忆的效果；另一方面，要进行编码记忆的培训，使受训者在实际工作需要时能很快地回忆起所学习过的知识与技能。

综上所述，三个培训成果转化理论强调的重点及适用条件有所不同，具体差异见表8—1。其中，同因素理论强调培训环境和工作环境的相似性，即在仿真模拟的情况下进行培训，主要适用于工作环境稳定且可预测，比如新设备使用的培训；激励推广理论强调将一般原则运用于多种不同的工作环境，培训环境可以与实际工作环境不同，比如人际关系培训；认知转换理论强调有意义的材料和编码策略可增强培训内容的存储和回忆，培训转化主要依赖于受训者的记忆，适用于各种工作环境，可以随时调整培训项目。

表8—1 培训成果转化理论比较

理论	强调重点	适用条件
同因素理论	培训环境和工作环境相同	工作环境稳定且可预测
激励推广理论	一般原则运用多种不同的工作环境	工作环境不稳定且不可预测
认知转换理论	有意义的材料和编码策略可增强培训内容的存储和回忆	各种工作环境

2. 促进培训成果转化的策略

促进培训成果转化的关键是营造良好的转化氛围。转化氛围是指受训者对各种各样、能够促进或阻碍培训技能或行为应用的工作环境特征的感觉。这些特征包括管理者和同事的支持、应用技能的机会以及运用所学技能的结果。

（1）加大支持力度

支持主要来自于管理者和同事。

第一，管理者支持。

管理者的支持是指受训员工的上级管理者积极支持下属参加培训，支持下属将所学运用到工作中去。管理者对培训的支持水平见表8—2，最低层次的支持是承认培训的重要性，允许员工参加培训；最高层次的支持是作为培训指导者亲自参与培训。管理者对培训支持程度越高，越有利于培训成果转化，培训成果转化效果也就越明显。

表 8—2　　管理者对培训的支持水平①

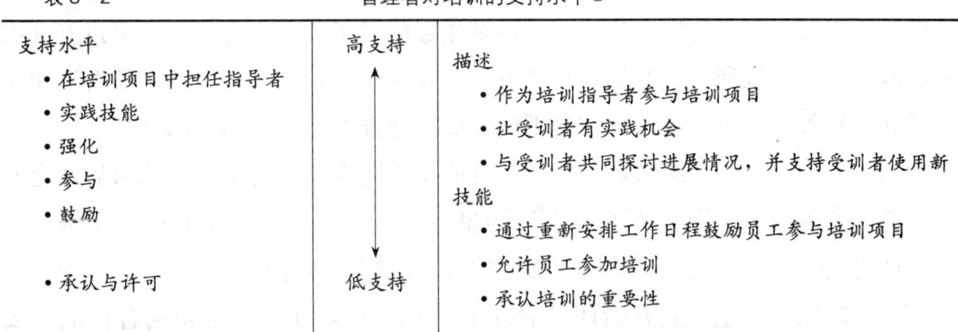

支持水平	高支持 ↕ 低支持	描述
• 在培训项目中担任指导者	高支持	• 作为培训指导者参与培训项目
• 实践技能		• 让受训者有实践机会
• 强化		• 与受训者共同探讨进展情况，并支持受训者使用新技能
• 参与		• 通过重新安排工作日程鼓励员工参与培训项目
• 鼓励		• 允许员工参加培训
• 承认与许可	低支持	• 承认培训的重要性

管理者是否支持培训，受多种因素影响，表 8—3 列出了决定管理者对培训支持水平的因素。

表 8—3　　决定管理者对培训支持水平的因素②

- 我知道本门课程是关于哪方面内容的
- 我知道培训是如何与我想要员工做的事情相配合的
- 有可靠的方法证明培训会对员工有所帮助
- 有可靠的方法证明培训会对我们的部门有所帮助
- 我明白组织为什么愿意提供培训
- 在绩效评估中，我能对员工在培训班上所学的内容进行评价
- 我对培训有足够的了解，可在员工返回工作岗位时提供支持
- 我们有可用于课堂讨论的工具和技术
- 我很高兴员工能参加培训
- 我已和将要参加培训的员工讨论了培训内容
- 他们知道我关心课程内容

从表 8—3 可以看出，影响管理者支持水平的关键是管理者对培训是否有足够的了解，是否认识到培训的价值，所以培训工作者和管理者的沟通和协作就很重要。为此，培训工作者应具备较强的专业能力、服务意识和影响力；开展培训研讨会，使中高层核心团队成员理解培训的重要性，加大支持力度；培养中高层核心团队人员成为内部讲师；理解各管理者的团队成员能力现状，积极协助其培养人才队伍。

① 徐芳. 培训与开发理论及技术［M］. 上海：复旦大学出版社，2005：316.

② 雷蒙德·A. 诺伊，徐芳译. 雇员培训与开发［M］. 北京：中国人民大学出版社，2007：149.

第二，同事支持。

同事的支持也很重要。成果转化往往是一项系统工程，需要综合应用多种技能。由于专业分工的细化，员工可能对自己所培训的领域很精通，但是并不一定了解与之相关的知识技能，如果多学科多领域的员工能通力合作，就可以互通有无，取长补短，顺利实现培训成果转化。从案例 8—9 可以看出，正是由于田中郁子和工程师的有效合作，才使松下电器成功地开发出“家用面包机”。

当然，作为理性经济人，一些员工可能担心同事成功转化培训成果后，会对自己造成竞争威胁，因而不愿意支持同事，甚至设置障碍阻止同事转化培训成果。针对这个问题，企业需要通过相应的文化或制度消除员工的顾虑，促使他们通力合作。从文化上，要营造团队合作的文化氛围，使员工意识到合作的重要性；从制度上，确保支持同事能得到奖励，比如通过团队考核而不是个人考核的方式来评估业绩，当同事成功转化培训成果时，支持者也能得到相应的奖赏。

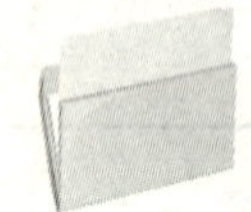

案例 8—9

松下电器“家用面包机”的开发[①]

松下电器曾在 1973 年开发出用于面包发酵的电炉并上市出售，但在揉面这一环节遭到了失败。虽然经历了失败，但公司并没有放弃，1984 年公司决定重新开始家用面包机的开发工作。

要想成功研制家用面包机，必须掌握揉面技术。公司开始开发时，所开发的自动家用面包机无法获得正确揉面的方法，导致在焙烤过程中出现了外焦内生的现象，烤面包机因此也没有销路。这个问题最后由公司软件开发人员田中郁子提出了解决方案并主动实施这一方案。她认为大阪国际酒店的一级面包师可以制作出酒店最好的面包，为什么不向他（她）们学习呢？

于是，田中郁子开始走访大阪、东京的各大酒店、西餐点、面包房，并且跟着酒店的一级面包师学习揉面技术。虽然田中郁子和一级面包师自己都不能系统、确切地描述这种揉面技术，但是通过不断观察、尝试和实践，田中郁子最终掌握了这种技术。

在学习成果转化的过程中，由于田中郁子不是工程师，无法设计机械装置。

---

① 培训成果的转化，百度文库，http://wenku.baidu.com/view/f37d61697e21af45b307a83e.html

然而，她通过利用“螺旋形结构”来大致描述揉面过程，并对揉面推动器的运转速度提出建议，她可以简单地说“强度更大一点儿”或者“再快一点儿”，工程师根据她的建议不断调整机械装置。

经过1年的尝试和调整，工程师根据田中郁子对螺旋运转的要求，设计出一种特殊的肋骨状的金属体，用以在推动器运转时将面团充分拉长，并能够制作出同大阪酒店口味不相上下的面包。家用面包机于1986年面市，第一年就创下了炊用电气新产品的销售记录。

松下电器之所以成功开发出家用面包机，关键是田中郁子和工程师通力合作，将所学到的揉面技术运用到了机械装置的开发中。

（2）增加应用机会

应用机会包括执行机会和技术支持。

执行机会是指受训者运用所学知识、技能或行为方式的机会。执行机会多少在很大程度上制约着培训成果转化，如果受训者很少有机会应用培训所学的内容，那么，相应的知识或技能很容易被遗忘；反之，如果受训者有较多的应用机会，则在不断应用中熟能生巧，培训成果转化成功的可能性更高。

执行机会包括应用的广度、活动程度和任务类型。应用的广度是指可用于工作当中的培训内容的数量，活动程度是指在工作中应用培训内容的次数或频率，任务类型则指在工作中执行受过培训的内容的难度或重要性。据此，企业可以通过询问以下几个问题来衡量受训者的应用机会：受训者是否执行过某种任务；受训者执行过多少次这种任务；受训者执行较为困难又富有挑战性任务的情况如何。①

执行机会受到组织安排和受训者动机两个方面的影响。一方面，员工培训后，企业为其安排相关的工作；另一方面，员工自己若能积极主动地寻找或争取机会应用所培训的内容，都有助于培训成果转化。

技术支持是指利用现代科技帮助受训者转化培训成果。比如，“电子操作支持系统”，这是一种计算机应用软件系统，它能为员工提供技能培训、信息资料及专家建议。受训者可以随时通过这一支持系统获得所需要的信息。培训师也可以利用这一系统了解受训者培训成果转化的情况，分析转化中的问题，并帮助其寻找相应的解决办法。很显然，技术支持系统为培训成果转化提供了极大的便利。

---

① 徐芳．培训与开发理论及技术［M］．上海：复旦大学出版社，2005：318.

(3) 加强反馈强化

最后一个影响培训成果转化的因素是受训者运用所学技能的结果。根据强化理论，如果受训者成功转化培训成果后获得了物质或者精神上的奖励，那么员工会受到激励而愿意转化成果；相反，如果受训者因转化失败而受到了惩罚，那么员工就不会再尝试转化培训成果。因此应多进行正面强化，避免负面强化。

当受训者在应用培训内容出现失误时，不应该对其惩戒，而应该帮助他们分析转化失败的原因，提供相应的支持提高转化的效果。对于那些转化成功的受训者，应通过外部强化（即外在报酬，如薪水、晋升、奖金等）和内部强化（即内在报酬，如尊重、认可、成就感等）对其进行奖励。

深度阅读

1. 石金涛. 培训与开发 [M]. 北京：中国人民大学出版社，2003.

该书将理论和实践相结合，对人员的培训与开发进行了阐述，介绍了现代培训与开发的基本概念、培训中的基本学习原理、战略性培训与开发、培训需求分析、新员工导向培训、培训有效性评估，并探讨了在当前技术应用广泛、变革日益加剧情况下培训与开发的一些新趋势，如应用网络技术的多媒体远程培训、管理开发项目、高科技企业的人员培训等。

2. 程向阳等. 人力资源操作与风险规避指引手册（第2版）[M]. 北京：北京大学出版社，2011.

该书内容涵盖了人力资源管理工作中的重点与难点，如人力资源重要法规、人力资源制度操作与风险规避、员工关系管理规划与实施等，为人力资源从业者提供了一套科学实用的操作流程参考标准，从而合理制定人力资源制度，有效规避人力资源管理的法律风险，提高人力资源管理水平。

3. 王爱华. 人力资本投资风险 [M]. 北京：经济管理出版社，2005.

该书在对人力资本及其属性、风险及企业人力资本投资等概念和内容界定的基础上，划分了企业人力资本投资风险的类别，包括环境风险和管理风险两大类。后者又主要包括投资预决策风险、招聘培训风险、配置使用风险、代理风险、流失风险等。该书为企业创建了一套科学、完整的人力资本投资管理风险的评估指标，论述了企业人力资本投资管理风险评估与预警方法，如风险辐射图法、模糊综合评估法等，并提出了人力资本投资风险审计的方法。

延伸思考

1. 培训有哪些风险？
2. 如何降低培训的内在风险？
3. 如何防止培训后人才流失？
4. 如何通过制度保障培训的效果？
5. 简述并比较培训成果转化的相关理论。
6. 如何促进培训成果转化？

案例分析：基于培训迁移理论的某汽车4S专营店岗位培训①

1. 迁移设计理论背景分析

某汽车4S专营店培训主要分为两大类，一类是基础技能的应用型培训，另一类是职能技巧的开发型培训。结合Laker对培训迁移的近迁移和远迁移的划分理论，可以归纳出培训迁移中的两种迁移设计理论：情景型迁移设计和拓展型迁移设计。

情景型迁移设计主要是针对基础技能的应用型培训，运用实践法、情景模拟法等培训方法，在实施培训的过程中，将培训内容应用于模拟的情境增加迁移的可能性，培训结束后除了现场考评外还结合受训人员的工作绩效进一步考察，配以相应奖惩措施，并将结果反馈给培训管理部门。

拓展型迁移设计则关注职能技巧的开发型培训。此类培训目的是让受训者充分理解基本原理和概念以及他们所学习的技能和行为的假设、受训者在很多情境下练习及使用新技能、鼓励受训者在培训后将其所学应用于新的情境等。此类培训适合中层以上的管理人员和技术研发人员，培训和考核方法有别于情景型迁移设计。

2. 培训课程的设计

4S专营店明确每个岗位的岗位职责及上岗人员的资格认证，不同的岗位设置不同的培训课程。层次高、技术性强的岗位可以集中到汽车生产企业本部进行统一培训，某汽车4S专营店的培训课程见下表。

---

① 傅为忠，张弛．基于培训迁移理论的汽车4S专营店岗位培训模型探讨［J］．现代管理科学，2007(7)．

受训岗位	课程模块	授课教师
信息员、索赔员、备件计划员	ERP/CRM系统培训：整车销售子系统、服务子系统、备件网上订购子系统等	汽车厂家ERP系统维护工程师及备件管理经理
大客户主管	大客户营销系统培训：顾问式销售技巧、企业直销策略宣贯等	外聘营销讲师 汽车厂家营销部大客户经理
销售经理	销售管理类：营销活动及报表管理、标准销售流程的宣贯、销售运营管理规范、产品导购技巧等	外聘营销讲师 汽车厂家营销部大客户经理
服务经理	服务管理类：企业售后业务流程和保修政策的宣贯、服务经营管理及售后服务核心流程等	外聘专业汽车技术有限公司讲师 汽车厂家营销部服务经理
技术总监	服务技术类：服务类初级、中级的机修工、电工技能培训等	外聘专业汽车技术有限公司讲师
总经理	网点经营类：营业活动的规划与管理、4S专营店店面管理技巧等	外聘管理类讲师

汽车厂家可以通过4S专营店的基层员工不定期的业务技能抽查来检测培训的宣贯力度和培训效果。结合最终考核成绩和经销商季度或年度销售、服务业绩等具体指标的变动给予相应的奖罚，同时在后续培训期间可以重点表彰一些基层培训工作表现突出的个人和店面，总结成功经验，用于推广，达到激励目的。

此外，充分考虑员工的偏好来对员工进行职业生涯规划指导，设置合理的职业规划。采用必修课程＋选修课程的培训模式，让员工可以根据自己的职业规划自由选择部分课程。这种模式主要还是适用于针对4S专营店中基层员工的二次培训。

3. 汽车4S专营店的培训体系构建

汽车4S专营店的业务主要有三大模块：ERP/CRM操作系统类模块、销售模块、服务模块。其中ERP/CRM操作系统类工作主要根据汽车生产企业的系统而设置和调整，此类业务的岗位培训属于基础技能应用型培训，为了规范专营店系统操作员的工作流程，厂家主要采取的培训方式是系统工程师授课、网上答疑和印制统一标准的《ERP/CRM备件订购子系统/销售子系统/服务子系统》等操作手册。在实际工作运营环境中学习并体现学习效果，大大提高了培训迁移的力度，同时网络教学解答也在很大程度上降低了专营店的培训成本。

销售是专营店的核心业务之一，是专营店和厂家同顾客交流的窗口。专营店的销售类培训以能力开发型培训为主。采用案例研讨法、模拟训练法、角色扮演法等非传统的培训方法，甚至开展一些户外拓展训练等团队精神训练方式来进一步挖掘受训人员的应变、交流和团队合作能力。此外，企业不定时派出工作人员或培训教师扮演消费者，深入到各个地区专营店中现场考核销售人员的工作流程和销售技巧。

服务类业务在专营店中属于综合性业务，既包括直接和顾客联系的服务业务接待岗位，也包括传统的汽车保养、维护和修理岗位。针对这种复杂的业务，厂家则以综合的培训设计实现培训内容的有效转移。目前国内有不少大型汽车制造商推出了服务技能大赛，通过服务技能大赛实现培训效果的考评，促进培训内容的有效迁移。服务类员工在接受初级技术培训后参与考核，合格后进入中级技术培训，如果培训考核不合格则要接受在岗自学。所有培训合格后方能参加服务技能大赛初赛，一旦在决赛中胜出，汽车厂家将授予专营店服务标兵荣誉称号和物质奖励，专营店给予参赛者职位提升、薪酬提升的奖励。此外，厂商和经销商分析完善维修标准和技术资料，解决市场上出现的疑难杂症，逐步提升专营店人员的维修技能，营造技术研讨、氛围，为培训效果迁移提供物质和精神激励。

4. 4S 专营店的培训效果

若要经销商认可培训，汽车厂家本身要先做好自身的培训工作，营造良好的学习型组织氛围，以身作则从行动和理念上首先感染专营店。厂家可优先考虑对专营店高层决策者提供有关企业管理文化、网点经营管理等培训课程，建立专营店领导层培训意识，帮助他们确立培训需求，以此带动专营店各个岗位培训工作的开展。同时厂家应对专营店决策者的看法和意见给予分析和研究，及时调整培训体系，使双方达成共识。

一旦专营店的决策层对厂家的培训体系和理念达成共识，就会自发观察和思考各个岗位现有的人力资源配置和使用情况，分析培训的必要性，在哪些方面需要培训。厂家就可以通过对专营店决策者的访谈或问卷调查，结合企业发展的需要设计出针对性更强的专营店中层、基层岗位的培训体系。中层、基层员工此时有了明确的情境线索，更容易接受培训。同时结合绩效考评措施和柯克帕特里克四层次培训效果评估模型，从反应、知识、行为、效果层来评定培训内容是否实现有效转移，实行赏罚分明、奖惩结合的制度。

思考题：

(1) 汽车 4S 专营店是如何根据培训迁移理论选择培训方法的？

（2）汽车4S专营店采取了哪些激励措施促进培训成果转化？

（3）汽车4S专营店操作系统类模块、销售模块、服务模块的培训方法有何差异？

（4）如何评估培训成果转化的效果？

参 考 文 献

1. [美] 爱尔文·戈尔茨坦，凯文·伏特. 组织中的培训 [M]. 北京：清华大学出版社，2002

2. [美] 班杜拉著，缪小春等译. 自我效能：控制的实施 [M]. 上海：华东师范大学出版社，2003

3. [美] 彼得·圣吉. 第五项修炼——学习型组织的艺术与实务 [M]. 北京：三联书店，1998

4. [美] 加里·德斯勒. 人力资源管理 [M]. 北京：中国人民大学出版社，2000

5. [美] 赖尔·约克斯著，胡英坤，孙宁译. 战略人力资源开发 [M]. 大连：东北财经大学出版社，2007

6. [美] 雷蒙德·A. 诺伊著，徐芳译. 雇员培训与开发（第三版）[M]. 北京：中国人民大学出版社，2007

7. [美] 申克著，何一希等译. 学习理论（第六版）[M]. 南京：江苏教育出版社，2012

8. [美] 苏珊娜·斯基芬顿，帕里·宙斯著，严峰译. 行为培训 [M]. 北京：华夏出版社，2004：237

9. [美] 汤姆·W. 戈特（Tom W. Goad）著，郭宇峰，郭镜明译. 培训人才八步法 [M]. 上海：上海人民出版社，1998

10. [美] 唐纳德·L. 柯克帕特里克，詹姆斯·D. 柯克帕特里克著，奚卫华，林祝君译. 如何做好培训评估：柯式四级评估法（第三版）[M]. 北京：机械工业出版社，2007

11. [英] R·赖丁等. 庞维国译. 认知风格与学习策略 [M]. 上海：华东师范大学出版社，2003：45—71

12. [英] 哈尼等著，王庆海译. 培训！培训！推动员工持续进步 [M]. 北京：中国劳动社会保障出版社，2004

13. ［英］柯林·比尔德，约翰·威尔逊. 体验式学习的力量［M］. 广州：中山大学出版社，2003

14. ［英］莱斯莉·瑞著，牛雅娜，吴孟胜，张金普译. 培训效果评估［M］. 北京：中国劳动社会保障出版社，2003

15. ［英］里斯等著，杨悦译. 管理者培训手册（第 5 版）［M］. 北京：机械工业出版社，2003

16. ［英］托尼·纽拜著，戴晓娟译. 培训评估手册［M］. 北京：中国劳动社会保障出版社，2003

17. Baldwin，T. T.，Ford，J. K. Transfer of training：A review and directions for future research［J］. Personnel Psychology，1988，41（2）：63－105

18. Desimone，R. L，Wemer. J. M，&Harris，D. M. Human Resource Development（第 3 版）［M］. 北京：清华大学出版社，2003

19. Feldman. M. Successful Post－training Skill Application［J］. Training and Develop Journal，1981，35（9）

20. Holton E. E. The flawed four－level evaluation mode［J］. Human Resource Development Quarterly，1996，7（1）

21. Kaye Thorne & Alex Machray. World Class Training［M］. Kogan Page：London，2000

22. Warren R. Plukett，Roymond F. Aattner. Management：Meeting and Exceeding Customer Expections（Sixth Edition）. South－Western College Publishing，Illinois，1997

23. 程向阳等. 人力资源操作与风险规避指引手册（第 2 版）［M］. 北京：北京大学出版社，2011

24. 董克用，叶向峰. 人力资源管理概论［M］. 北京：中国人民大学出版社，2004

25. 方少华，方泓亮. 胜任力咨询［M］. 北京：机械工业出版社，2007

26. 冯明，陶祁. 培训迁移的有关理论和研究［J］. 南开管理评论，2002（3）

27. 郭晨炜. 以职业化为导向的新员工入职培训［J］. 中国人力资源开发，2008（4）

28. 赫连志巍，张敬伟，王立国. 企业战略管理［M］. 北京：机械工业出版社，2005

29. 贾宏毅. 知名企业人力资源管理战略与实务 [M]. 北京：人民邮电出版社，2007

30. 兰青红. TCL 集团人力资源战略培训体系的研究与再设计 [D]. 清华大学硕士学位论文，2006

31. 李作学. 培训管理工作细化执行与模板 [M]. 北京：人民邮电出版社，2011

32. 梁茂信. 美国人力培训与就业政策 [M]. 北京：人民出版社，2006

33. 林媛媛. 企业培训理论与实践 [M]. 厦门：厦门大学出版社，2005

34. 刘新军. 企业培训实务 [M]. 沈阳：沈阳出版社，2004

35. 马涛. 人力资源培训效果评估方法研究 [J]. 经济理论研究，2007 (8)

36. 权锡哲，魏冠明. 新员工培训管理实务手册（第 2 版）[M]. 北京：人民邮电出版社，2012

37. 石金涛. 培训与开发 [M]. 北京：中国人民大学出版社，2003

38. 水藏玺. 培训促进成长 [M]. 北京：中国经济出版社，2005

39. 宋联可，杨东涛. 高效人力资源管理案例 [M]. 北京：中国经济出版社，2009

40. 宋培林. 企业员工战略性培训与开发——基于胜任力提升的视角 [M]. 厦门：厦门大学出版社，2011

41. 孙宗虎，姚小风. 员工培训管理实务手册（第三版）[M]. 北京：人民邮电出版社，2012

42. 屠巧平，赵睿. 企业员工培训理论与实践 [M]. 北京：中国经济出版社，2012

43. 瓦克尔等著，北京世纪英文翻译有限公司译. 企业培训故事精选 [M]. 北京：电子工业出版社，2004

44. 王爱华. 人力资本投资风险 [M]. 北京：经济管理出版社，2005

45. 王鹏，杨化冬，时勘. 培训迁移效果影响因素的初步研究 [J]. 心理科学，2002 (25)

46. 王清，徐金贤. 企业培训需求分析——以 S 汽车销售公司为例. 中国人力资源开发. 2009 (8)

47. 王少华，姚望春. 员工培训实务（第 2 版）[M]. 北京：机械工业出版社，2011

48. 王淑珍，王铜安. 现代人力资源培训与开发 [M]. 北京：清华大学出版

社，2010

49. 王跃军. 海尔新员工培训四部曲 [J]. 中小企业管理与科技，2005 (1)

50. 吴谅谅. 人力资源开发管理技能 [M]. 北京：华夏出版社，2002

51. 吴怡，龙立荣. 培训迁移影响因素研究述评 [J]. 心理科学进展，2006 (5)

52. 向春. 实效培训 [M]. 广州：广东经济出版社，2005

53. 肖胜萍. 企业员工再培训手册 [M]. 北京：中国纺织出版社，2003

54. 晓光，倪宁. 员工培训 [M]. 北京：经济管理出版社，2004

55. 徐芳. 培训与开发理论及技术 [M]. 上海：复旦大学出版社，2005

56. 徐庆文，裴春霞. 培训与开发 [M]. 济南：山东人民出版社，2004

57. 杨毅宏，李淼. 员工培训实务手册 [M]. 北京：电子工业出版社，2012

58. 姚裕群. 人力资源管理教学案例精选 [M]. 上海：复旦大学出版社，2009

59. 于苗，孔燕. 企业战略与培训需求 [J]. 华东经济管理，2001，15 (3)

60. 张俊娟，韩伟静. 企业培训体系设计全案 [M]. 北京：人民邮电出版社，2011

61. 张丽君，王越. 论企业员工培训方法和途径的调试 [J]. 当代经济，2008 (9)

62. 张正堂. 战略人力资源管理研究 [M]. 北京：商务印书馆，2012

63. 赵曼，陈全明. 人力资源开发与管理（第二版）[M]. 北京：中国劳动社会保障出版社，2007

64. 赵楠，施晨越. 企业员工培训手册 [M]. 北京：经济管理出版社，2005

65. 赵曙明. 人力资源管理案例点评 [M]. 杭州：浙江人民出版社，2003

66. 周红云. 3P：公务员激励的关键 [J]. 中南财经政法大学学报，2007 (2)

67. 朱宪辰. 人类行为的法则：学习行为实验经济学研究 [M]. 杭州：浙江大学出版社，2009